Von den Befreiern vergessen

Robert L. Hilliard ist Professor für Kommunikationswissenschaft am Emerson College in Boston, USA. Zuvor war er Regierungsangestellter und als Soldat der US-Armee unmittelbar nach dem Zweiten Weltkrieg in Deutschland. Er hat bereits zahlreiche Bücher veröffentlicht.

Robert L. Hilliard

Von den Befreiern vergessen

Der Überlebenskampf jüdischer KZ-Häftlinge unter amerikanischer Besatzung

Aus dem Englischen
von Andreas Simon

Campus Verlag
Frankfurt/New York

Die amerikanische Originalausgabe erschien erstmals 1997 unter dem Titel
»Surviving the Americans« bei Seven Stories Press, New York

Die Deutsche Bibliothek – CIP-Einheitsaufnahme

Ein Titeldatensatz für diese Produktion ist bei
Der Deutschen Bibliothek erhältlich
ISBN 3-593-36397-6

Umschlaggestaltung: RGB, Hamburg
Satz: TypoForum GmbH, Nassau
Druck und Bindung: Druckhaus Beltz, Hemsbach
Gedruckt auf säurefreiem und chlorfrei gebleichtem Papier.
Printed in Germany

Für die Überlebenden und ihre Erinnerung;
für Zalman Grinberg und Edward Herman,
die für viele viel bewirkten;
und jenen amerikanischen Soldaten,
die die Hoffnung wach hielten.

Inhalt

Einleitung

»Was ist der Unterschied zwischen euch Amerikanern und den Nazis«, fragte mich eine Überlebende eines Konzentrationslagers. Ich war damals, einige Monate nach dem Ende des Zweiten Weltkriegs in Europa, US-Soldat im besetzten Deutschland. »Was ist der Unterschied, außer dass ihr keine Gaskammern habt?«

Der Krieg war vorüber und die Überlebenden der Lager waren befreit. Aber der Völkermord, den die Deutschen begonnen hatten, war noch nicht zu Ende. Die amerikanischen Truppen, die Bayern und einen Teil von Österreich besetzt hielten, führten ihn noch Monate nach dem V-E-Day, dem Tag des Sieges der Alliierten in Europa am 7. Mai 1945, fort. Völkermord durch Vernachlässigung, so nannten es einige; eine bewusste Vernachlässigung, sagten andere.

Ende April waren beinahe alle Konzentrationslager geöffnet worden und die Gefangenen, die noch am Leben waren, befreit. General Dwight D. Eisenhower, Oberbefehlshaber der alliierten Landungstruppen in Europa, hatte sich geweigert, der vorrückenden US-Armee die Befreiung der Lager zu befehlen, eine Maßnahme, die das Leben Zehn-, vielleicht Hunderttausender hätte retten können, die in den letzten Kriegswochen von der zurückweichenden deutschen Armee und der Staatsmacht getötet wurden. Doch die amerikanischen Soldaten, die auf ihrem Vormarsch gegen die sich zur österreichischen und tschechoslowakischen Grenze zurückziehenden Deutschen zufällig die Lager entdeckten, waren von dem, was sie sahen, so geschockt, dass sie anhielten und die überlebenden Gefangenen befreiten. In den Monaten nach Kriegsende mussten viele, die sich durch die Niederlage der Nazis aus der Hölle des deutschen Regimes befreit glaubten, unter eben jenen amerikanischen Truppen, die sie befreit hatten, Hunger erleiden, wurden vergewaltigt oder gar erschossen.

Zunächst einmal gab es nicht so viele Überlebende. Juden, einige nichtjüdische Kommunisten und politische Dissidenten, einige Priester und Geistliche, deren integrer Glaube sie abgehalten hatte, mit den Nazis zu kooperieren, einige Homosexuelle und Sinti und Roma. Nahezu alle nichtjüdischen Überlebenden reihten sich in die endlosen Menschenkarawanen ein und kehrten zu Fuß in ihre Heimatländer zurück. Die Juden dagegen wanderten einfach umher. Sie hatten keinen Ort, an den sie zurückgehen konnten. Innerhalb weniger Wochen nach Kriegsende sickerten Berichte aus Polen, Lettland, Litauen und anderen Ländern über Pogrome an zurückkehrenden Juden durch, die beinahe so brutal waren wie die unter Hitler. Viele der Juden, die zurückkehrten, um nach überlebenden Angehörigen Ausschau zu halten oder ihre früheren Häuser und Geschäfte aufzusuchen – die man beschlagnahmt und Nichtjuden gegeben hatte –, wurden auf den Straßen ihrer ehemaligen Heimatstädte erschossen oder zu Tode geprügelt. Die Menschen in diesen Ländern machten weiterhin die Juden für den Krieg, ihr gegenwärtiges Elend und die Zerstörung ihrer Städte verantwortlich. Die Einstellungen der Menschen ändern sich nicht notwendig, weil sie einen Krieg oder ihren Führer verloren haben.

Die Überlebenden, die in Deutschland blieben, mussten sich mit wenigen Rechten und Möglichkeiten bescheiden; viele wurden von der US-Armee in mit Stacheldraht umzäunte Camps gesteckt, erhielten wenig oder kein Essen, kaum Kleidung und keine Medikamente. Weil sie nichts anderes zum Anziehen hatten, mussten die meisten weiterhin ihre gestreiften Lageruniformen tragen, zuweilen sogar die abgelegten Uniformen der verhassten SS-Truppen.

Die Juden hatten keine Wahl. Die Militärregierung der USA in Deutschland war für alle so genannten Displaced Persons zuständig. Das waren Zivilpersonen, die sich aus Kriegsfolgegründen außerhalb ihres Staates befanden – wobei die meisten Deportierte waren –, darunter auch die Überlebenden der Konzentrationslager und Zwangsarbeiter aus anderen Ländern. Die Militärregierung verlangte von diesen, ihre Nationalität anzugeben, um Lebensmittelkarten und Wohnberechtigungsscheine zu erhalten. Sobald dies erledigt war, forderten die Militärbehörden die Deportierten entweder auf, mit dem nächstmöglichen Transport in ihre Heimatländer zurückzukehren oder in Deutschland ansässig zu werden. Den Juden war weder das eine noch das andere möglich. Einige gaben sich mit den falschen Papieren, die sie vor den Lagern bewahrt hatten, weiterhin als Nichtjuden aus und versuchten, eine Arbeit zu finden. Die meisten Deportierten wurden in Lager gezwungen, von denen viele kaum bessere Bedingungen boten als die Konzentrationslager der Nazis.

In vielen Lagern bestand die einzige Nahrung für die Überlebenden aus dem, was einzelne amerikanische Soldaten an den Kontrollen der Militärpolizei vorbei einschmuggelten, die Anweisung hatte, jede nichtoffizielle Versorgung der Insassen zu unterbinden. In einigen Fällen waren Frauen gezwungen, mit ihren amerikanischen Wächtern zu schlafen, wenn die Überlebenden Nahrungsmittel und Kleidung erhalten wollten.

Trotz der Appelle der Überlebenden und vieler US-Soldaten an das amerikanische Militärkommando, an jüdische Organisationen in den USA, an internationale Hilfsorganisationen und das Oberkommando der alliierten Landungstruppen (SHAEF) in Paris wurde nichts unternommen. Nach einigen Monaten, in denen Tausende von Überlebenden starben, weil sie keine Nahrungsmittel und medizinische Versorgung erhielten, um sich von jahrelanger Auszehrung zu erholen, schien es nur eine Frage der Zeit zu sein, bis jene Juden, die nicht der gezielten Ermordung in den Konzentrationslagern zum Opfer gefallen waren, trotz ihrer Befreiung an Hunger und Krankheit sterben würden.

In dieser Situation schrieben zwei junge Soldaten der amerikanischen Besatzungsarmee, die Überlebenden zu helfen versucht hatten und angesichts dieser offenbar aussichtslosen Schlacht immer enttäuschter wurden, einen Brief, der dazu beitrug, den Ereignissen eine andere Wendung zu geben. Heimlich verfasst und in Hunderten von Kopien an Freunde und Verwandte geschickt, die sie in den USA verteilen sollten, schilderte das neunseitige Dokument detailliert die unmenschliche Behandlung, die Überlebende des Holocaust erdulden mussten, und beschuldigte das amerikanische Volk der Fortführung des Völkermords. Einer der beiden jungen Soldaten war E. Edward Herman, der andere war ich selbst.

Obwohl wir Repressalien einschließlich eines möglichen Verfahrens vor dem Kriegsgericht befürchten mussten, wussten wir zugleich, dass wohl noch Tausende von Überlebenden sterben würden, wenn nichts unternommen wurde. Wir waren besonders über den kommenden Winter beunruhigt, der in nur wenigen Monaten anbrechen würde.

Wie anmaßend es anmuten musste, dass zwei einfache Soldaten die Politik und das Vorgehen der gesamten US-Armee in Europa und ihres befehlshabenden Generals Dwight D. Eisenhower in Frage stellten, war uns damals nicht bewusst. Doch unser Brief war einer der Faktoren, die Präsident Harry S. Truman bewogen, General Eisenhower den Befehl zu erteilen, die US-Politik gegenüber den Überlebenden zu ändern und ihn damit, wie manche meinten, öffentlich zu tadeln.

Die *New York Times* gab am 30. September 1945 der Geschichte die Schlagzeile: »PRÄSIDENT BEFIEHLT EISENHOWER, NEUE MISSHANDLUNG DER JUDEN ZU BEEENDEN / Stützt sich auf Harrison-Bericht, der unsere Behandlung mit Vorgehen der Nazis vergleicht / Lebensbedingungen der Deportierten im Reich als schockierend bezeichnet«.

Der Brief, den Edward Herman und ich verteilt hatten, war – wie wir später erfuhren – bis zu Präsident Truman gelangt, der über die ungeheuerlichen Anschuldigungen beunruhigt war. Er hatte bereits zuvor Earl G. Harrison, Dekan der Juristischen Fakultät der Universität von Pennsylvania, der nun als Vertreter des Präsidenten im Zwischenstaatlichen Flüchtlingskomitee saß, beauftragt, die Bedingungen in den Displaced-Persons-Lagern der amerikanischen Besatzungszone in Deutschland zu untersuchen und diese persönlich zu inspizieren. Harrisons erklärte in seinem Bericht unter anderem: »So wie die Dinge heute liegen, behandeln wir die Juden offenbar so, wie die Nazis sie behandelt haben, nur dass wir sie nicht ausrotten. Sehr viele befinden sich in Konzentrationslagern unter unserer militärischen Aufsicht statt unter der Bewachung der SS-Truppen. Man fragt sich unweigerlich, ob das deutsche Volk nicht, wenn es dies sieht, zu der Annahme gelangen muss, dass wir der Politik der Nazis folgen oder sie zumindest stillschweigend gutheißen.«

Nachdem Präsident Truman Harrisons Report erhalten hatte, handelte er umgehend.

Dieses Buch berichtet vom Überleben der Überlebenden in einem Klima des »Völkermords durch Vernachlässigung« unter der amerikanischen Besatzungsmacht in Deutschland unmittelbar nach dem Zweiten Weltkrieg.

Diejenigen, die den Holocaust überlebt hatten, sahen sich nach der Befreiung in ihrem Kampf, am Leben zu bleiben, mit vielen Problemen konfrontiert: Sie mussten ihre eigenen Krankenhäuser einrichten; sie mussten offenen Antisemitismus durch die US-Streitkräfte erdulden, darunter absichtliche und versehentliche Erschießungen sowie die Auflösung der ersten Jom-Kippur-Feier eines Lagers nach der Befreiung; sie mussten erleben, dass US-Offiziere bekannte Nazis auf Kosten der jüdischen Überlebenden besondere Gefälligkeiten gewährten; sie sahen mit an, wie die US-Militärregierung politische Ämter an Nazis übertrug, die dieselben oder vergleichbare Positionen – wie etwa Bürgermeisterämter – auch unter

Hitler innegehabt hatten; sie erlebten, wie Offiziere der Militärregierung unter die Kontrolle ihrer jungen deutschen Geliebten gerieten, die als ihre Sekretärinnen und Übersetzerinnen arbeiteten; sie mussten erdulden, dass durch offizielle Befehle des US-Militärkommandos Sanktionen und Strafen gegen ehemalige aktive Nazis aufgehoben wurden; sie wunderten sich über das Ausbleiben ernsthafter Versuche, die deutsche Öffentlichkeit umzuerziehen und von ihren nationalsozialistischen Überzeugungen abzubringen; und sie waren über die stillschweigende Unterstützung der USA für die Naziideologie, die Earl Harrisons Bericht zu Tage gebracht hatte, schockiert.

Die Ereignisse, von denen dieses Buch berichtet, kreisen hauptsächlich um das Krankenhaus der Überlebenden in St. Ottilien, eine Klosteranlage unweit von Landsberg am Lech in Oberbayern. Das Krankenhaus wurde von den Überlebenden selbst eingerichtet, weil die US-Besatzer keine medizinische Einrichtung für sie bereitstellten. St. Ottilien war zugleich ein Mikrokosmos und ein Brennpunkt für die Überlebendenlager in der US-Zone in Deutschland und Österreich.

Es gab amerikanische Offiziere, Unteroffiziere und einfache Soldaten, die den Überlebenden in St. Ottilien halfen. Die meisten dieser GIs waren keine Berufssoldaten. Ob sie sich freiwillig gemeldet hatten oder eingezogen worden waren, die meisten von ihnen waren wohl nach Deutschland gekommen, um den Nationalsozialismus zu besiegen. In ihrem Engagement und ihren Bemühungen verschwanden häufig die üblichen Umgangsregeln und festgelegten Rollen zwischen Offizieren und Mannschaften: Dass traditionelle Armeegepflogenheiten beiseite geschoben wurden, um das Erbe des Nationalsozialismus zu bekämpfen, erschien als Selbstverständlichkeit. Ich erinnere mich an einige Namen, aber leider nicht an alle, und ich bin mir nicht sicher, ob ich sie korrekt schreibe. Captain Otto Raymond, Captain Abraham Klausner, Captain Maxwell Kirchner, Chaplain Claude Bond, Lieutenant Jack Manheim, Lieutenant Albert Cusick, Captain I. Jacobson, Captain Nathan Nathanson,

Lieutenant Mark Parker; und meine Kameraden, deren Ränge vom Stabsfeldwebel bis zum einfachen Soldaten hinunterreichten: Ernest Belkin, Al Bergman, Robert Shor, Eli Isaacson, Max Miller, Morris Shapiro, Anthony DiBiase, Francis Kline, Sam Weisel, Robert Kingsbury und besonders E. Edward Herman. Ich möchte mich bei denjenigen entschuldigen, deren Namen meinem Gedächtnis entfallen sind; ihre Taten und die Ereignisse, an denen sie beteiligt waren, habe ich jedoch aus Notizen, Dokumenten und den Erinnerungen mehrerer Augenzeugen so genau rekonstruiert, wie es nach so langer Zeit möglich war.

Kapitel 1

Das Befreiungskonzert

Im Mai 1945 war ich Soldat der amerikanischen Besatzungstruppe in Bayern. Ich war Herausgeber einer Armeezeitung und hörte von einem Konzert, das Überlebende von Konzentrationslagern für andere Überlebende in einem gerade eingerichteten Hospital in St. Ottilien geben wollten, einer Klosteranlage bei Landsberg, unweit von München. Es war ein »Befreiungskonzert«, um der Befreiung vom Holocaust nur einen Monat zuvor zu gedenken. Dies wäre, so dachte ich, eine schöne Titelgeschichte für meine Armeezeitung, den *2nd Wing Eagle*.

Zunächst erschien mir die Idee, dass die Überlebenden so kurz nach ihrer Befreiung aus den Todeslagern ein Konzert veranstalteten, befremdlich, ja in gewisser Weise sogar frivol. Doch ich wurde bald eines Besseren belehrt.

Es war der 27. Mai, ein frischer Vorsommertag, an dem sich die kühle Alpenluft auf die Hügel und Seen nördlich von München herabsenkte, als ich nach St. Ottilien fuhr. Ein schmaler Feldweg schlängelte sich abseits der Hauptstraße um mehrere Bauernhöfe, vorbei an Feldern mit frischem Gras, Büschen und Wildblumen, und führte schließlich durch ein Tor, das die Grenze des Klosterkomplexes markierte, zum Rand eines breiten grünen Rasens, wo sich mir eine Szene wie aus einem Film von René Clair bot.

Ich parkte den Jeep am Rand des Rasens und starrte erstaunt auf das, was ich vor mir sah. Am anderen Ende des Rasens war eine Bühne aufgebaut. Sie war aus unförmigen, nicht zueinander passenden Holzbrettern zusammengezimmert und mit einem locker gespannten Baldachin aus zusammengenähten Flicken und ausrangiertem Fallschirmstoff überdeckt. Reihen von Holzstühlen waren vor die Bühne gestellt. In den Gängen zwischen ihnen, auf den Stühlen und auf dem Gras standen, saßen, gingen, lehnten und lagen Hunderte spindeldürrer, abgemagerter, blasser, skeletthafter und ausdrucksloser Gestalten, alle in schwarzweiß – den gestreiften Uniformen der Konzentrationslager. Sie bewegten sich kaum, und wo sie es taten, geschah dies wie in Zeitlupe.

Einen Augenblick lang sah ich mich selbst im Schlafsaal meines Colleges bei der Lektüre von Dantes *Inferno*. Mehrere Minuten lang starrte ich auf den seltsamen Anblick, der sich mir bot.

Dann sah ich an der Seite andere Menschen. In einem Bereich, der von den Quartieren der Überlebenden getrennt war, befanden sich Dutzende von Menschen in den graugrünen Militäruniformen der deutschen Streitkräfte, die in der sorglosen Manier der Privilegierten umhergingen und Zigaretten rauchten. Einige von ihnen trugen Verbände, manche stützten sich auf weiß gekleidete Krankenschwestern, während die Arme einfacher Soldaten blitzschnell hochschossen, um den vorbeigehenden deutschen Offizieren und Ärzten zu salutieren. Aus der Entfernung wirkte auch dies wie ein Zeitlupenfilm, der durch seine abrupten, präzisen, rhythmischen Bewegungen orchestriert wurde.

Zwischen diesen beiden Szenen von Opfern und Tätern in einer dantesken Vorhölle, in der die Sieger die Verlierer waren und die Verlierer die Gewinner, stand eine hohe Mauer, die den Hauptteil des Klosterkomplexes mit seiner Kirche und den Wohnquartieren abteilte, wo sich nun Priester und Schwestern zusammen mit deutschen Ärzten der Pflege und dem geistlichen Beistand der deutschen Soldaten widmeten. Einige der Deutschen, die bis zum anderen Ende der Trennmauer gingen, wo sie am Rande des Feldweges innehielten, konnten die Überlebenden der Konzentrationslager direkt sehen. Aber es gab in ihren Gesichtern kein Anzeichen, dass sie sie wahrnahmen. In den vier Gebäuden diesseits der Mauer befanden sich knapp vierhundert Überlebende. Sie waren erst vor einem Monat befreit worden, nach 13 Jahren des Terrors und sechs Jahren Marter. Sie waren ohne Nahrung, ohne Kleidung, ohne medizinische Versorgung. Vierhundert von ihnen inmitten ihrer ehemaligen Folterer und Peiniger, die so taten, als gäbe es sie gar nicht. Vierhundert von ihnen, die Überreste von Millionen. Vierhundert an diesem Spätfrühlingstag in Bayern, am Nachmittag des 27. Mai 1945: krank, ausgehungert, zerlumpt, sterbend. Und was taten sie? Sie gaben ein Konzert!

Männer und Frauen brachten Geigen, Hörner und Gamben auf die Bühne. Über die Jahre hatte man Holz, Saiten und Metallteile von Instrumenten in die Konzentrationslager geschmuggelt und zusammengesetzt, Erinnerung an eine kultivierte Zivilisation. In einigen Lagern hatten die Deutschen Instrumente zur Verfügung gestellt, um Neuankömmlinge mit Musik zu begrüßen und sie auf ihrem unwissentlichen Gang in die Gaskammern zu begleiten. Nun handelte es sich nicht mehr um eine Totenfeier, sondern eine Feier des Lebens. Nun brachten sie mit einem Konzert ihr Überleben zum Ausdruck. Einer der Musiker kam langsam zur vorderen Bühne. »Dies ist unser Befreiungskonzert«, sagte er.

Es war ein Befreiungskonzert, bei dem die meisten der befreiten Menschen zu schwach waren, um zu stehen, und die meisten noch immer nicht glauben konnten, dass sie wirklich frei waren. Ich stieg aus meinem Jeep, ging durch die Stuhlreihen und setzte mich zu den Leuten. Einige von ihnen sahen mich mit eingesunkenen Augen an. Ich meinte in ihnen ein Gefühl der Dankbarkeit erkennen zu können. Schließlich war ich einer ihrer Befreier. Oder war das nur das, was ich sehen wollte? War es nicht eher Enttäuschung darüber, dass ihnen in diesen ersten Wochen ihrer Befreiung die Hilfe und das Mitleid, dass sie sich von uns Amerikanern erwartet hatten, nicht zuteil wurde? Oder war es eine stille Bitte, ihnen jene Hilfe zukommen zu lassen, die sie benötigten, um ein bisschen länger zu überleben? Vielleicht bildete ich mir diese Gefühle nur ein und da war in Wirklichkeit gar nichts; vielleicht hatte der Holocaust ihre Seelen so entleert wie ihre Blicke.

Die Musiker spielten Mahler, Mendelssohn und andere Musik, die jahrelang verboten gewesen war. Es war ein Konzert des Lebens und des Todes zugleich. Der Klang der Musik ging in Schmerz über. Die Bewegungen und Gesichter der Musiker waren verkrampft, angespannt, ängstlich, als ob sie es nicht glauben konnten, dass es genug Raum gab, um einen Bogen zu bewegen oder genug Luft, um eine Note zu blasen. Als ob sie jeden Moment erwarteten, dass Schüsse fielen und Knüppel niedergingen, um zu vernichten, was ihnen nach vielen Jahren wie ein Traum vorkommen musste.

Als das Konzert zu Ende war, weinten viele, wenige noch offener als ich selbst. Viele blieben mit reglosen Gesichtern und Körpern dort sitzen oder liegen, wo sie gerade waren. Nun betrat ein Mann aus der ersten Reihe die Bühne. Er war dünn, aufrecht, von mittlerer Statur, vielleicht Anfang vierzig. Sein Schritt war sicherer, und er schien kräftiger zu sein als die anderen.

»Ich bin Dr. Zalman Grinberg«, sagte er. »Ich bin der leitende Arzt dieses Krankenhauses für ehemalige politische Häftlinge.«

»Ehemalige politische Häftlinge« war ein treffender Ausdruck. Die meisten Überlebenden in St. Ottilien waren Juden, aber nicht alle. Unter den anderen waren einige Kommunisten und Geistliche, die politische Dissidenten gewesen waren.

»Heute ist unser Befreiungskonzert«, fuhr Dr. Grinberg fort. »Ich spreche deutsch, weil wir hier Menschen aus vielen Ländern mit vielen verschiedenen Sprachen haben. Deutsch ist unsere gemeinsame Sprache geworden.« Hinter Dr. Grinbergs ruhigen Worten war Leidenschaft zu spüren. Es war mehr als eine Rede. Es war die Chronik einer Tragödie, ein Totengesang. Es war ein Zeugnis des Martyriums, eine Erinnerung daran, dass es niemals ein Vergessen geben konnte.

Jene, die jahrelang nur innerlich geweint hatten, konnten nun offen weinen.

Ich gebe hier den vollständigen Text der Rede wieder, die Dr. Zalman Grinberg, leitender Arzt des Krankenhauses für ehemalige politische Gefangene in Deutschland, beim Befreiungskonzert in St. Ottilien am 27. Mai 1945 hielt:

> »420 Juden, die letzten Vertreter des europäischen Judentums, befinden sich nach der denkbar härtesten Leidenszeit nun hier im Krankenhaus St. Ottilien. Diese Menschen gehören zu den wenigen Überlebenden der altehrwürdigen jüdischen Gemeinden Europas. Budapest und Prag, Warschau, Kowno [litauisch Kaunas, dt. Kauen] und Saloniki sind hier vertreten.
>
> Millionen von Mitgliedern dieser Gemeinden sind ausgelöscht worden. Worin besteht also die Logik des Schicksals, uns leben zu lassen? Wir gehören in die Gemeinschaftsgräber mit jenen, die in Charkow, Lublin und Kowno erschossen wurden; wir gehören zu den Millionen, die in Auschwitz und Birkenau vergast und verbrannt wurden; wir gehören zu den Zehntausenden, die unter der Mühsal härtester Arbeit starben; wir gehören zu jenen, die von Milliarden von Läusen, von Dreck, Hunger und Kälte in Lodz, Kielce, Buchenwald, Dachau, Landshut, Utting, Kaufering, Landsberg und Leonsberg gepeinigt wurden. Wir gehören zu jenen, die in den Konzentrationslagern vergast, gehängt, gequält und durch Hunger, Arbeit und Folter zu Tode gebracht wurden. Wir gehören zur Armee der neun Millionen, die in die Gewalt dieses geschickt organisierten und listig vorbereiteten Mordsystems fielen. Wir sind nicht lebendig – wir sind immer noch tot!
>
> Und dennoch verfolgt meine Ansprache am heutigen Tage eine bestimmte Absicht. Wir handeln als die Abgesandten von Millionen von Opfern, um der ganzen Menschheit zu berichten und der ganzen Welt zu verkünden, zu welcher Grausamkeit

Überlebende aus Dachau

Menschen fähig sind, welch teuflische Brutalität sich in einem Menschen verbirgt und welch triumphales Register an Verbrechen und Mord die Nation Hegels und Kants, Schillers und Goethes, Beethovens und Schopenhauers erreicht hat.
Jeder von uns hat seinen eigenen Leidensweg hinter sich. Während der vergangenen sechs Jahre haben wir nahezu alle der dreieinhalb Millionen polnischen Juden verloren. Es sind vielleicht noch 10000 der einst 350000 litauischen Juden übrig geblieben. 95 Prozent der ungarischen Juden sind ausgelöscht. Ja, unsere Leidenswege waren unterschiedlich. Einer führte über Warschau und Auschwitz nach Oberbayern; ein anderer von Budapest über Auschwitz nach Oberbayern; ein Dritter von Kowno über Stutthof bei Danzig nach Oberbayern; wieder ein anderer von Lodz nach Sachsenhausen, von Sachsenhausen nach Bergen-Belsen, von Bergen-Belsen nach Leonsberg, von Leonsberg nach Kaufering.

Die Wege sind verschieden, vielfältig sind die Stationen des Martyriums, unterschiedlich ist seine Zeitdauer – aber zusammen bilden sie einen gemeinsamen roten Faden von Blut, Folter, Qual, Erniedrigung – und gewaltsamem Tod.
Um Ihnen einen kleinen Einblick in das zu vermitteln, was wir durchlitten haben, was wir sahen und warum wir immer noch unter dem unerbittlichen Druck der Erfahrungen der vergangenen Jahre stehen, werde ich versuchen, Ihnen einen kurzen Bericht der Leidensstationen zu geben, die ich selbst in dieser Zeit durchmachte.
KOWNO, Samstag, den 21. Juni 1941. Das friedliche Leben nimmt seinen gewohnten Gang.
KOWNO, Sonntag, den 22. Juni 1941. In dieser Nacht reißen uns Detonationen aus dem Schlaf. Zuerst glauben wir an ein Militärmanöver. Doch am nächsten Morgen erfahren wir, dass Deutschland ohne Kriegserklärung die Sowjetunion angegriffen hat. An den Grenzen wird bereits gekämpft und unter allen Schichten und Nationalitäten der Bevölkerung macht sich Nervosität, Besorgnis und Angst breit. Die deutsche Armee nähert sich Kowno und nimmt die Stadt ein. Doch wir liegen weit hinter der Kampfzone und sind wirklich froh, dass wir der drohenden Gefahr entgangen sind, zwischen die Fronten zu geraten. Wir erwarten kaum Schwierigkeiten.
Wir wissen natürlich, dass man uns ein gewisses Maß an bürgerlichen Rechten nehmen wird, aber wir hegen die fast sichere Hoffnung, dass wir diesen Krieg mit unseren Frauen, Kindern, Eltern und Verwandten überleben werden. Diese Hoffnung erweist sich als kurzlebig, denn im Radio wird eine Bekanntmachung ausgestrahlt, dass für jeden getöteten deutschen Soldaten 100 Juden erschossen werden! Gleichzeitig organisiert die deutsche Führung einen litauischen Mob und es beginnt das furchtbarste Massaker, das man sich vorstellen kann. Babys werden auf den Armen ihrer Eltern erschossen; Ohren, Nasen und Fin-

ger abgeschnitten; der Bauch von jungen Frauen aufgeschlitzt: Der Teufel feiert seinen größten Triumph. Die kleinen Häuser in den Vororten von Kowno ertrinken in Blut. Männer werden gruppenweise in das Siebte Fort gebracht und dort mit Maschinengewehrsalven ermordet. Frauen werden gefoltert, vergewaltigt und erschossen. Dies ist keine Erfindung, es sind Tatsachen. Sie wurden von Augenzeugen berichtet, denen die Flucht aus den Todeslagern gelang.

Tausende verloren im Siebten und Neunten Fort auf diese Weise ihr Leben, aber nach und nach wurden die Massaker seltener. Wir wiegten uns in der trügerischen Sicherheit, dies sei nur ein unglückliches Kriegsereignis, und wagten zu hoffen, dass die Überlebenden nun unter erträglichen Bedingungen leben könnten. In der Zwischenzeit wurde in Kowno eine Zivilverwaltung eingesetzt und wir dachten, dass jetzt wieder Recht und Ordnung herrschen würden.

Doch die erste Anordnung der Zivilverwaltung unter SA-Brigadeführer Hans Cramer verfügte, dass alle Juden bei Androhung der Todesstrafe auf Brust und Rücken einen gelben Stern zu tragen hätten und es Juden nicht erlaubt sei, auf dem Bürgersteig zu gehen, so dass ihnen nur der Rinnstein blieb.

Uns blieb nichts anderes übrig, als diese Demütigung zu ertragen und zu hoffen, dass dieser Krieg irgendwie bald vorbei sein werde und der Alptraum ein Ende finde.

Die zweite Anordnung des SA-Brigadeführers Cramer verfügte, dass sich die jüdische Bevölkerung von Kowno bis zum 15. August in einen kleinen Vorort der Stadt zu begeben hätte und alle Juden, die man nach diesem Datum außerhalb des Gettos antreffe, erschossen würden. Wieder sinkt unser Mut und unsere Hoffnung. 26000 Menschen aus allen Teilen der Stadt machen sich mit jedem verfügbaren Transportmittel zum Getto in Vilijampole auf. Bis zum 15. August zieht eine scheinbar endlose Karawane von Männern und Frauen in ihr neues Wohngebiet.

Ein Quadratmeter Wohnraum wird jeder Person zugebilligt. Ein Quadratmeter! Aber wir ignorieren den Platzmangel, den Schmutz und das Elend und versuchen zufrieden zu sein, unsere Frauen und Kinder bei uns zu haben. Wir wissen nicht, wie wir uns und unsere Familien ernähren, wo wir Kleidung finden und wie wir uns warm halten sollen. Bald lernen wir, die Zukunft zu vergessen und nur noch von Tag zu Tag zu leben. Wir werden hartherzig, unsere falschen Hoffnungen verbittern uns schließlich noch mehr. Unsere einzige Hoffnung war, dass der schwierigste Teil nun hinter uns lag und wir hier im Getto irgendeine Art von Leben fristen könnten. Um das Getto wird ein Stacheldrahtzaun gezogen. Wachen mit aufgesteckten Bajonetten werden davor postiert. Wir sind gefangen!
Innerhalb des Gettos muss eine Verwaltung eingerichtet und ein Ältestenrat gebildet werden. Der ehrwürdige, allseits bekannte Dr. Elkes wird der Führer dieser tragischen Gemeinschaft. Eine Gettopolizei und verschiedene Verwaltungsbüros werden geschaffen. Wir versuchen, durch gegenseitige Hilfe und Organisation die Lebensbedingungen erträglich zu machen. Ein Krankenhaus wird eingerichtet, zu dem alle Ärzte ihre Instrumente und Arzneien beisteuern. Im gesamten Getto werden sanitäre Maßnahmen ergriffen, um Epidemien vorzubeugen. Zehn Kühe, die im Getto verblieben sind, werden unter die Kontrolle des Ältestenrats gestellt, um die Milchversorgung der Kleinkinder zu sichern. Alles wurde gleichmäßig verteilt, jeder trug seinen Teil des Leids, denn ist nicht geteiltes Leid halbes Leid? In dieser Zeit fieberhafter Organisation rückte die dritte Polizeikompanie unter dem Kommando von Hauptmann Tornbaum ins Getto ein. Jedes Haus wurde durchkämmt, alle Wertsachen wurden uns genommen. Es war eine offizielle, vom Staat erlaubte Plünderung!
Bald lernt man, dass Besitztümer letztlich keinen Wert haben, und man gibt den Eindringlingen freiwillig alle Wertsachen. Die Deutschen gehen brutal vor, um die Bevölkerung einzuschüch-

tern. Männer, Frauen und Kinder werden grausam geschlagen. Überall wird geschossen. Die Schreie verwundeter Männer und verzweifelter Frauen schallen durch das ganze Getto. Lastwagen fahren vor, um die Beute wegzuschaffen. So geht es eine volle Woche.

Danach glauben wir, dass der Teufel zufrieden gestellt ist, nachdem wir ihm Silber, Gold, Eheringe, Pelze, Tücher und Wäsche in den gierigen Hals geworfen haben. Für einen Tag kehrt Ruhe ein. Vielleicht ist die Krise vorbei: Nun, wo wir arm sind, müssten sie uns doch in Ruhe lassen! Doch das lässt die Politik der Nazis nicht zu. Die nächste Anordnung lautet, dass unsere zehn Kühe den Behörden übergeben werden müssen, so dass unsere Kinder keine Milch mehr bekommen. Alle verbliebenen Wertsachen sollen freiwillig ausgehändigt werden. Wir folgen der Aufforderung, um unseren guten Willen zu beweisen. Wir wollen den Teufel nicht reizen – wir wollen unser Leben retten!

Dennoch wird am 4. Oktober ein Teil des Gettos von schwer bewaffneten Soldaten umzingelt. Die Einwohner dieser Sektion werden durch die Straßen getrieben, ein Teil von ihnen willkürlich ausgesondert, in das Neunte Fort getrieben und ermordet. Das Krankenhaus, der einzige Ort, wo wir uns um unsere Kranken und Verwundeten kümmern können, wird verriegelt und in Brand gesteckt. Die Patienten, die Ärzte und die Schwestern werden zu Opfern dieses Sadismus.

Ich gehöre zu jenen vermeintlich Glücklichen, denen erlaubt wird, in den anderen Teil des Gettos zu wechseln. Noch heute habe ich das lodernde Krankenhaus vor Augen. Es klingt wie ein schrecklicher Alptraum, doch leider war er nur allzu wahr. Ich hatte nun im anderen Teil des Gettos kein Heim mehr für meine Frau und unser kleines Kind. Doch wir hatten Glück und fanden einen Ort, wo wir bleiben konnten, und Hilfe. Die nächsten 24 Tage geschah nichts Bedeutendes und es schien, als hätte uns die Bestie unserem Schicksal überlassen. Wir waren sicher, dass die Bedrängnis nun vorüber war; dass sie lediglich die Bevölkerung des Gettos dezimieren wollten und ihr Ziel auf diese grausame Weise erreicht hatten.

Am 28. Oktober kam eine weitere Anordnung: Die gesamte Bevölkerung des Gettos – Gesunde, Kranke, Junge, Alte – musste sich an einem bestimmten Ort versammeln. Dann begann ein »Glücksspiel« – für die anwesenden Deutschen eine Belustigung, für die Gettobewohner ein »Spiel« auf Leben und Tod. Herr Rauca, ein Vertreter der Gestapo in Kowno, traf ein, und als die Reihen der 24 000 Seelen an ihm vorbeiziehen, schickt er einen Teil zur Rechten, den anderen zur Linken. Die Leute sind ratlos, welche Seite sie wählen sollen, denn ihnen ist die Bedeutung der Situation noch nicht bewusst.

Diese Prozedur, die so sehr an einen Viehtrieb zum Markt erinnert, geht den ganzen Tag weiter. Die 10 800 Menschen, die zur Rechten geschickt wurden, werden am folgenden Morgen im Neunten Fort massakriert.

Die Bevölkerung des Gettos ist nun weiter dezimiert und für die Überlebenden gibt es mehr Platz. Doch es gibt keinen Platz mehr für Illusionen, und wir alle verfallen in die tiefe Depression, in Schmerz und Trauer.

Wieder machen die Nazis Versprechungen. SA-Hauptsturmführer Jordan trifft ein und erklärt dem Ältestenrat: ›Sie haben in Zukunft nichts zu befürchten. Sie werden arbeiten und leben. Sie werden für die deutsche Wehrmacht arbeiten und wir werden uns um Sie kümmern!‹ Dann wirft er 10 000 Reichsmark auf den Tisch und behauptet, dies sei die erste Zahlung an das Getto für die Arbeit, die es leisten wird.

Aber niemand von uns traut ihm; die Erfahrung hat uns misstrauisch gemacht. Doch in den kommenden Monaten und Jahren bestätigen sich seine Worte. Das Leben im Getto wurde hart, jeder wurde zu extremer körperlicher Arbeit gezwungen. Obwohl es im Getto ständig Razzien gab, ereignete sich nichts

Sie überlebten Dachau

Bedeutendes mehr – bis zum 27. März 1944. An diesem Tag wurde das Lager (das Getto war nun ein Konzentrationslager) von der SS gestürmt und es begann eine brutale Jagd auf Kinder bis zum 13. Lebensjahr.
Wie gejagte und verwundete Tiere wurden die Kinder von der SS auf die Lastwagen geworfen. Ich sehe noch die herzzerreißenden Szenen. Ich sehe Mütter, die sich an ihre Kinder klammern, ich sehe Mütter, die sich auf ihre Kinder werfen, um sich an ihrer Stelle erschießen zu lassen. Ich sehe das ganze Lager in Tränen, die Tränen unschuldiger Kinder, die wilde Verzweiflung aller, den Anblick von Kindern, die den Armen ihrer Eltern entrissen werden.
In der Zwischenzeit verteilt sich die SS mit Autos und Motorrädern im ganzen Lager, schießt um sich und kämpft ihre großartige Schlacht – eine Schlacht gegen Kinder!

›Gebt uns eure Kinder! Sind irgendwelche Kinder hier? Wo habt ihr eure Kinder versteckt?‹ Ich höre die Worte noch heute. Alle versuchen verzweifelt, ihre Kinder zu verstecken: in Tonnen, im Keller, auf dem Dachboden, in Betttüchern! Einige Eltern vergiften ihre Kinder und begehen dann Selbstmord.
Am 29. März ist das Konzentrationslager Kowno [Kauen] kinderfrei. Einigen Eltern war es gelungen, ihre Kinder zu verstecken, aber sie müssen ständig im Verborgenen bleiben, denn offiziell gibt es im Lager keine Kinder mehr.
Der 12. Juli kam. Mit einer erfolgreichen Offensive näherte sich die Sowjetarmee Kowno. Der Lagerkommandant, SS-Obersturmbannführer Wilhelm Göcke, erklärte, dass Lager müsse evakuiert werden und dass es keinen Grund zur Sorge gebe; man würde uns nach Deutschland schicken und dort gut behandeln. Wir würden mit unseren Familien ins neu geschaffene Konzentrationslager Stutthof bei Danzig fahren und dort mit ihnen zusammen bleiben.
Gnädig erlaubte man uns, einige Wertsachen mitzunehmen, weil wir sie in Deutschland brauchen würden. Je näher die Front rückte, desto mehr Versprechungen machte man uns.
Jene, die den Versprechungen nicht trauten, versuchten durch den Stacheldraht zu entkommen. Einige wurden auf der Flucht erschossen, andere kamen durch – niemand weiß wohin. Einige versuchten sich zu verstecken, in der Hoffnung, dass die Russen, bei der Geschwindigkeit, mit der sie vorrückten, bald da sein würden. Manche arbeiteten nachts, um sich Verstecke zu bauen, und blieben dort. Aber ihre Arbeit war vergebens: Die Gestapo war zu klug. Die bewaffneten Truppen kamen ins Lager, sprengten Häuser, steckten sie in Brand, warfen Handgranaten und schossen mit leichten Waffen, und die Leute krochen wie verängstigte Mäuse aus ihren Löchern. Rasch wurden Kolonnen gebildet, zum Bahnhof getrieben und nach Tiegenhof gefahren.

Als wir in Tiegenhof ankommen, werden unsere alten SS-Wächter durch neue Truppen des Sturmführers ersetzt. Sofort ergeht die Anordnung, die Frauen und die verbliebenen Kinder von den Männern zu trennen und an einen anderen Ort zu schicken. Die Frauen weinen, verabschieden sich von ihren Ehemännern; die Kinder vergießen bittere Tränen. So erweisen sich alle Versprechungen erneut als Lügen.

Der jüdische Ältestenführer, der ehrwürdige Dr. Elkes, hat den Mut, an den SS-Obersturmführer heranzutreten und ihn nach dem Grund zu fragen, warum wir trotz der Versprechungen, die man uns in Kowno gab, getrennt werden. Statt einer Antwort versetzt der tapfere Obersturmführer dem 65-jährigen Arzt einen Schlag aufs Ohrs. Dr. Elkes küsst seine Frau und verabschiedet sich von ihr. Meine Frau weint und macht mir Vorwürfe, weil ich nicht ihrem Rat gefolgt bin, Selbstmord zu begehen, statt uns in das neue Lager evakuieren zu lassen. Ich bitte sie, abzuwarten und die Hoffnung nicht zu verlieren. Als wir unsere Abschiedsworte wechseln, kommt ein SS-Mann und jagt meine Frau zusammen mit den anderen, die ihre Ehemänner vielleicht zum letzten Mal sehen, fort.

Wir wurden zu Waggons getrieben und dort eingesperrt; unsere Glieder wurden taub, das Blut hörte fast auf zu zirkulieren. Wir befanden uns in einem Zustand äußerster Verzweiflung.

Es war uns klar, dass unsere Frauen ihren letzten Gang angetreten hatten. Wir waren sicher, dass auch wir in unseren Tod gingen. Unser einziger Wunsch – zusammen mit unseren Lieben zu sterben – war uns verweigert worden.

Drei lange Tage und Nächte wurden wir in diesen dunklen Waggons durch Deutschland gekarrt. Wir kannten unser Ziel nicht, aber wir wussten, dass Juden aus Frankreich, Belgien und den Niederlanden nach Kowno gebracht und ausgelöscht worden waren. Wir saßen apathisch in unseren Waggons und rührten das wenige Essen, das wir hatten, nicht an.

Schließlich kamen wir an einem unbekannten Ort an und man befahl uns auszusteigen. Mit bangem Herzen verließen wir die Waggons. Hatte man uns hergebracht, um zu arbeiten, oder hatte unsere letzte Stunde geschlagen? SS-Männer stellten uns in Fünferreihen auf. Dann erschien Obersturmführer Förster, der den Krieg gegen die Kinder in Schaulen [Litauen] geführt hatte.
Ein böses Omen! Schwarze Wolken bedecken den Himmel und es beginnt zu regnen. Der Regen begleitet uns zu unserem neuen Zuhause – ein erst halb fertiges Lager. Es gibt nur wenige Zelte, die wir beziehen können. Alles, was wir besitzen, wird uns genommen; selbst die Fotos von unseren Familien, Pässe und andere Dokumente werden vernichtet. Man erklärt uns, dass wir keinerlei Rechte haben. ›Wenn das Brot in Dachau, das ihr von nun an essen werdet, und euer niederträchtiges jüdisches Leben irgendeinen Wert für euch haben, ihr dreckigen Schweine, dann werdet ihr blind gehorchen; andernfalls werdet ihr weit schneller verschwinden, als ihr ahnt.‹ Das waren die Worte des berüchtigten Oberscharführers Kirsch. Das Schicksal von uns 2000 Männern liegt nun in seinen Händen. Täglich schlägt Kirsch die Alten grausam, misshandelt die Jungen, greift sich bestimmte Leute aus den Reihen und zwingt sie, im Kot der Latrinen zu baden. Kirsch regiert die Welt dieser 2000 Männer. Kirsch ist zugleich Gott und Herrscher. Jungen unter 16 werden nach Auschwitz gebracht. Der Rest macht sich täglich auf den langen Weg zur Moll-Fabrik. Die Moll-Fabrik, das heißt zwölf Stunden täglich die härteste Arbeit mit Beton und Zement. Moll heißt Terror, Moll heißt Tod! Tagschicht Moll, Nachtschicht Moll. Moll bestimmt unser Leben. Kolonnen marschieren zur Moll-Fabrik, Kolonnen kehren von ihr zurück. Die Leute werden dünner, die Essensrationen kleiner. 300 Gramm Brot und wässrige Suppe. Sie fangen an, uns noch brutaler zu behandeln. 50 bis 60 Männer sterben jeden Tag. 60 bis 80 Pro-

Die meisten überlebten Dachau nicht

zent der Menschen, die nach Kaufering gebracht wurden, verloren dort ihr Leben. Wer – ausgehungert und von Läusen gepei nigt – nicht arbeiten kann, wird in Lager vier geschafft, wo er bald stirbt.

Viele Kommandanten kommen und gehen, jeder schlimmer und bestialischer als der andere. Wir hören, dass Deutschland an einer Front nach der anderen besiegt wird, aber an unserer Front zeichnet sich keine Wende ab. Die Befehlshaber im Lager haben keine Skrupel und zögern nicht in ihrer Brutalität, bis zum letzten Moment. Himmler selbst ordnet am 14. April 1945 an, dass kein Gefangener in die Hände der Alliierten fallen dürfe. Wir sollten nach Tirol evakuiert werden. Der Lagerkommandant erklärte öffentlich, dass wir in die Schweiz unter die Obhut des Internationalen Roten Kreuzes kämen. Wieder eine Lüge! Wir erfuhren später, dass das Rote Kreuz von dem

Plan nichts wusste. Die Wahrheit ist, dass wir vernichtet werden sollten. Aber glücklicherweise war Herr Himmler nicht mehr in der Lage, über unser Schicksal zu entscheiden. Die Befreier kamen früher, als diese ›Herren‹ gedacht hatten.
Zum Teil aufgrund unserer langen Märsche, unserer jahrelangen schlechten Behandlung und dem Umstand, dass wir zeitweise zwischen die Fronten gerieten, bleiben unsere Verluste weiterhin sehr hoch. Selbst noch in diesem Krankenhaus, wo die Menschen nicht länger unter dem Nazi-Joch sind, fordert das Nazi-Regime jeden Tag neue Opfer. Wir haben bis jetzt 35 Menschen auf dem Friedhof hier begraben.
Wir haben uns heute hier versammelt, um unsere Befreiung zu feiern; aber gleichzeitig ist es für uns ein Tag der Trauer. Weil jeder klare und freudvolle Tag heute und in Zukunft von den tragischen Ereignissen der letzten Jahre überschattet wird. Ein Prozent Überlebender konnte befreit werden, und von diesen Menschen sind 99 Prozent sehr krank. Können wir diesen Tag genießen? Können wir feiern?
Hitler hat jede Schlacht an jeder Front verloren, außer die Schlacht gegen wehrlose und unbewaffnete Männer, Frauen und Kinder. Er hat den Krieg gegen die europäischen Juden gewonnen. Er führte diesen Krieg mit Hilfe der deutschen Nation.
Aber wir wollen keine Rache. Wenn wir Rache nähmen, hieße das, in die moralischen Abgründe zu versinken, in die das deutsche Volk in den vergangenen zehn Jahren hinabgesunken ist.
Wir sind nicht in der Lage, Frauen und Kinder abzuschlachten!
Wir sind nicht in der Lage, Hundertausende verhungern zu lassen!
Wir sind nun frei, aber wir wissen nicht, wie oder mit was wir unser zwar freies, doch unglückliches Leben beginnen sollen.
Es scheint uns, dass die Menschheit zum gegenwärtigen Zeitpunkt noch nicht begreift, was wir in dieser Zeit durchgemacht

und erlebt haben. Es scheint uns, dass man es auch in Zukunft nicht verstehen wird.
Wir haben das Lachen verlernt; wir können nicht mehr weinen; wir begreifen unsere Freiheit nicht: Wir sind wohl noch immer unter unseren toten Weggefährten.
Erheben wir uns, um schweigend unserer Toten zu gedenken!«

Kapitel 2

Die Überlebenden

Auf Überlebende von Konzentrationslagern stieß ich zum ersten Mal, als ich gegen Kriegsende zum 2. Abrüstungsgeschwader des 9. Fliegerkorps der US-Armee versetzt wurde und auf dem ehemaligen Schulungsstützpunkt der deutschen Luftwaffe am Stadtrand von Kaufbeuren etwa 90 Kilometer südwestlich von München ankam. Mein Geschwader war eine nichtkämpfende Einheit mit dem Auftrag, die Auflösung der deutschen Luftwaffe zu überwachen und nach deutschen Erfindungen zu suchen, die für die amerikanischen Streitkräfte nützlich sein könnten. Unter anderem entdeckten wir dabei neue düsenstrahlgetriebene Flugzeuge, moderne Radarausrüstung und den Prototyp eines »fliegenden Flügels«, aus dem die USA nach dem Krieg ihr eigenes Düsenflugzeug entwickelten.

In unserem Geschwader gab es ein Übergewicht an Offizieren: Etwa 60 kamen auf nur 360 Unteroffiziere und Mannschaften. Letztere bestanden aus drei Kategorien: jene, die einen Großteil des Krieges in den Luftwaffeneinheiten in England verbracht hatten; Aufsässige und andere Sonderlinge, deren Vergehen von Diebstahl über unerlaubtes Fernbleiben von der Truppe bis hin zu respektlosem Verhalten gegenüber Offizieren reichte, von denen sie aufgrund ihrer ethnischen Zugehörigkeit, Hautfarbe oder Religion beleidigt worden waren; sowie drittens verwundete Infanteristen, deren Verletzungen nicht ernst genug waren, um sie in die USA zurückzuschicken, jedoch gravierend genug, um sie nicht wieder ihren Kampfeinheiten zuzuteilen, sondern ihnen »begrenzte Einsatzbefehle« in nichtkämpfenden Einheiten wie dem 2. Geschwader zu geben. Ich gehörte zur dritten Gruppe. Meine Verwundung in der Schlacht von Bulge verhinderte meine Rückkehr zur 2. Infanteriedivision, die zum Rhein vorstieß, aber sie war nicht schwer genug, um mich in die USA zurückzuschicken.

Weil ich in der High School Deutsch und Französisch belegt und bereits zwei Jahre College hinter mir hatte, als ich in die Armee eintrat, steckte mich der Personaloffizier des 2. Geschwaders in die Nachrichtenabteilung, offenkundig ungeachtet meiner schlechten Deutschkenntnisse als Übersetzer. Bemerkenswert war dieser Einsatzbefehl, weil er verdeutlicht, wie mangelhaft die amerikanischen Streitkräfte auf ihre Besatzungsaufgaben in der Nachkriegszeit vorbereitet waren.

Mein erster Auftrag am 12. Mai 1945 bestand darin, einen Offizier zu einem ehemaligen Kino in Kaufbeuren zu begleiten, um zu entscheiden, ob es für die Truppenbetreuungsdivision der Armee beschlagnahmt werden sollte. Das 2. Geschwader hatte eine so genannte *Section 8 Authorization*, eine Befugnis, die ihm das Recht verlieh, jedes Material oder Eigentum in Deutschland für die US-Armee zu konfiszieren. Die Offiziere der Einheit kamen diesem Auftrag auch wirklich nach, doch gingen einige noch einen Schritt weiter. Sie benutzten die Befugnis, um Pelze, Kameras, medizinische Geräte und andere Güter, die die Deutschen entweder hergestellt oder aus besetzten Ländern gestohlen hatten, nach Hause in die USA zu schicken. Tatsächlich wurden die Angehörigen des 2. Geschwaders als »Souvenierjäger« der Armee bekannt.

Der Eigentümer des Kinos flehte uns an, es behalten zu dürfen. Seine Bitten waren herzzerreißend. Er erklärte uns, aktiv gegen die Nazis eingetreten zu sein, Hitler verachtet und in jeder Weise gegen den Nationalsozialismus opponiert zu haben. Nicht ohne ein gewisses Unbehagen requirierten wir das Gebäude dennoch. Kurz darauf, während wir die Papiere in seinem Büro durchgingen, mussten wir erkennen, dass unsere Bedenken fehl am Platz waren. Aus seinen Papieren ging hervor, dass er der NSDAP und ihren Kampagnen unzählige Spenden hatte zukommen lassen. Es war meine erste Lektion darüber, wie schnell die Deutschen lernten, sich bei den amerikanischen Eroberern einzuschmeicheln. Die schlimmsten Verbrecher waren gewöhnlich die Ersten, die es mit dem größten Nachdruck abstritten.

Aus einigen der Papiere, die wir im Kino fanden, entnahm ich an jenem Tag auch, was die Öffentlichkeit in den folgenden Monaten detailliert erfahren sollte. In Kaufbeuren hatte es während des Krieges ein Kinderkrankenhaus gegeben, das in Wirklichkeit von deutschen Ärzten benutzt wurde, um biologische Experimente der unvorstellbarsten und grausamsten Art an Kindern anzustellen, die aus verschiedenen Konzentrationslagern hierher gebracht worden waren. Es gab damals keinen Beweis, dass irgendeines der Kinder, die in dieses Krankenhaus gebracht worden waren, noch am Leben war. In der Stadt sah ich keines von ihnen.

Was ich gelegentlich sah, waren kleine Menschengruppen am Stadtrand. Ihre ausgemergelten Körper, rasierten Köpfe und schlecht sitzenden Kleider, die ihre Lageruniformen nur unvollständig verdeckten, machten deutlich, dass sie Überlebende des Holocausts waren. Selten sah ich ein Kind unter ihnen.

Manchmal sahen wir Überlebende auf den Landstraßen zwischen den Städten, Skelette in gestreiften Pyjamas, die sich Lumpen um die Füße gewickelt hatten und über das Land wanderten, um etwas Essbares, eine Schlafstelle und Sicherheit vor der deutschen Bevölkerung zu finden, die sich alle Mühe zu geben schien, Hitlers »Endlösung« zu vollenden. Wenn keine amerikanischen Soldaten in der Nähe waren, verprügelten die Deutschen sie und schlugen manche zu Tode. Einige wurden einfach erschossen. Es gab nicht viele in diesem Teil Bayerns, die die Lager überlebt hatten, vielleicht nur einige Tausend.

Für die Deportierten, die keine Juden waren, die Zwangsarbeiter, die nicht zur Vernichtung in den Lagern bestimmt gewesen waren, stellte sich die Situation etwas anders dar. Sie konnten nach Hause gehen. Sie hatten ein Zuhause, zu dem sie zurückkehren konnten. Ich sah viele dieser Flüchtlinge, von denen die meisten als Gefangene nach Deutschland verschleppt worden waren, um dort zu arbeiten, auf ihrem Weg zurück nach Osteuropa. Jeden Tag wurden die Karawanen länger und breiter. Haupt- und Landstraßen, Gassen und Wege füllten sich mit wandernden Menschen, die kleine Schachteln, Bündel und voll gestopfte Kopfkissenbezüge trugen. Sie erinnerten mich an die Hollywoodfilme über die Wirtschaftsdepression im Amerika der dreißiger Jahre, in denen ich solche umherwandernden Menschen gesehen hatte, deren ganze Habe in einem Tuch vom Ende eines Stocks baumelte.

Zuerst sah ich große Gruppen solcher Flüchtlinge. Mit der Zeit wurden es sogar noch mehr. Sie kamen von überallher und gingen in alle Richtungen. Wirklich ermessen konnte man die gewaltige Zahl von Flüchtlingen auf den Straßen aber erst, wenn man sie außerhalb der Städte sah. In den Städten mischten sie sich mit den anderen Menschen, und sah man von den Bündeln ab, die sie trugen, dann war es schwer zu entscheiden, ob sie dort lebten oder nur durch die Stadt kamen. Am Rand der Städte jedoch strömten die verstreuten Einzelnen und Gruppen aus den vielen Straßen der Städte zusammen und bildeten eine sich unablässig bewegende Menschenmasse auf den Landstraßen.

Armeefahrzeuge versuchten, einen Teil jeder Straße für Lastwagen, Jeeps und Militärautos freizuhalten – bei den Letzteren handelte es sich zumeist um Tourenwagen höherer oder Sportwagen jüngerer Offiziere. Zivilisten durften nicht fahren, es sei denn in offiziellem Auftrag, und die Soldaten auf den Rücksitzen der Jeeps und den Ladeflächen der Lastwagen stießen beständig Hände zurück, die sich festhalten wollten. Die wenigen Zivilfahrzeuge auf den Straßen waren meist alte, quietschende und tuckernde Diesellastwagen, randvoll mit Flüchtlingen. Die Leuten standen auf den Fahrerhäuschen, saßen auf den Kotflügeln, lagen auf der Kühlerhaube, hielten sich an jedem Stück Holz oder Metall am Heck oder den Seiten fest, bogen ihre Körper zu einem Dreieck, die Füße in irgendeine Ritze des Lastwagens geklemmt, so dass sie nicht herunterfielen, oder klammerten sich einfach mit herunterbaumelnden Beinen fest, so lange ihre Arme sie hielten, um dann loszulassen und sich wieder in das Fußvolk einzureihen. Jedes Mal, wenn jemand von einem Lastwagen sprang oder fiel, sprang jemand anderes von der Straße auf, um seinen Platz einzunehmen. Die Lastwagen kamen bestenfalls mit 15 Stundenkilometern voran.

Nahezu jeder trug etwas: einen zerfetzten Koffer, einen zugeschnürten Pappkarton, eine Papiertasche oder das unvermeidliche Bündel aus einem Tuch, dessen vier Ecken um das Ende eines Stocks geknotet waren. Ein paar hatten ihre Habe in Kinderwagen oder auf behelfsmäßig gebaute Karren gepackt, für die sie irgendwo Holz, Nägel und Räder gefunden hatten. Manche trugen nichts.

Viele wurden auch getragen: Kleinkinder auf dem Arm oder ältere Kinder, die sich nicht mehr auf den Beinen halten konnten und nun wie Klammeräffchen um den Hals hingen oder huckepack getragen wurden, weil die Leute lieber mit der zusätzlichen Last noch ein paar Kilometer gingen, als anzuhalten und sich auszuruhen. Einige sehr Alte oder Kranke humpelten, halb gezogen, halb getragen, mit einem Erwachsenen an jeder Seite, oder saßen als Passagiere in einem der Kinderwagen oder Karren, in denen sie mit ihrem emporragenden großen Kopf, den langen ausladenden Armen und ihrer zusammengekauerten Haltung, die Knie fast bis ans Kinn gezogen, einen ebenso lächerlichen wie traurigen Anblick boten. Einige, die auf dem Rücken getragen wurden, waren keine Kinder, sondern alte Männer und Frauen.

Fast all ihre Kleider waren zerlumpt. Hätte nicht der Sommer kurz bevorgestanden, sie wären erfroren. Wer mit Schuhen losmarschiert war, hatte nach 50 oder 100 Kilometern nur noch lose Lederstreifen an den Füßen, die dann mit Zeitungspapier ausgestopft und mit Lumpenfetzen zusammengebunden wurden, bevor man sie endgültig wegwerfen musste. Viele gingen nur mit einem Lappen um die Füße. Andere waren barfuß. Alte Männer und Frauen gingen langsam am Straßenrand, damit die jüngeren, kräftigeren Maschierer vorbeiziehen konnten. Kleine Kinder liefen zwischen den Reihen hin und her, immer Vater oder Mutter im Auge, oder, wenn sie allein waren, auf der Suche nach einem Erwachsenen, an den sie sich klammern konnten, in der Hoffnung, wenigstens auf dem Marsch Hilfe und Sicherheit zu erhalten, bis sie in ihre Heimatstädte zurückkamen, um nach einem Elternteil oder anderen Verwandten zu suchen, die noch am Leben waren. Jugendliche und junge Erwachsene um die Zwanzig lösten sich aus den Reihen, marschierten raschen Schritts voran, liefen manchmal einem Lastwagen hinterher, auf den sie aufzuspringen versuchten, um ein paar Kilometer schneller voranzukommen. Zuweilen fanden sie einen Gleichaltrigen, mit dem sie die folgenden Tage oder Wochen Freundschaft schloßen, nur um sich dann, wenn ihre Wege sie in unterschiedliche Länder und Städte führten, wieder zu trennen. Manchmal fanden sie jemanden, mit dem sie ruhigeren Schritts Hand in Hand gingen, um gelegentlich in einen Streifen hohen Grases oder ein Gebüsch am Wegesrand abzubiegen.

Es gab keinen Zeitplan, keine feste Geschwindigkeit. Die Menschenschlange riss nie ab, und wer zurückfiel oder in irgendeiner Stadt auf dem Weg anhielt, neben der Straße kampierte oder sich die Zeit nahm, in einem Feld auszuruhen, stieß wieder zu der scheinbar selben Reihe von Marschierern, wann immer er weiterging.

Die Kolonnen hielten nie an. Selbst nachts, wenn die Müden ein paar Schritte abseits der Straße nach Schutz unter einem Baum, im weichen, hohen Gras oder, mit etwas Glück, in einer verlassenen Scheune suchten und ein paar Stunden schliefen, setzten sich die Reihen fort.

Sie schienen niemals zu essen, auch wenn manche gelegentlich etwas aus der Tasche hervorzogen, das wie Gebäck oder ein Stück Brot aussah, und im Gehen darauf kauten. Wer gerade einen Ausweis als Displaced Person, als Deportierter hatte, machte in Städten halt, wo es dem Hörensagen nach einen mitfühlenden Offizier gab, der ihnen ihre Essensration aushändigen würde, die man dann in die Tasche oder eine Papiertüte steckte und auf dem Weitermarsch verzehrte. Andere sahen sich vergebens nach Feldern um, auf denen irgendetwas Essbares wuchs: Wurzeln oder Kräuter für eine Suppe, die Überreste eines Karotten- oder Steckrübenfeldes. Auf Bauernhöfen oder in Gärten war keine Nahrung zu finden. Viele Felder waren verwüstet, von Bomben geschwärzt. Andere waren von ihren Eigentümern oder Städtern abgeerntet worden, als gegen Ende des Krieges klar wurde, dass Nahrung das kostbarste und rarste Gut werden würde. Was übrig geblieben war, hatten längst andere Deportierte aufgelesen, die sich auf den Heimweg gemacht hatten, sobald ihre Stadt, ihre Fabrik oder ihr Lager befreit worden war.

Manchmal ruhten sich Gruppen von Leuten am Straßenrand aus und fanden Gemeinsamkeiten im Gespräch, machten sich gegenseitig Mut, dass ihre Rückkehr in die Heimat gelingen werde. Wie nicht anders zu erwarten, schlossen sich Leute aus derselben Stadt oder demselben Land zusammen, marschierten und ruhten gemeinsam aus und blieben unter sich.

Viele verbrachten die heißen Tage sitzend, liegend oder schlafend und nahmen ihren Marsch nachts wieder auf. Häufig sah man Frauen mit entblößter Brust, die ein Baby stillten, und man fragte sich unweigerlich, woher eine hungrige Mutter die Milch für ihr Kind nahm. Vielleicht war schon die Nähe zu einem warmen Körper für den Moment eine ausreichende Nahrung.

Wenn es regnete, änderte sich nichts. Nur wenige verließen die Straße, um nach ausladenden Bäumen zu suchen, unter denen sie den Regen abwarten konnten. Die meisten Menschen gingen weiter, und wenn sie nicht beide Hände benötigten, um ihre Habseligkeiten zu tragen oder einem anderen zu helfen, war der einzige Hinweis, dass sie den Regen überhaupt wahrnahmen, ein Stück Pappe, Papier oder ein Tuch, das sie mit einer Hand auf ihrem Kopf festhielten.

Sie bewegten sich praktisch geräuschlos. Es schien, als koste es sie all ihre Energie, einen Fuß vor den anderen zu setzen. Ihre Körper schoben sich vorwärts, wippten dabei rhythmisch federnd vor und zurück, auf jeden Schritt konzentriert. Jede Bewegung löste die Einzelnen aus der Menge, die doch zugleich Teil eines mechanischen Gleichtaktes blieben, der durch die gesamte Menschenkolonne pulsierte.

Die Marschierer blieben meist auf der rechten Straßenseite und bewegten sich gen Osten. Niemand ging nach Westen, tiefer nach Deutschland hinein, außer ein paar Deutsche, die Verwandte in Nachbarstädten besucht hatten, sowie einige deutsche Soldaten, die, noch in Uniform, von der Ostfront zurückkehrten.

Armeefahrzeuge benutzten die linke Straßenseite, fädelten sich zwischen Gruppen von Marschierern ein, gaben Gas, wenn die Straße frei war, verlangsamten ihr Tempo und reihten sich in die Menschenkolonne und die Zivilfahrzeuge ein, wenn ihnen ein Fahrzeug entgegenkam.

Es sollte lange dauern, bis die Kolonnen der Flüchtlinge sich auszudünnen begannen und schließlich verschwanden.

Meine militärische Aufgabe änderte sich bald, was mir nicht nur die Möglichkeit gab, mit Überlebenden Kontakt aufzunehmen und zu sprechen, sondern ihnen auch zu helfen, am Leben zu bleiben. Die meisten von uns Soldaten im 2. Geschwader waren verärgert, entweder weil sie erwartet hatten, dass man sie als Ex-Infanteristen mit Verwundetenabzeichen nach Hause schicken würde, oder weil sie eine grundsätzlich Abneigung gegen jede Autorität hegten. Wir hatten das Gefühl, dass wir nichts Schlimmes mehr zu befürchten hatten, wenn wir uns bei unseren Vorgesetzten mehr herausnahmen. Der Krieg war aus und das Schlimmste konnte nicht mehr passieren: die Abkommandierung zu einer Infanterieeinheit an der Front. Obwohl der Krieg gegen die Japaner noch nicht zu Ende war, konnten wir uns nicht vorstellen – irrtümlicherweise, wie manche von uns erfahren mussten –, dass man uns auf die pazifischen Schlachtfelder schicken würde. Obwohl ich darauf brannte, nach Hause zu kommen und meine College-Ausbildung fortzusetzen, war ich wie die meisten anderen glücklich, nicht mehr im Kampfeinsatz zu sein und hatte mich damit abgefunden, in der Besatzungstruppe zu dienen, bis ich ausgemustert wurde.

Der Personaloffizier, ein Major, hatte, wie man uns erzählte, den gesamten Krieg auf einem Stützpunkt des US-Fliegercorps in England verbracht. Er schien uns mit einer Mischung aus Sorge, Furcht, Herablassung und Sympathie zu betrachten. Nur wenige von uns hatten, zumindest nach unseren Personalakten, die besonderen Fähigkeiten, die für die Aufgaben bei der Abrüstung der deutschen Luftwaffe erforderlich waren, und so überließ er uns, wo es möglich war, die Wahl, welche Aufgabe wir übernehmen wollten. Ich hatte an der Zeitung meines Colleges mitgearbeitet, war nebenbei Journalist gewesen, hatte Reportagen für mehrere Zeitungen geschrieben, bevor ich in die Armee eintrat, und dachte daran, daraus später vielleicht einen Beruf zu machen. Dies schien eine günstige Gelegenheit.

Der Major stimmte meinem Vorschlag zu. »Sobald wir einen Truppenbetreuungsoffizier bekommen, können Sie mit ihrer Zeitung anfangen«, versicherte er mir. In der Zwischenzeit wies er mich der Nachrichtenabteilung zu.

Captain Nathan Nathanson traf einige Wochen später ein, gekleidet in eine schokoladenbraune Uniform mit glänzenden Hosen, einer Eisenhower-Jacke mit breitem Revers und einer lohfarbenen Seidenkrawatte, alles von einem deutschen Schneider eigens für ihn angefertigt.

»Sie wollen eine Zeitung machen? Na dann los.«

Nate Nathanson schien Ende Zwanzig oder Anfang Dreißig zu sein. Er erzählte uns, er habe vor dem Krieg in Los Angeles eine Boutique für die Leute vom Film betrieben. Er schien den Glanz zu vermissen, den er zu Hause anscheinend kennen gelernt hatte, und ließ

Der Autor
an seinem Schreibtisch
im Büro der Zeitung,
Kaufbeuren 1945

sich dafür im Gegenzug hochmodische Uniformen maßschneidern und ging in Kaufbeuren so lange von Haus zu Haus, bis er eine attraktive und ungebundene Frau gefunden hatte, deren Hoffnung auf Zigaretten, Lebensmittel und Seidenstrümpfe sie zu einem willigen Mitglied seines Harems machte. Daneben verkaufte er gierigen deutschen Geschäftsleuten im Tausch gegen Geld oder Waren, die die Deutschen wahrscheinlich sowieso aus anderen Ländern gestohlen hatten, überschüssige Armeeausrüstung, die es gar nicht gab. Trotz unseres unguten Gefühls konnten wir doch nicht umhin, Nate zu beneiden und zu bewundern. Nach dem Krieg, als ich Joseph Hellers Kriegsroman *Catch-22* las, fragte ich mich angesichts der gerissenen Geschäftemacher, die Heller beschreibt, ob der Autor nicht vielleicht auch auf dem Luftwaffenstützpunkt Kaufbeuren stationiert gewesen war.

Captain Nathanson ließ mir bei der Zeitung freie Hand. So bekam ich unter anderem einen Assistenten, Anthony DiBiase, konnte den Fahrzeugpark bevorzugt nutzen und erhielt einen Passierschein, der mir außerhalb des Stützpunktes jederzeit überall Zugang verschaffte, um eine Story zu recherchieren. Ich erstattete direkt dem Truppenbetreuungsoffizier, Lieutenant Mark Parker, Bericht. Später, als ich diese Privilegien nutzte, um Überlebenden zu helfen, unterstützten mich Nathanson und Parker und kümmerten sich ebenfalls um deren Wohlergehen.

Kurz nachdem ich begonnen hatte, meine Zeitung, den *2nd Wing Eagle*, herauszugeben, hörte ich Berichte, wonach in der Klosteranlage St. Ottilien unweit der Stadt Landsberg – in deren Gefängnis Adolf Hitler *Mein Kampf* geschrieben hatte – eine Gruppe von Überlebenden ein Krankenhaus eingerichtet hatte. Sie hatten Dachau und Buchenwald überlebt und waren überzeugt, dass die siegreichen alliierten Truppen – vor allem die USA – besondere Anstrengungen unternehmen würden, um ihnen zu helfen, sich von ihrem Aufenthalt in der Hölle zu erholen. Sie sollten bitter enttäuscht werden. Die Überlebenden erhielten keine offizielle Hilfe, weder von der US-Armee noch von den Offizieren der US-Militärverwaltung, die als Kommandanten der Städte unter amerikanischer Kontrolle eingesetzt wurden. Die Überlebenden mussten sich selbst durchschlagen. Die einzige Hilfe, die sie erhielten, kam von einzelnen amerikanischen Soldaten, auf die sie trafen, nachdem sie die Konzentrationslager hinter sich gelassen hatten und umherwanderten. Sie wurden befreit, aber ihr Überlebenskampf ging weiter.

Kapitel 3

Dr. Grinberg

Vielleicht hätte ich am 27. Mai 1945 in St. Ottilien stolz und aufgeregt sein sollen, als jener Rest der sechs Millionen Juden, der den deutschen Holocaust überlebt hatte, unter den Augen einer wohlwollenden Welt sein Befreiungskonzert veranstaltete.

Aber ich spürte nur Verzweiflung: die Qual jener hungernden, zerlumpten, kranken, sterbenden Körper.

Vielleicht hätte ich mir diesen Tag als einen bedeutenden Moment der Geschichte vorstellen sollen, als Wiedergeburt eines Volkes, das wortwörtlich aus der Asche auferstanden war, als Beginn einer neuen, wichtigen Etappe des menschlichen Fortschritts: eine Befreiung der Menschen von der Vergangenheit, der Beginn einer neuen Zeit. Jahrhunderte später werden Historiker vielleicht diesen Tag mit späteren Ereignissen in Beziehung setzen und seine Bedeutung erfassen. Aber für die Anwesenden war es weder eine Zeit des Nachdenkens noch der Vorausahnung, sondern einfach nur des Überlebenskampfes.

Waren alle großen Ereignisse der Geschichte für die Leute, die sie bewirkten und erlebten, lediglich unbedeutende Momente des Übergangs?

Ich kam zu dem Schluss, dass Geschichte machen nicht Zuschauen bedeutet, sondern Eingreifen, und fragte mich, wie ich für diese wenigen Überlebenden etwas Nahrung, Kleider und Medizin besorgen konnte, bevor auch sie starben. Dies war keine selbstlose Entscheidung bewussten Heldentums. Sie ergab sich aus meiner eigenen Vergangenheit: der eines Jungen, der in der Zeit der großen Wirtschaftskrise in den dreißiger Jahren in den Straßen von Brooklyn aufwuchs. Ich hatte Glück. Obwohl meine Eltern Einwanderer aus Europa mit geringer Bildung waren, besaßen sie den Ehrgeiz der meisten Immigranten, ihren Kindern ein besseres Leben zu ermöglichen, als sie es selbst gehabt hatten. Nachdem sie all ihre Ersparnisse in den Goldenen Zwanzigern verloren hatten, betrieben mein Vater und meine Mutter eine kleine Bäckerei in der Bay-Ridge-Sunset-Gegend von Brooklyn. Der Ort ist wichtig, weil er erklären hilft, welche frühen Erfahrungen mich dazu brachten, den Leuten von St. Ottilien helfen zu wollen. Der Laden lag direkt gegenüber der größten katholischen Kirche New Yorks, Our Lady of Perpetual Help, und an der Ecke in Ladenräumen zur Straße hin befand sich der Sitz von zwei der populärsten Institutionen der zweiten Hälfte der dreißiger Jahre: *The Tablet*, eine rechtsgerichtete katholische Zeitung, die für Mussolini Partei ergriff und die Juden für die Wirren in Europa verantwortlich machte; und das örtliche Hauptquartier von Vater Coughlin, jenem Priester, dessen beliebte Radiosendung jahrelang Hitler, den Faschismus und den Antisemitismus förderte und Franklin D. Roosevelt und seinen New Deal verdammte.

Obwohl es ein paar jüdische Familien in unserer Gegend gab, blieb jede weitgehend für sich und versuchte, keine Aufmerksamkeit auf sich zu ziehen. Jede wollte ihre Ruhe haben und in Frieden gelassen werden. Die jüdischen Kinder wurden herablassend an den sportlichen Aktivitäten auf den Spielplätzen und in den Erholungsparks in der Nähe beteiligt und widerwillig zu den Spielen auf der Straße (wie Rollschuhhockey, Baseball mit Gummiball und Besenstil oder Pennys-Werfen an den Vortreppen der Reihen kleiner brauner Backsteinhäuser) zugelassen. Wenn ein jüdisches Kind mitmachte und für den Moment akzeptiert wurde, nannte man es automatisch »Judenbengel« oder »Christusmörder«, und bevor der Spieltag vorüber war, wurde es mit großer Wahrscheinlichkeit schikaniert oder von einem oder mehreren der Spielgefährten zu einem Kampf herausgefordert. Viele Kinder der Nachbarschaft gingen in konfessionelle Schulen, und wenn sie von ihrem Unterricht erzählten, gewann man den Eindruck, dass er häufig davon handelte, wie die Juden Christus getötet hatten und wie Hitler das tat, was schon vor langer Zeit hätte geschehen sollen. Ich wusste nicht, ob die unterrichtenden Nonnen dafür verantwortlich waren, die Zeitung *The Tablet*, Vater Coughlins Radiosendungen oder die Eltern der Kinder. Waren es vielleicht alle zusammen?

Wenn ich nicht den rauen Realitäten meiner Nachbarschaft begegnen wollte, floh ich in die Lektüre von Abenteuerbüchern und gab die Zehncentstücke, die ich mir hart ersparte oder von meinen Eltern bekam, für Kinokarten aus, die in den dreißiger Jahren für Kinder nur zehn Cent kosteten. In der Dunkelheit des Kinos konnte ich mir einbilden, zu den Guten auf der Leinwand zu gehören und mit ihnen über die Bösen zu triumphieren. Selbst nachdem der Film zu Ende war, wirkte die Aura des Helden noch nach, und manchmal, wenn ich einer schwierigen Situation aus dem Weg gehen wollte, stellte ich mir vor, einer meiner Filmheroen zu sein und überlegte, wie er sich verhalten würde.

Jedenfalls mochte ich es nicht, wenn jemand – besonders ein Schwächerer – schikaniert wurde, und mehr als einmal holte ich mir dafür eine blutige Nase. Meine Eltern waren nicht religiös. Ich ging nicht in die Synagoge an der Fourth Avenue, die ganz in der Nähe unserer Wohnung lag. Einige nichtjüdische Kinder in der Nachbarschaft und ihre Eltern luden mich manchmal ein, an ihren Gottesdiensten teilzunehmen. Ich betrachtete das als gesellschaftliches Ereignis. Hielten sie ihre Einladungen möglicherweise für einen selbstlosen Versuch, meine Seele zu retten? Im Lauf der Zeit nahm ich an katholischen, lutherischen, baptistischen, griechisch-orthodoxen, methodistischen und jüdischen Gottesdiensten teil. Um die

Wahrheit zu sagen, keiner von ihnen überzeugte mich. All diese Konfessionen schienen die Realität des Lebens um sich herum zu ignorieren – wie den Krieg in Äthiopien, die Pogrome gegen die Juden in Deutschland und die Leute, die direkt vor ihren Augen auf den Straßen von Brooklyn hungerten – und schienen ihre Zeit nur darauf zu verwenden, ein gestaltloses Wesen anzubeten, das etwas dagegen unternehmen sollte, statt die Verantwortung für die Lösung der Probleme selbst zu übernehmen.

Ich erinnere mich lebhaft daran, wie ich eines Abends mit einem Klassenkameraden und seinen Eltern von einem solchen Gottesdienst nach Hause ging, als ein Mann vor uns zu einem der Stahlpfosten ging, der die erhöhten Gleise der Third Avenue trug, und mit seinen Fäusten auf den Pfeiler einzuschlagen begann, so dass Blut aus seinen Knöcheln spritzte und sein Gesicht, seine Kleider und den Bürgersteig befleckte. Er sah uns und hielt einen Moment inne.

»Ich sterbe«, schrie er. »Meine Frau und meine Kinder sterben. Wir haben nichts zu essen. Ich finde keine Arbeit.«

Er wandte sich wieder dem Pfeiler zu, schlug frustriert auf ihn ein und stieß jedes Mal, wenn seine Faust den Pfeiler traf, ein verzweifeltes »Bastard« hervor.

Ich sah zu den Eltern meines Freundes hoch. »Können wir ihm nicht helfen? Können wir nichts tun?«

»Gott wird sich seiner annehmen«, war die Antwort. »Es sind schwere Zeiten und wir müssen auf Gott vertrauen. – Er ist wahrscheinlich sowieso nur ein Trinker.«

Nun, kein Gott hatte sich um diesen Mann oder die sechs Millionen Juden und die 45 Millionen anderen Menschen aller Religionen gekümmert, die während des Zweiten Weltkriegs getötet wurden, und ich rechnete nicht damit, dass ein Gott – was immer er oder sie oder es sein mochte – sich um die Überlebenden von St. Ottilien kümmern würde.

Nachdem Dr. Grinberg seine Rede zum Befreiungskonzert beendet hatte, blieben die Leute noch lange auf ihren Plätzen und gingen dann nach und nach schweigend und einzeln zu den Gebäuden. Einige hatten beim Gehen Schmerzen und stützten sich auf andere. Andere wurden auf behelfsmäßigen Bahren getragen. Ein paar blieben allein sitzen oder liegen und starrten in den Himmel. Dachten sie über die Vergangenheit nach – oder über die Zukunft? Oder versuchten sie, an überhaupt nichts zu denken? Einige redeten leise. Die Kraft der Musik und der dramatische Bericht von Dr. Grinbergs Odyssee hatten sich in eine Traurigkeit verwandelt, die alles umhüllte, eine Schwere, die das Leben zu einem zähen Dahinvegetieren reduzierte, das nur von einem Augenblick zum nächsten existierte. Ich spürte, wie ich unweigerlich meinen Schritt verlangsamte und vorsichtig auftrat, um die mich umgebende Stimmung nicht zu stören. Ich wartete, bis die meisten der Anwesenden, darunter eine Reihe von Männern in Armeeuniformen und einige gut gekleidete Zivilisten, gegangen waren, und suchte dann Dr. Grinberg auf.

Sein klarer, offener Ton und seine exzellente Beherrschung der englischen Sprache betonten noch seine zuversichtliche Art.

Ich stellte mich vor und erzählte ihm, dass ich helfen wolle. Er führte mich zu seinem Büro, ein Eckraum in einem der Gebäude mit einem eigenen Außeneingang. Ein Schreibtisch und ein Stuhl an der Wand gegenüber der Tür, ein altes Sofa und ein weiterer Stuhl möblierten den Hauptteil des Raumes, und zur Rechten, teilweise von einem Vorhang, der an einer Stange von der Decke hing, verdeckt, befand sich ein kleiner Bereich mit einem Bett, einem Nachttisch und einer Frisierkommode.

»Ich gebe eine Armeezeitung heraus«, sagte ich ihm. »Ich werde einen Bericht über dieses Krankenhaus bringen und ihn in die USA schicken. Ich bin sicher, dass Sie die Hilfe erhalten werden, die sie benötigen, sobald die Leute dort wissen, was hier geschieht.« Selbst für meine eigenen Ohren klang das übertrieben optimistisch.

»Wir wissen Ihre Hilfe zu schätzen. Wir brauchen sie, um zu

überleben. Glauben Sie wirklich, dass Sie der Welt von uns berichten können? Und wenn sie von uns erfährt, wird sie uns Aufmerksamkeit schenken?« Fragte er mich das, weil ich Amerikaner war und aus der realen Welt der Lebenden kam, sodass ich irgendwie die Antworten wissen müsste, oder waren seinen Fragen rein rhetorisch? »Die Welt hat uns in den vergangenen zehn Jahren vergessen. Warum sollte sie sich jetzt um uns kümmern?« Die Worte klangen zynisch, aber sein Ton war sanft.

»Viele Leute in den USA wussten von nichts«, sagte ich verteidigend.

»Sie wussten es nicht?«

»Nun ja, sie haben es nicht geglaubt.«

Ich saß auf dem Sofa, er auf dem Stuhl am Schreibtisch mir gegenüber.

»Sie haben nicht geglaubt, dass es Todeslager gibt?« Er sah mich geduldig an, wie ein Lehrer einen Schüler, der sich nicht die Zeit genommen hat, nachzudenken, bevor er antwortet. »Waren Sie in Dachau?«

»Ja, ich habe es gesehen.«

»Haben sie den Bahnhof gesehen, wo die Menschen aus ganz Europa eintrafen, Tausende jeden Monat, um ins Lager geschickt zu werden?«

»Ja.«

»Haben Sie die Verbrennungsöfen gesehen? Wo noch bis vor ein paar Wochen jeden Tag Hunderte von Menschen in Rauch aufgingen?«

Ich nickte.

»Haben Sie mit den Menschen in der Stadt Dachau gesprochen? Haben Sie irgendjemanden von ihnen gefragt, ob sie von dem Lager wussten?«

»Ich habe mit manchen geredet«, erwiderte ich. »Nur sehr wenige sagen, dass sie davon wussten. Und niemand gibt zu, gewusst zu haben, was dort vor sich ging.«

»Haben sie einen einzigen Deutschen gefunden, der zugibt, gewusst zu haben, was in irgendeinem der Lager passierte?«

»Keinen«, gab ich zu.

»Finden Sie das nicht seltsam?«

»Natürlich. Sie mussten es wissen.« Ich verspürte nun Wut. Er hatte etwas von seiner Wut auf mich übertragen. »Jeder in Deutschland musste wissen, was vor sich ging«, platzte es aus mir heraus. »Es gibt keine Möglichkeit, dass sie es nicht wussten, es sei denn, sie waren taub, blind und hatten keinen Geruchssinn.«

»Und niemand in Amerika hat sich gefragt, was mit den Juden und anderen passierte, die aus ihren Wohnungen und Häusern verschwanden? Haben sich die Juden in Amerika nicht gefragt, was mit ihren Verwandten passierte, von denen sie nichts mehr hörten? Haben die Zeitungen nicht irgendetwas darüber berichtet, was hier geschah?«

Die Verbrennungsöfen von Dachau

»Sie haben Recht, Dr. Grinberg«, sagte ich. »Wir wussten es, wenn wir es wissen wollten. Aber ich schätze, wir wollten wie alle anderen lieber so tun, als wüssten wir es nicht, um nichts dagegen unternehmen zu müssen. Auf diese Weise mussten wir uns nicht schuldig fühlen.«

»Und nun glauben Sie, dass sich das ändert?«

»Ich glaube, dass es jetzt anders ist. Der Krieg ist vorbei. Man kann Hilfsorganisationen schicken. Die Leute sind nicht mehr von der Politik abhängig, um zu entscheiden, was sie tun können und was nicht.«

»Warten die Menschen in Ihrem großen Land Amerika, im freien, demokratischen Amerika, nur auf die Politik, die ihnen sagt, ob sie menschliche Wesen sein können oder nicht?«

Ich dachte einen Moment nach. Obwohl ich wusste, dass er Recht hatte, fühlte ich mich unwohl, an einer Unterhaltung teilzunehmen, die nur darauf abzuzielen schien, mein Land schlecht zu machen. »Ich glaube, das ist in allen Ländern so«, sagte ich. »Die Leute bekommen Angst. Sie glauben, wenn sie sich auf die Seite der Mehrheit schlagen, können sie vermeiden, in die Minderheit zu geraten.«

»Ach.« Dr. Grinberg lächelte. »Glauben Sie wirklich, das amerikanische Volk einschließlich der Juden hört jetzt auf, sich so zu verhalten wie die Mehrheit der Welt und wird nun etwas für die überlebenden Juden Europas tun?«

»Ja, das glaube ich«, sagte ich. Ich war mir nicht so sicher, aber wenn ich es nicht gedacht und gesagt hätte, dann wäre als Alternative nur geblieben, dass es keine Hoffnung für die Zukunft gab. »Die Situation hat sich verbessert. Schließlich haben wir den Krieg gewonnen. Sie sind aus den Lagern befreit. Sie haben einen Ort, wo Sie leben können. Sie haben heute ein Befreiungskonzert veranstaltet.«

»Haben Sie heute Freude bemerkt? Haben Sie normale Menschen gesehen? Es war ein Zeichen, ein Moment, eine Durchgangsstation. Wir haben kein Essen, keine Kleidung, keine Medikamente. Wie lange könnten wir von Musik leben? Oder von Worten? Wir können nicht einmal wie andere Menschen von Erinnerungen leben. Also veranstalten wir ein Befreiungskonzert und vielleicht wird es einige Tage lang den Menschen psychologisch helfen, den Hunger ein bisschen besser auszuhalten. Aber wir haben nur wenig Hoffnung. Wir haben die Nachkriegswelt bereits kennen gelernt, nicht nur der Deutschen, sondern auch der Amerikaner. Soll ich Ihnen erzählen, was wir durchgemacht haben, um hierher zu kommen?«

Er erzählte mir, wie die Überlebenden in St. Ottilien befreit wurden.

Ende April 1945, während die Menschen in den großen und kleinen Städten der westlichen Welt das nahende Ende des Zweiten Weltkriegs in Europa feierten und man sich in Deutschland und anderen Ländern in Ost- und Westeuropa heimlich zu kleinen, ängstlichen Treffen zusammenfand, um in schockierter Ungläubigkeit den Tod von Adolf Hitler zu betrauern, wankten 700 zerlumpte, kranke, verwundete, unterernährte und skeletthafte Wesen, die nur die schwarzweiß gestreifte Uniform der Konzentrationslager trugen, mit mechanischen Schritten aus dem Kopfbahnhof Dachaus auf die Straßen Deutschlands.

Zalman Grinberg war es, der die verirrte Herde wie ein geduldiger Hirte zusammenzuhalten versuchte. Er war ein schlicht aussehender Mann und wirkte nicht im Geringsten wie die Hollywood-Version eines Widerstandskämpfers oder modernen Jesus. Seine Haltung, die seine Erscheinung sowohl ihrem Wesen nach wie aus Notwendigkeit Lügen strafte, verriet ein gewaltiges Selbstvertrauen.

Dr. Grinberg war einer der wenigen Ärzte, die die Konzentrationslager überlebt hatten. Ursprünglich aus Litauen, hatte er das gleiche Martyrium erlebt wie die anderen Juden Europas, von den Qualen des Gettos bis zum Tod und Sterben in den Lagern. Es war ihm gelungen, bis ein Jahr vor Kriegsende mit seiner Frau und seinem 13-jährigen Sohn zusammenzubleiben. Doch dann wurden seine Frau und sein Sohn bei ihrer Ankunft im Bahnhof von Tiegenhof als

Teil eines Judentransports, der angeblich von Kowno zum Konzentrationslager Stutthof gehen sollte, in eine andere Richtung geschickt, ob in die Gaskammern oder in Zwangsarbeitslager, wusste er nicht, und er selbst kam nach Dachau.

Im April 1945 wussten die Gefangenen in Dachau, dass der Krieg für die Deutschen schlecht ausging, weil es immer weniger Soldaten gab, die sie bewachten. Eines Tages sagte man ihnen, sie würden vom Internationalen Roten Kreuz in die Schweiz gebracht. Am 14. April hatte Heinrich Himmler jedoch den Befehl gegeben, dass kein Gefangener der Konzentrationslager in die Hände der Alliierten fallen solle. Weil Eisenhower sich weigerte, den Befehl zur Befreiung der Konzentrationslager zu geben, sahen die Lagerinsassen nun ihrer Auslöschung entgegen.

Etwa 1500 Gefangene aus den Konzentrationslagern Dachau und Buchenwald wurden mit Lastwagen zu einem Versammlungspunkt am Kopfbahnhof nicht weit vom Lager Dachau gebracht, wo sie auf die Ankunft der geschlossenen Güterwaggons warteten, die sie zu ihrem Bestimmungsort bringen sollten. Als sie die SS-Truppen sahen, die zu ihrer Bewachung abkommandiert waren, und gezwungen wurden, mehrere Stunden ohne Unterbrechung und ohne Nahrung oder Wasser zu stehen, wussten sie, dass sie wieder belogen worden waren und nicht vom Roten Kreuz umgesiedelt werden würden. In Wirklichkeit sollten sie nach Tirol evakuiert werden, um dort vernichtet zu werden. Sie dachten, dass dies ihre letzte Reise werden würde und sie und all die anderen, die noch im Lager waren, hingerichtet würden, bevor die Alliierten sie befreien konnten. Ein paar, die nicht wahrhaben wollten, wie folgerichtig die Nazis vorgingen, klammerten sich in ihrem Überlebenswunsch an die Hoffnung, vielleicht nur als Geiseln benutzt zu werden.

Es war beinahe Abend, als diese 1500 plötzlich ihre Chance auf Freiheit erhielten.

Der Bahnhof diente zu jener Zeit auch als Waffendepot mit hohen Stapeln von Munitionskisten. Plötzlich stieß ein Geschwader amerikanischer Flugzeuge herab und begann, Bomben abzuwerfen und alles unter Beschuss zu nehmen. In dem darauf folgenden Durcheinander rannten die Gefangenen weg. Einige wurden von Bomben und Kugeln getroffen, andere von den Deutschen niedergeschossen. Aber einige entkamen in einen nahen Wald. Während der Luftangriff weiterging, sprangen die deutschen Soldaten und Zivilisten in sämtliche Lastwagen und Autos, die sie finden konnten, um sich vor den Flugzeugen und der anrückenden US-Armee in Sicherheit zu bringen. Die Bombardierung und der Beschuss gingen weiter und die Gefangenen, die in das Waldgebiet gerannt waren, erhielten bald Gesellschaft von einer Reihe deutscher Soldaten, die nicht hatten fliehen können. Als der Wald ebenso wie der Bahnhof zum Angriffsziel der amerikanischen Flugzeuge wurde, verspürten die Gefangenen eine Hochstimmung, die sie in Jahren nicht erlebt hatten, sahen sie doch, wie die Deutschen derselben Todesdrohung gegenüberstanden wie sie selbst. Am Morgen, als sie aus ihren Verstecken kamen, waren weniger als 800 Gefangene am Leben. Die Überlebenden fanden sich allein auf dem in eine unheimliche Stille getauchten Bahnhofsplatz wieder. Viele bluteten aus den Wunden, die sie sich bei der Bombardierung zugezogen hatten. Viele waren tot, ein Ende, dass sie nur wenige Tage zuvor als gnadenvoll betrachtet hätten. Aber wären sie jetzt nur für einen Moment ins Leben zurückgekehrt, um das Geschehene zu begreifen, wäre ihnen ihr Tod wie eine grässliche Ironie erschienen. Wer überlebt hatte, konnte sich kaum besser rühren als die Toten: Krankheiten und ihr ausgehungerter Zustand, das Erbe des jahrelangen Lagerlebens, führten das Werk fort, das die Bomben und Kugeln nicht beendet hatten.

Sie sahen sich in den stillen Straßen um, die bis auf sie selbst praktisch ausgestorben waren. Sie sahen sich an und hatten Angst, offen auszusprechen, was der Fall zu sein schien, um keine Enttäuschung zu riskieren: Sie waren frei. Unerklärlicherweise waren sie frei.

Hätten sie noch die Kraft und den Willen gehabt, sie hätten vor Freude getanzt, ihre Arme weit ausgebreitet, um die frisch gewonnene Freiheit willkommen zu heißen. Einige hätten es gerne getan, aber stattdessen standen, saßen oder lagen sie nur da, blickten in den Himmel, versuchten zu begreifen, was es bedeutete, frei zu sein, und wandten dann den Blick von der Offenheit des Himmels den sie umschließenden Gebäuden zu, in der Gewissheit, dass der Eindruck trügen musste und die Deutschen sicher jeden Moment zurück wären, um sie erneut hinter die Tore von Dachau oder Buchenwald zu sperren oder sie auf der Stelle zu erschießen. Nach mehreren Stunden, in denen sie dicht beieinander blieben und sich kaum rührten – der Schutz der Gruppe zwar beruhigend, aber nutzlos, wären die Deutschen zurückgekommen –, wurde der Gedanke immer stärker, dass sie am Ende vielleicht wirklich frei sein könnten. Einige begannen, vorsichtig zum Platz zu gehen, vorsichtig um die Ecke eines Gebäudes zu lugen oder mehrere Schritte auf einer anderen Straße zu tun, als wollten sie sich versichern, dass es eine berührbare Welt gab, die da draußen weiterging.

Als der Tag sich dem Ende neigte und die Dämmerung nahte, begannen mehr und mehr von jenen Überlebenden, die noch gehen konnten, herumzustreifen und nach Nahrung und Schutz zu suchen. Dr. Grinberg wusste, dass ein Einzelner und selbst eine kleine Gruppe nur schwer überleben konnte, nicht nur weil sie von Hunger und Krankheit gezeichnet waren, sondern auch weil sie abseits von der großen Gruppe von den Deutschen viel wahrscheinlicher angegriffen, erschossen oder zu Tode geprügelt würden. Obwohl die Behauptung, Gegner der Nazis gewesen zu sein, später das wichtigste Mittel der Deutschen wurde, um der Bestrafung durch die amerikanischen Besatzer zu entgehen, wusste Dr. Grinberg, dass die Deutschen ihre Einstellungen und Handlungen der vorangegangenen 15 Jahre nicht plötzlich ändern würden, nur weil sie in einem Krieg besiegt worden waren, der nun nahezu vorüber war.

Dr. Grinberg suchte sich die Kräftigsten zusammen, die er finden konnte, und bildete Kader, um so viele Überlebende wie möglich zusammenzuhalten. Mehrere Tage blieben sie in dem Gebiet, suchten nach Essen in Geschäften und Wohnungen, die von der flüchtenden Bevölkerung verlassen worden waren, und versuchten weitere Überlebende aufzuspüren.

800 Überlebende aus Dachau und Buchenwald: eine wandernde Schar, die dicht zusammenblieb, auf improvisierten Karren und Wagen jene mitzog, die nicht gehen konnten, die des Nachts zusammengedrängt schlief, sich die Nahrungsbrocken und essbaren Pflanzen, die sie gelegentlich auf den Feldern an der Straße fand, teilte und sich still und langsam gen Westen bewegte, in jene Richtung, aus der die Amerikaner kamen. Jeden Tag starben mehr. Dr. Grinberg hoffte, so viele wie möglich am Leben zu halten, bis sie auf die Amerikaner stießen, die ihnen, da war er sich sicher, die Hilfe gewähren würden, die sie benötigten. Ihr vorrangigstes Ziel war es, Nahrung zu finden.

Jeden Tag, in jeder Stadt, in die sie kamen, ging Dr. Grinberg zum Bürgermeister und bettelte um Essen. Obwohl die Deutschen wussten, dass der Krieg zu Ende ging, gaben sie nichts. Die Überlebenden hatten Glück, dass nur alte Männer, Kinder und Frauen in den Städten geblieben waren. Andernfalls wären sie erneut gefangen genommen und wahrscheinlich auf der Stelle erschossen worden. Es gab einige deutsche Soldaten, aber sie waren Deserteure und zu beschäftigt damit, sich um sich selbst zu kümmern. Dennoch wurden sie an fast jedem Ort, in den die Überlebenden kamen, bespuckt, geschlagen, mit Steinen beworfen und zum Verlassen der Stadt gezwungen, bevor sie auch nur anhalten und sich ausruhen konnten. Die Haltung der Deutschen hatte sich eindeutig nicht geändert, und wenn sie diese Überlebenden verhungern lassen konnten, um Hitlers »Endlösung« zu vollenden, umso besser. Überall weigerte man sich, Dr. Grinberg Lebensmittel zu geben.

In der ersten Maiwoche 1945 erreichten sie die Stadt Buchloe in der Nähe von Landsberg. Dr. Grinberg bat den Bürgermeister vergebens um Hilfe. Sobald dieser erkannte, dass Dr. Grinberg der Anführer einer Gruppe von Juden war, befahl er zweien seiner Helfer, ihn zu ergreifen und aus seinem Büro zu werfen. Plötzlich ließ sie ein Aufruhr von der Straße innehalten. Der Bürgermeister lief zum Fenster, um den Grund der Aufregung zu erfahren. Die Leute riefen, dass die Amerikaner kämen und weniger als eine Stunde entfernt seien.

Wie Dr. Grinberg mir später erzählte, »war ich bis dahin überall, wo ich hinkam, als ›Schweinehund‹, als ›verfluchter, dreckiger Jud‹ beschimpft worden. Jetzt, wo die Amerikaner nahe waren, ordnete der Bürgermeister seinen Männer an, mich loszulassen und wandte sich ruhig an mich. ›Wollen Sie sich nicht setzen, verehrter Herr, und dann lassen Sie uns sehen, wie wir Ihren armen Leuten helfen können.‹«

»Das«, erinnerte sich Dr. Grinberg später mit einem befriedigten Lächeln, das seiner üblichen Zurückhaltung widersprach, »war der Augenblick meiner Befreiung.«

Wenn die Überlebenden glaubten, dass die Amerikaner ihnen die Lebensmittel, Medikamente, die Kleider und den Schutz gewähren würden, die sie benötigten, wurden sie schnell eines Besseren belehrt. In den folgenden Tagen mussten Dr. Grinberg und seine Schar von Überlebenden ein neues Tal des Leids, der Qual und Frustration durchschreiten. Es stimmte, sie waren nun wirklich frei. Aber sie hatten alles opfern müssen, hatten schlimmere Qualen auszustehen gehabt, als jemals ein anderes Volk erlitten hatte. Nun waren sie Märtyrer, Blutzeugen, die aus ihren Gräbern auferstanden waren. Sie hatten geglaubt, entsprechend behandelt zu werden und erwarteten nun, dass man alles Erdenkliche für sie tun werde, um ihnen zu helfen, das Erlittene zu überwinden. Daß man ihnen helfen werde, weiterzuleben. Doch in den folgenden drei Wochen starben noch Hunderte aus Dr. Grinbergs Gruppe, weil es ihnen an Nahrung und Medikamenten fehlte.

Dr. Grinberg ging weiterhin zu den Verantwortlichen der verschiedenen Städte, doch statt Bügermeister anzutreffen, fand er nun amerikanische Armeeoffiziere vor. Wenn er erwartet hatte, auch eine andere Haltung anzutreffen, hatte er sich geirrt. Die Antworten, die er erhielt, waren die gleichen wie zuvor, nur in höflicherem Ton.

Einer der Offiziere, die er aufsuchte, war ein Captain in Landsberg, der ihm sagte, er würde gerne helfen, sei dazu aber nicht in der Lage, weil keine Vorräte verfügbar seien. Ein gewisser Captain Rhein, der später Commanding Officer der Militärverwaltung in Landsberg wurde, zeigte Wohlwollen und versprach zu helfen, aber, so erzählte mir Dr. Grinberg, tat es am Ende doch nicht. Die meisten Offiziere, zu denen Dr. Grinberg ging, zeigten äußerlich Mitgefühl, aber wenn es darum ging, aktive Hilfe zu leisten, war Mitleid offenbar das Einzige, was sie aufzubieten hatten. Möglicherweise spiegelte sich darin die Haltung der USA vor und während des Krieges wider, als sie den europäischen Juden die Hilfe verweigerten. Vielleicht war der Grund aber auch, dass die Offiziere durch den deutschen Einfluss, unter den sie gerieten – besonders durch gebildete deutsche Frauen, die ihre Dolmetscherinnen, Sekretärinnen und in vielen Fällen ihre Geliebten wurden –, »neue« Ansichten entwickelten.

Jeder Kompaniekommandeur und nahezu jeder amerikanische Soldat, den Dr. Grinberg und seine Gruppe trafen, erklärte helfen zu wollen, aber außer ein paar Pfund Reis oder Kartoffeln, die aus einer Armeeküche geschmuggelt wurden, einige Laibe Brot, die man durch die Hintertür eines Offizierskasinos reichte, und einige Soldatenrationen gab es keine Hilfe. Keine der Armeeeinheiten, die sie trafen, schien, wie Dr. Grinberg sagte, »genügend zusätzliche Vorräte« finden zu können.

»Amerikanische Waren gab es reichlich«, erinnerte sich Dr. Grinberg später, »aber sie landeten auf dem Schwarzmarkt. Irgendwie konnte keiner der amerikanischen Offiziere und Kommandeure etwas für uns auftreiben. Die meisten von ihnen bedachten uns mit reichlich Mitleid. Aber keiner von ihnen half uns.«

Wenn es ihnen nicht gelang, Lebensmittel zu bekommen und eine Bleibe zu finden, die sich in ein Krankenhaus verwandeln ließe, würden viele der Überlebenden bald sterben. In Dr. Grinbergs Gruppe gab es fünf Ärzte. Wie er hatten sie falsche Berufe angegeben, als sie in die Konzentrationslager kamen, und anders als andere Akademi-

Dr. Zalman Grinberg, leitender Arzt in St. Ottilien, im September 1945
(Mit Genehmigung des Yivo Institute for Jewish Research)

ker, die zu den Ersten gehörten, die getötet wurden, hatten sie überlebt. Wenn Dr. Grinberg ein Quartier, Nahrung und Medikamente finden konnte, um die Ärzte wieder gesund zu pflegen, wären diese wiederum in der Lage, viele von den anderen zu retten.

Sie gingen in langsamen, gemessenen Schritten, legten nie mehr als ein paar Kilometer am Tag zurück und ruhten sich häufig aus. Sie nahmen sich Zeit, damit die Kräftigeren Nahrung suchen, die Kranken versorgen und die Toten begraben konnten. Am Ende einer weiteren Woche hatten sie die Kirche und das Kloster St. Ottilien etwa 30 Kilometer westlich von Landsberg erreicht. St. Ottilien war alt, wohlhabend und groß, ein Kern von Steingebäuden um die üppig ausgestattete Kirche, der seinerseits von einer Reihe von Holzgebäuden umringt war. Bis auf den zentralen Sakralbereich wurde offenbar der gesamte Komplex als Krankenhaus für deutsche Offiziere und Soldaten genutzt. Eine Gruppe von acht Nebengebäuden war durch einen großen Rasen vom Klosterkern abgesetzt. Vier dieser Gebäude schienen unbewohnt zu sein oder jedenfalls kaum genutzt zu werden. Obwohl sie für ein Krankenhaus nicht ideal waren, boten sie eine bessere Unterkunft, als irgendeiner der Überlebenden jahrelang gehabt hatte.

Dr. Grinberg wusste, dass es aussichtslos war, wenn er selbst versuchte, Räume für seine Gruppe zu erhalten. Der deutsche Kommandant würde ihn vielleicht, mit den amerikanischen Truppen in der Nähe, nicht hinauswerfen, aber er würde sicherlich keine Unterkünfte für Überlebende von Konzentrationslagern abtreten, auch wenn, wie Dr. Grinberg bereit war zu zeigen, einige Mitglieder seiner Gruppe Nichtjuden waren. Dr. Grinberg kehrte zum militärischen Hauptquartier von Landsberg zurück und dann nach Buchloe, aber an beiden Orten verweigerte man ihm die Befugnis, irgendeines der Gebäude in St. Ottilien zu belegen. Die Schar Überlebender schien in einer Sackgasse zu stecken. Es schien, als würden sie da sterben, wo sie waren, auf einer Heuwiese gegenüber einem Seitentor von St. Ottilien.

Aber Dr. Grinberg hatte einen Plan.

Wenn er einen amerikanischen Offizier finden konnte, der zur Kooperation bereit wäre, konnte er sein Ziel vielleicht erreichen. Er fand diesen Offizier in Gestalt von Captain Otto B. Raymond in einem Infanterieregiment einige Kilometer entfernt. Als er von der hoffnungslosen Lage dieser Gruppe von Überlebenden erfuhr, setzte sich Captain Raymond mit ganzer Kraft für sie ein.

»Ich bin kein Jude«, hatte Raymond, wie Dr. Grinberg mir später erzählte, gesagt, »aber es reicht, Mensch zu sein, um zu verabscheuen, was die Nazis getan haben.«

Captain Raymond willigte in Grinbergs Plan ein. Dr. Grinberg würde sich als Vertreter des Internationalen Roten Kreuzes ausgeben. Raymond sollte ihm dazu angemessene Zivilkleider und einen falschen Ausweis verschaffen. Zusammen gingen sie zum Kommandanten des deutschen Hospitals in St. Ottilien, dem Captain Raymond befahl, Raum für Dr. Grinberg und die 420 noch verbliebenen Überlebenden zur Verfügung zu stellen. Der Kommandant weigerte sich, weil die deutschen Soldaten zu krank seien, um verlegt zu werden. Dr. Grinberg und Captain Raymond fanden, dass die meisten Deutschen bei guter Gesundheit waren und St. Ottilien vor allem als Versteck benutzten, um nicht von den amerikanischen Streitkräften interniert zu werden. Mit Captain Raymonds Rückendeckung drohte Dr. Grinberg in seiner Verkleidung als Vertreter des Internationalen Roten Kreuzes ernste Konsequenzen an, wenn der Kommandant nicht wenigstens vier der Nebengebäude bereitstellte. Er warnte, dass das Rote Kreuz die Verwendung des gesamten Komplexes erwägen würde und drohte, es vollständig zu enteignen. Der deutsche Kommandant gab nach.

Zwei Wochen nach dem Kriegsende in Europa bezogen die 420 aus Grinbergs Gruppe das erste und einzige Krankenhaus für Überlebende des Holocausts in der amerikanischen Besatzungszone.

»Sehen Sie«, sagte er zu mir, als er seinen Bericht schloss, »wir mussten alles in die eigene Hand nehmen. Wundert es Sie da, wenn ich bezweifle, dass wir irgendwelche Hilfe von außen bekommen?«

»Ich möchte es versuchen«, sagte ich, »und ich bin sicher, es gibt noch andere, die es versuchen wollen. Wenigsten müssen wir es probieren.«

Er stand auf und setzte sich neben mich auf das Sofa. Er legte seine Hand auf meinen Arm, dann auf meine Schulter. »Sie sorgen sich um Menschenleben. Sie machen sich Sorgen um uns. Sie sind optimistisch. Das ist gut. Aber Sie sollten auch realistisch sein. Warum sollten Sie so enttäuscht und zynisch werden wie wir? Seien Sie darauf gefasst.«

»Wir werden besorgen, was Sie brauchen«, sagte ich. »Irgendwie. Was fehlt am nötigsten?«

»Lebensmittel. Medikamente. Es gibt viele Kranke und Verletzte, die wir noch retten könnten. Und jeden Tag kommen aus ganz Deutschland Dutzende weiterer Menschen in St. Ottilien an. Jeden Tag sterben einige, manche erholen sich so weit, dass sie in ihre Heimatländer zurückkehren können, um nach Spuren ihrer Familien zu suchen. Es gibt mehr als genug, die darauf warten, ihren Platz einzunehmen. Warme Kleidung und Decken sind noch nicht dringend erforderlich, da der Sommer bevorsteht. Aber im Herbst und Winter wird es viele weitere Tote geben, wenn wir keine bekommen.«

Er versank einen Moment in Gedanken. Vielleicht machte es ihn traurig, über die Zukunft nachzudenken. Plötzlich hellte sich sein Gesicht auf. »Möchten Sie sehen, was wir aus unserem kleinen Krankenhaus gemacht haben? Möchten Sie einige der Leute kennen lernen?«

Ich nickte.

»Dann kommen Sie.« Er machte mir ein Zeichen, ihm zu folgen und führte mich von seinem Büro ins Nachbargebäude. Es gab zwei Stockwerke, beide mit großen, offenen Räumen, die voller Bettstellen waren: Matratzen auf dem Boden, nebeneinander gestellte

Stühle, flache Bretter auf hölzernen oder steinernen Stützen. Alles diente als Bett. Auf jedem lag eine Person, gekleidet in die nur allzu vertraute gestreifte Uniform. Dr. Grinberg nahm mich in eine Ecke des Raums, wo fünf Betten von den anderen abgerückt waren. Ein Mann saß auf der Kante des einen; die Männer, die in den anderen lagen, hatten den traurigen, gesenkten Blick der Schwerkranken. »In diesen Betten liegen nur Ärzte«, sagte Dr. Grinberg. »Wir haben unsere Ausweise zerstört und hatten Papiere mit falschen Berufen. Sie wussten nicht, dass wir Ärzte waren, andernfalls hätten sie uns getötet. Die Deutschen haben zuerst die Elite umgebracht. Die Akademiker. Die Ärzte, Lehrer, Künstler, Wissenschaftler. Und die Kinder. Sie wollten sicher gehen, dass die Juden völlig vernichtet würden. Falls jemand überlebte, sollte es der Abschaum sein. So etwas müssen sie gedacht haben. Wir gehören zu den wenigen jüdischen Ärzten, die die Lager überlebt haben dürften. Wir sind die Einzigen in diesem Teil Deutschlands. Aber bislang war nur ich in der Lage zu arbeiten.« Er stellte mich dem Mann vor, der auf der Bettkante saß.

»Bald dürfte es Dr. Katz so gut gehen, dass er ebenfalls arbeiten kann«, so Dr. Grinberg. »Das wird einen großen Unterschied machen. Unser vorrangiges Ziel ist es, die Ärzte so schnell wie möglich gesund zu pflegen. Dann werden wir eine bessere Chance haben, einige der anderen zu retten.«

Ich traf mehrere andere Patienten im Hospital. Einer der Überlebenden, die ich dort traf, ist mir bis heute im Gedächtnis geblieben. Es war ein kleiner Junge von vielleicht zehn Jahren. Während er wie ein Kind auf die Candy-Riegel und das Kaugummi reagierte, die ich ihm jedes Mal mitbrachte, wenn ich St. Ottilien besuchte, hatte er zugleich eine Überheblichkeit und angeberische Art an sich, die an das herausfordernden Gebaren von Männern erinnerte, die doppelt so alt waren wie er. Als ich ihn das erste Mal sah, trug er ein kurzärmeliges weißes Hemd und kurze Lederhosen, die er sich wahrscheinlich aus einem verlassenen deutschen Haus besorgt hatte, an dem er und die anderen auf ihrem Weg nach St. Ottilien vorbeigekommen waren. Er hatte ein rundes Gesicht, und selbst wenn er nicht sprach, schien sein Mund offen zu sein, als wolle er gerade etwas sagen oder als sei er, wie manche Leute, wenn sie angestrengt zuhören, auf der Hut vor etwas, das er hören könnte. Ich war nicht überrascht, die verschwommene blaue Nummer eines Konzentrationslagers auf seinem linken Unterarm zu sehen. Aber es beunruhigte mich, sie bei einem Kind zu sehen, obwohl ich sie zu jener Zeit schon bei vielen Erwachsenen gesehen hatte. Als ich zum ersten Mal Überlebende mit tätowierten Nummern sah, starrte ich sie an, als könnte meine Ungläubigkeit die Zahl irgendwie zum Verschwinden bringen. Ich gewöhnte mich bald daran und hörte auf zu starren. Doch sie an einem Kind zu sehen, war etwas anderes.

Der Junge nannte sich Tito. Es war nicht sein richtiger Name und ich glaube nicht, dass ich seinen wirklichen Namen jemals erfuhr. Tito war stolz auf seinen Spitznamen und zögerte nicht zu erzählen, dass er ihn bekommen habe, weil er mit den Partisanen in Jugoslawien unter Marschall Tito gekämpft hatte. Viele kleine Kinder im Alter von sechs, acht oder zehn Jahren, allein auf der Welt und ganz auf sich selbst gestellt, kämpften während des Krieges auf jede erdenkliche Weise, um zu überleben. Tito sagte, seine Eltern hätten in einer Partisanengruppe in Jugoslawien gekämpft und seien getötet worden. Die Partisanen hatten sich um ihn gekümmert, bis ihn die Deutschen kurz vor Kriegsende gefangen nahmen und in ein Vernichtungslager schickten. Es gab nicht viele Kinder, die überlebten. Tito spielte in den folgenden Monaten eine wichtige Rolle, als er amerikanischen Soldaten half, Lebensmittel nach St. Ottilien hineinzuschmuggeln.

Als wir weitergingen, fragte mich Dr. Grinberg, ob ich einige der Schwerkranken sehen wolle. Er führte mich in den zweiten Stock und wies auf die Tür vor uns. »Vielleicht möchten Sie doch lieber nicht hineingehen«, sagte er fragend, mehr an meine Empfindlichkeit als an meine Neugier gerichtet. Er machte die Tür einen Spalt weit auf. Niemand stand oder saß auch nur. Die Menschen lagen auf ihren Betten wie in einem Leichenschauhaus. Ich blickte rasch die vielen Reihen von Körpern entlang. Einige zuckten. Andere lagen ruhig, ohne jede Bewegung. Ein leises, ununterbrochenes Klagen erfüllte den Raum und lief als Echowelle von einem Ende zum anderen. Alle paar Sekunden hörte man ein heftiges Husten, das manchmal wie ein Würgen klang.

»Hier liegen über 100 Leute«, sagte Dr. Grinberg. »Dutzende von ihnen werden bald sterben. Und Dutzende mehr werden ihre Stelle einnehmen. Im Moment gibt es nur wenig, das wir tun können, um irgendeinem von ihnen zu helfen.« Er schloss die Tür.

Wir gingen langsam und wortlos in sein Büro. Mir war übel, als stünde ich kurz davor, in Ohnmacht zu fallen. Ich atmete tief durch und grub meine Fingernägel in meine Handflächen, um mich von dem unangenehmen Druck in meinem Kopf und meinen Augen abzulenken.

Wir setzten uns wie zuvor, ich auf das Sofa, Dr. Grinberg an seinen Schreibtisch. Er gab mir Zeit, mich zu fangen.

»Wissen Sie«, sagte ich, »als wir vorhin geredet haben und ich sagte, dass ich alles tun würde, was ich kann, um zu helfen, war das ehrlich gemeint. Aber jetzt, wo ich eine Idee davon bekommen habe, wie es hier aussieht, ist es mir noch ernster damit. Ich möchte ein paar von meinen Kameraden vom Stützpunkt hierher bringen. Je mehr Hilfe, desto besser.

»Dafür wären wir dankbar«, sagte Dr. Grinberg.

»Beinahe alle von uns in Amerika, unsere Eltern, Großeltern oder Urgroßeltern kamen aus Europa«, sagte ich, »und wären sie nicht ausgewandert, säßen wir vielleicht hier in St. Ottilien oder wären in einem Konzentrationslager ermordet worden.«

Dr. Grinberg schwieg, wandte dann seinen Blick ab und starrte an die Wand an der anderen Seite des Raumes. Ich spürte, woran er denken mochte. »Haben Sie irgendetwas von Ihrer Familie gehört?« fragte ich. »Wissen Sie, ob sie noch am Leben sind?«

Er starrte weiter die Wand an, ohne zu antworten.

»Es tut mir Leid«, entschuldigte ich mich. »Ich hätte nicht fragen sollen.«

»Nein, nein. Das ist schon in Ordnung. Ich bin Ihnen dankbar, dass Sie Anteil nehmen.« Er stand auf, ging durch das Zimmer zur Tür und sprach im Stehen weiter. »Sobald wir frei waren, schickten wir die gesündesten Männer los, mit den Namen und Adressen aller Verwandten, von allen, die die Rampe in Dachau überlebt hatten. Sie gingen zu Fuß, fuhren oder gelangten sonstwie in die Städte, wo die Leute gelebt hatten, um zu sehen, ob jemand zurückgekommen war oder eine Nachricht über seinen Aufenthaltsort hinterlassen hatte. Unsere Boten sollten Nachricht für alle hinterlassen, die zurückkehren könnten. Vor einigen Tagen kam der Mann zurück, den wir nach Litauen geschickt hatten. Niemand wusste irgendetwas von meiner Frau oder meinem Sohn. Nur einer hatte gehört, dass man sie getötet hat.« Er nahm ein Taschentuch aus seiner Tasche, faltete es vollständig auseinander, bedeckte damit sein Gesicht und drückte es dann vor seine Augen. »Also was bleibt mir anderes als zu weinen? Es war eine Hoffnung.«

Ich ging zu ihm hinüber und legte meine Hand auf seine Schulter, als wäre ich ein alter Freund und nicht eine Zufallsbekanntschaft, ein junger Mann nur halb so alt wie er. Er hob seinen Arm und klopfte mir auf die Hand.

»Ich sollte nicht mehr darüber weinen«, sagte er. »Aber selbst wenn man denkt, dass man kein Leben mehr hat, bleiben einige Tränen. Und vielleicht sogar ein gelegentliches Lachen. Ich hoffe, Sie müssen nie erleben, was wir durchgemacht haben.«

Ich ging zu meinem Jeep und fuhr zurück nach Kaufbeuren. Ich wusste, dass ich viel mehr mit St. Ottilien zu tun hatte, als nur ein Reporter zu sein, der eine Geschichte für den *2nd Wing Eagle* schrieb. Ich konnte damals noch nicht wissen, wie das Befreiungskonzert mein Leben verändern würde und, wie sich herausstellen sollte, das Leben vieler anderer.

Kapitel 4

Politik und Praxis der USA

Die Politik und das Vorgehen der US-Besatzungstruppen verhießen nichts Gutes für die Überlebenden in St. Ottilien oder die vielen anderen Flüchtlingszentren, die sich rasch überall in den besetzten Zonen Deutschlands und Österreichs bildeten. Es entbehrt nicht einer gewissen Absurdität, dass in vielen Fällen ehemalige Konzentrations- und Gefangenenlager genutzt wurden, um Tausende der ehemaligen Insassen dieser Lager aufzunehmen, die nirgendwo anders hingehen konnten.

Solche Quartiere wurden von den US-Truppen beschlagnahmt und in den meisten Fällen den Überlebenden übergeben, aber nur selten erhielten diese irgendeine Versorgung: Sie bekamen weder Lebensmittel noch Kleidung oder Medikamente. Der Anblick von Überlebenden, die in gestreiften Schlafanzuguniformen umherwandelten, und dies in denselben oder ähnlichen Konzentrationslagern, in denen man sie gefangen gehalten hatte, war ebenso quälend wie erschreckend.

In den ersten paar Wochen nach Kriegsende war die US-Militärregierung noch nicht voll arbeitsfähig. Bei den Offizieren, die für einzelne Orte und Städte verantwortlich waren, handelte es sich zumeist um die Kommandeure der Armeeeinheiten, die diese Gebiete erobert hatten und dort geblieben waren, oder deren Einheiten nachgerückt waren. Die meisten hatten den Krieg hautnah miterlebt und duldeten keine Verhätschelung der Leute, die kurz zuvor noch ihre Feinde gewesen waren. Das Verbrüderungsverbot des Oberkommandos wurde streng durchgesetzt und jeder GI, der den Stützpunkt verließ, wenn er in offiziellem Auftrag unterwegs war oder inoffiziell ein Bordell oder das Haus einer deutschen Geliebten besuchte, war gut beraten, nicht unbewaffnet zu gehen. Noch Wochen, nachdem der Krieg vorbei war, fand man US-Soldaten tot in Wäldern, Flüssen und Seitenstraßen, gewöhnlich zu Tode geprügelt oder mit durchgeschnittener Kehle, häufig dorthin gelockt von deutschen Frauen. Mehrere Männer von unserem Stützpunkt in Kaufbeuren starben auf diese Weise. Einige nannten diese ersten Wochen den »Nationalen Lorelei-Monat«.

Die Deutschen hatten noch nicht gelernt, wie leicht es war, den Amerikanern vorzumachen, dass sie alle Nazi-Gegner gewesen waren. Zuerst, kurz nach Kriegsende, hatten die Deutschen Angst. Sie erwarteten, dass die Amerikaner das Gleiche tun würden, was ihre Truppen getan hatten, nachdem sie ein anderes Land erobert hatten. Sie waren überrascht, dass es keine massenhaften Vergeltungsmaßnahmen gab. Im Bewußtsein ihrer eigenen Erfahrungen als Eroberer nahmen sie an, dass die Amerikaner wütend über die Gräueltaten seien, die sie, die Deutschen, begangen hatten, und erwarteten eine sofortige, durchgreifende und harte Vergeltung. Sie dachten, sie hätten nichts zu verlieren. Sie verfluchten die Juden als Ursache ihrer Niederlage. Sie verhöhnten den verstorbenen Präsidenten Franklin D. Roosevelt. Sie sprachen vom Ruhm des Nationalsozialismus. Sie priesen Hitler und weigerten sich zu glauben, dass ihr Führer, der ihnen ein tausendjähriges Reich versprochen hatte, sich tatsächlich in einem Bunker in Berlin das Leben genommen hatte. Der Nationalsozialismus war über zwölf Jahre lang ihr Leben, ihre Stütze und Herrlichkeit gewesen. Das änderte sich nicht, nur weil ihnen jemand sagte, der 8. Mai sei der Tag des Sieges in Europa.

Die Ermordung von GIs hörte auf, bis auf gelegentliche Überfälle eines harten Kerns von Jugendlichen, die als »Wehrwölfe« bekannt waren – und in gewisser Weise den Skinheads und Neonazis im Deutschland der neunziger Jahre ähnelten. Die Deutschen lernten schnell, dass sie die Ziele der amerikanischen Besatzung leichter durch List, Tücke und gespielte Freundlichkeit hintertreiben konnten als durch Konfrontation.

Das erwies sich als nicht allzu schwierig.

Nach dem Ende der Feindseligkeiten waren die amerikanischen Soldaten kriegsmüde. Ein Mann, der des Krieges überdrüssig ist, hört natürlich nicht auf, über politische oder gesellschaftliche Ethik oder eine Viertelmillion toter Kameraden nachzudenken, wenn er sich von den Anstrengungen erholt hat und die Niedergeschlagenheit verflogen ist. Aber wie alle Eroberungsarmeen fanden die Amerikaner, dass es an der Zeit sei, sich für die Hölle, durch die sie gegangen waren, zu entschädigen. Nachdem sie einige Wochen die Situation eingeschätzt hatten, boten ihnen die Deutschen die Gelegenheit dazu.

Innerhalb eines Monats nach Kriegsende schienen die meisten GIs Deutschland zu lieben. Das deutsche Volk war so höflich. Man überbot sich gegenseitig, um den amerikanischen Soldaten zu Diensten zu sein. Sie eilten hin und her, verbeugten sich, schmeichelten sich ein, sie brachten Bier und Käse, Fotoapparate und Feldstecher, ihre Töchter und sich selbst. Sie boten weiche Betten mit frischer Bettwäsche an, schöne Möbel, saubere Wohnungen und sanitäre Einrichtungen, die besser funktionierten als irgendetwas, das die Soldaten in Frankreich, Belgien oder den Niederlanden gesehen hatten. Die GIs waren kriegsmüde und fanden, dass es an der Zeit sei, sie mit Ehrerbietung zu behandeln und ihnen die materiellen Annehmlichkeiten zu bieten, auf die sie, die Eroberer, ein Anrecht zu haben glaubten.

In den Ländern der Alliierten war dies nicht so gewesen. Dort wurden wir nicht als Eroberer, sondern als Gleiche behandelt. Dort mussten wir kaufen, was wir haben wollten. In Deutschland brauchten wir es uns nur zu nehmen, ob es eine Frau war, ein Fotoapparat oder eine Flasche Schnaps. Wenn wir in der Stimmung waren, ließen wir eine Schachtel Zigaretten, eine Tafel Schokolade oder etwas Zucker da, um unser Gewissen zu beruhigen. Nicht dass wir uns häufig etwas nehmen mussten. Meistens wurde es uns offen angeboten. Vielleicht, weil die Deutschen wussten, dass im Tausch Zigaretten, Süßigkeiten und Lebensmittel nie lange auf sich warten ließen.

Zigaretten wurden bald das am meisten geschätzte und wertvollste Gut in Deutschland. Eine Wochenration von der Armeeverkaufsstelle konnte auf dem Schwarzmarkt den Gegenwert eines Monatssoldes einbringen. Mit einer Schachtel Zigaretten konnte man ein paar Flaschen Schnaps oder eine Nacht im Bett eines blonden, blauäugigen Fräuleins kaufen.

Die amerikanischen Soldaten – zumindest die meisten von ihnen, wie es schien – genossen es. Teenager, junge Männer in den Zwanzigern, ältere Männer in den Dreißigern hatten zu Hause in den USA keine solche Macht oder Möglichkeiten. Es bestand kaum Aussicht, wie sie wussten, dass ihnen Vergleichbares geboten würde, sobald sie wieder zu Hause waren, und so wetteiferten sie miteinander, den größten Vorteil daraus zu ziehen.

Sie genossen es so sehr, dass sich bald viele fragten, wie die Deutschen, diese guten, kooperativen, warmherzigen und freundlichen Leute ihre Feinde gewesen sein konnten. Die GIs gelangten zu der Überzeugung, dass die Deutschen letzten Endes kein so schlechtes Volk waren. Die Filmreihe *Why We Fight* (*Warum wir kämpfen*) des Hollywoodproduzenten Frank Capra, die allen US-Truppen gezeigt wurde, bevor sie nach Übersee verschifft wurden, musste reine Propaganda gewesen sein! Die Deutschen konnte man nicht für das Geschehene verantwortlich machen. Sie waren geführt worden; sie waren gezwungen gewesen, zu folgen. Konzentrationslager, Gräueltaten in Lidice, Warschau, Lublin? Die Leute wussten davon nichts. Sicher nicht diese »guten« Deutschen, die zu den Freunden der GIs geworden waren. Man kann jeden beliebigen ehemaligen amerikanischen Soldaten der US-Besatzungsarmee im Deutschland der Nachkriegszeit fragen, fast alle werden sagen, dass sie nie jemanden getroffen haben, der sich offen als Nazi bekannte.

Die Deutschen schienen den Amerikanern so ähnlich zu sein. Das Fräulein war wie das Mädchen von nebenan. Ihre Familien waren wie die netten, gastfreundlichen Nachbarn, die wir von Zuhause kannten.

»Junge, das sind gute Leute. Das ist ja genauso wie zu Hause, wenn man die Freundin besucht und bei den Leuten von nebenan zum Essen ist. Und ihre Wohnungen sind genau wie unsere, nicht wie die alten, heruntergekommenen Buden der Limeys [Briten] und Frogs [Franzosen].«

Wenn ein GI auf den Gedanken kam, dass die Möblierung deutscher Wohnungen häufig aus anderen Ländern gestohlen war oder dass die sanitären Anlagen deshalb funktionierten und die von den Bomben unversehrten Häuser in so gutem Zustand waren, weil die Deutschen ihre Wirtschaft auf Kosten der Wirtschaft derjenigen Länder gestärkt hatten, die sie verwüsteten, dann verschwanden solche Bedenken spätestens, wenn der GI in einem deutschen Heim von Leuten umgeben war, die ihn wie einen engen Freund oder Angehörigen behandelten. Obwohl die amerikanischen Soldaten sich daran erinnerten, dass die Deutschen der Feind gewesen waren und die Franzosen, Belgier, Engländer und Niederländer unsere Verbündeten, vermittelten ihnen die Deutschen irgendwie das Gefühl, ihnen näher zu stehen und mehr mit ihnen zu teilen als die anderen. Und vielleicht, ja vielleicht war der Krieg selbst ein Fehler gewesen.

Die meisten GIs fanden es nicht merkwürdig, dass sie nie einen Deutschen trafen, der ein Nazi gewesen war. Die meisten Deutschen erzählten, dass man sie gegen ihren Willen in den Krieg gezwungen habe. Natürlich hatte niemand etwas von den Konzentrationslagern gewusst. Über die angeblichen Gräueltaten des Dritten Reiches, so bekräftigten sie alle, waren sie völlig überrascht gewesen, als sie nach dem Krieg davon hörten. Einige der Amerikaner waren verwirrt. Da keiner der Deutschen, die sie trafen, irgendetwas von den bösen

Dingen wusste, die Hitler angeblich getan hatte, konnte es da nicht sein, dass alle Beschuldigungen über Gräueltaten und Konzentrationslager kommunistische Propaganda waren, wie ihre deutschen Freunde andeuteten? Bewusste Entstellung des Geschehenen, um die USA gegen Deutschland aufzubringen, ihren zukünftigen besten Verbündeten und den unerschütterlichsten Feind der kommunistischen Bedrohung in Europa?

»Mensch, diese Leute geben zu, dass es falsch war, gegen uns zu kämpfen. Sie wollten es nicht, sie wollten nur den Bolschewiken an den Kragen. Man sollte sie nicht verurteilen, weil einige ihrer Führer, die Kriegsverbrecher, sie in die Irre geführt haben. Die verdammten Engländer mit ihren hochnäsigen Akzenten halten sich für etwas Besseres und die verfluchten Franzosen weigern sich, Englisch zu sprechen, wenn man in der Nähe ist, damit man nicht merkt, dass sie einen reinlegen wollen. Man kann den Deutschen irgendwie nicht verübeln, dass sie gegen die in den Krieg gezogen sind.«

Wenn ein amerikanischer Soldat mit einer oder mehreren Frauen oder Mädchen einer Familie im Bett lag, übersatt von Essen, Trinken und Sex, dürfte es seiner Bettgefährtin nicht allzu schwer gefallen sein, in ihm die Frage anzustoßen, was wohl geschehen wäre, wenn Deutschland und Amerika Alliierte gewesen wären.

Obwohl das Verbot der Fraternisierung die amerikanischen Soldaten nach außen hin davon abhielt, persönliche Beziehungen zu deutschen Zivilisten einzugehen, konnten nur wenige GIs dem offenen Willkommen und der lächelnden Erfüllung praktisch all ihrer Bedürfnisse widerstehen. Der Einfluss, den diese deutschen Bemühungen, den Frieden zu gewinnen, auf Offiziere und Mannschaften gleichermaßen ausübte, mag der Grund gewesen sein, dass von Seiten der Militärregierung nahezu keine Versuche zur Umerziehung unternommen wurden. Oder war es vielleicht umgekehrt das Fehlen eines energischen Umerziehungsprogramms, dass den Deutschen die Hoffnung gab, die Besatzungstruppen von ihrer Sicht der Dinge zu überzeugen? Wenn es dafür Experten in der amerikanischen Militärverwaltung gab, wurde ihnen offenbar nicht viel Gelegenheit gegeben, ihr Handwerk auszuüben. Die Aufklärungsbemühungen der Amerikaner bestanden hauptsächlich aus Plakaten an Gebäuden, die Zeichnungen mit den Gräueln der Konzentrationslager und den Worten »Deine Schuld!« zeigten. Offenbar glaubte die Militärregierung den Beteuerungen der Deutschen, dass sie keine Ahnung gehabt hätten, was in den zwölf Jahren geschehen war, in denen sie das Nazi-Regime unterstützt hatten, und hielt die Plakate für ausreichend, um sofort humanitäre Einstellungen aufkeimen zu lassen. Offensichtlich kam es den politisch Verantwortlichen nicht in den Sinn, dass die Deutschen die ganze Zeit gewusst haben könnten, was geschah, und die Darstellungen auf den Plakaten von ihnen nicht als ihre Schuld interpretiert wurden, sondern als jene Mission und Pflicht, denen sie sich die ganzen Jahre gewidmet hatten. Die Deutschen machten sich über die amerikanischen Bemühungen lustig und schenkten den Plakaten nicht mehr Aufmerksamkeit als den Informationen und dem Wissen über die Vernichtungslager, das sie schon im vorangegangenen Jahrzehnt gehabt hatten.

Wenn die Deutschen erwarteten, dass die Amerikaner versuchen würden, ihren Glauben an den Nationalsozialismus zu zerstören oder sie zu demokratischen Idealen umzuerziehen, irrten sie sich. Es gab keine öffentlichen Reden, keine Vorträge in Klassenzimmern, keine »Missionierung« von Tür zu Tür. Viele Monate lang blieben die Schulen geschlossen, und als sie im Herbst 1945 wieder öffneten, schien es die Militärregierung nicht zu interessieren, was in den Schulzimmern geschah. Deutsche Kinder lernten weiterhin vielfach aus den gleichen Büchern, die sie zuvor benutzt hatten, und unter weitgehend denselben Lehrern, die ihnen im Dritten Reich beigebracht hatten, gute Mitglieder der Hitlerjugend zu werden. Die amerikanischen Behörden schienen kein Interesse an ihrer Erziehung oder Umerziehung zu haben. Wenn überhaupt, so wurden nur geringe Bemühungen unternommen, den Erwachsenen oder Kindern beizubringen, dass Deutschland Unrecht getan hatte und es in der

Nachkriegswelt eine demokratische, eine nicht-nazistische Regierungsform haben sollte.

Viele der Amtsträger der Nazis behielten ihre Position. »Kann sein, dass dieser Kerl unter Hitler Bürgermeister war. Aber wir brauchen erfahrene Verwaltungsleute, damit diese Städte funktionsfähig bleiben. Er kann nichts Schlimmes tun, solange wir ein Auge auf ihn haben.« Viele Nazi-Bürgermeister aus der Hitlerzeit leiteten unter den Amerikanern auch weiterhin die Kommunalverwaltungen.

Jeder Offizier der Militärregierung hatte einen Dolmetscher. Das war gewöhnlich eine hochgebildete, attraktive und relativ junge deutsche Frau. Bevor er starb – »angeblich« starb, wie viele GIs meinten – hielt Hitler Berichten zufolge eine Rede, in der er die deutschen Frauen aufforderte, den Frieden zu gewinnen, falls die deutschen Soldaten nicht den Krieg gewännen. Angesichts all der anderen Dinge, die sie für Führer und Vaterland getan hatten, war das durchaus nicht zuviel verlangt. Es war kein großes Opfer, und sie brachten es.

Viele der Dolmetscherinnen hatten im Ausland studiert, die meisten in England, einige in Amerika. Viele kamen aus Familien der oberen Mittelschicht oder aus der Oberschicht. Einige waren reich gewesen, manche waren es immer noch. Die meisten wussten sich gut zu kleiden und hatten Make-up, an das die meisten anderen Frauen in Deutschland nicht herankamen. Ob sie im Bett ebenso attraktiv waren, hing von den Erwartungen ihrer Bettgenossen ab, aber das war eine ihrer ersten Betätigungen und Pflichten. Welcher starke junge Amerikaner, der zum ersten Mal mit der Kultiviertheit des alten Europa in Berührung kam, war nicht geschmeichelt, befriedigt, eingenommen und überwältigt von einem schönen Fräulein, das für ihn dolmetschte, sich für ihn schön machte, sein Büro leitete und mit ihm schlief?

Viele Displaced Persons, besonders Juden, die kein Englisch sprachen, waren zu Offizieren der amerikanischen Militärregierung gegangen und abgewiesen worden, ohne Hilfe zu erlangen. Wenn überhaupt, erfuhren sie erst viel später, dass die Dolmetscherin absichtlich falsch übersetzt und den verantwortlichen amerikanischen Offizier in Unkenntnis gelassen hatte, wer sie waren und was sie wollten. Einige Offiziere wussten dies oder hegten zumindest einen Verdacht, akzeptierten aber, unsicher in ihrem politischen und historischen Wissen, was ihre deutschen Geliebten ihnen erzählten, besonders in der Behaglichkeit ihrer eigenen Betten. Es war nicht ihre Schuld, so begannen manche zu denken, wenn die US-Regierung ihnen nicht erzählt hatte, dass die Juden der wahre Grund des Krieges gewesen waren und es im besten Interesse unseres eigenen Landes war, mit der »Endlösung« fortzufahren.

Einige junge Offiziere der Militärregierung, die als Kommandanten einzelner Städte und Gemeinden eingesetzt waren, zogen solche Ansichten nicht nur in Betracht, sondern bestärkten sie noch.

Typisch dafür war die Erfahrung zweier junger jüdischer Schwestern aus Polen. Sie hatten den Krieg als Zwangsarbeiterinnen mit falschen Papieren, die sie als Nichtjuden auswiesen, überlebt und fanden sich nun, im Alter von 16 und 17 Jahren, in Kaufbeuren wieder.

Ich lernte Adele kennen, als Eli Isaacson, einer der Soldaten des Stützpunktes, sie in mein Büro brachte. Sie war zum Personalbüro gegangen, um eine Arbeit zu finden. Wer immer an jenem Tag Dienst hatte, sprach kein Deutsch, aber Eli beherrschte die Sprache sehr gut, und daher gab man das Mädchen in seine Obhut. Er brachte sie zu mir, um zu fragen, ob ich helfen könne.

Sie stand in der Tür wie ein ängstliches Mäuschen, blickte vorsichtig um sich und schien sich zu fragen, ob sie sich noch einen weiteren Zentimeter vorwagen konnte, ohne geschlagen oder zerquetscht zu werden. Ich spürte ihre Anwesenheit mehr, als dass ich sie sah. Sie war klein, trug ein form- und farbloses Kleid und aus ihrem von braunem, zerzaustem Haar umrahmten Gesicht blickten mich zwei große, verängstigte Augen an. Sie schien um die 15 oder vielleicht 20 Jahre alt zu sein, hätte aber auch gut 30 sein können. Sie war wie der gezeichnete Umriss eines Menschen, ein amorphes Wesen.

»Ich suche Arbeit.«

Ich konnte sie kaum hören. Sie sprach jedes Wort, als ob sie erst auf die Erlaubnis wartete, das nächste sprechen zu dürfen. Ihre Sanftheit, die Unterwürfigkeit und das Zögern gaben ihrer Stimme den Klang eines menschlichen Piepsens.

Obwohl meine zwei Jahre Deutsch in der High School kaum reichten, konnte ich die Sprache besser als die meisten GIs, und manchmal sprang ich sogar als inoffizieller Dolmetscher ein. Ich konnte mit Adele direkt sprechen.

Sie war offensichtlich keine Deutsche. Sie hatte weder die anbiedernde Art, die einigen amerikanischen Soldaten schmeichelte, noch die Arroganz, die andere mit Würde und Stärke verwechselten. Ich wusste, dass sie eine Deportierte war. Sie stand schweigend da. Sie hatte gelernt, dass man nicht spricht, ohne zuerst angesprochen zu werden. Man könnte das Falsche sagen und in ernste Schwierigkeiten geraten. Das war ein Kardinalprinzip des Überlebens, das die meisten von uns lernten, ob unter den Nazis, in der Armee oder in der Schule.

»Was für eine Arbeit suchen Sie?« fragte ich.

»Irgendeine Arbeit.«

Der Stützpunkt wurde täglich von Deportierten und Deutschen bestürmt, die Arbeit suchten. Die Einheit hatte bereits so viele Leute wie möglich für einfache Tätigkeiten eingestellt, die andernfalls GIs hätten erledigen müssen: Küchenarbeit, Gebäude- und Toilettenreinigung, Fegen der Gehwege, Straßenausbesserung, Papierkörbeleeren oder einfach nur Kaffeeholen. Da nur noch wenige Jobs zu haben waren, wäre sie normalerweise am Tor abgewiesen worden. Ich war froh, dass sie bis zu mir vorgedrungen war. Ich spürte eine seltsame Verbindung zwischen uns, als wäre sie eine Verwandte, von der ich nichts gewusst hatte, um die zu kümmern ich mich nun jedoch verpflichtet fühlte.

Ich wollte wissen, wer sie war, aber alles, was ich erfuhr, stammte aus ihren Ausweispapieren. Demnach war sie eine 16-jährige Katholikin aus Polen. Ich kannte den Küchenfeldwebel und fragte Adele – ihren Papieren nach hieß sie Lydia –, ob sie an einer Küchenarbeit interessiert sei. Ihre Antwort war ein stummes, zögerndes Nicken. Eli und ich brachten sie in die Küche. »Cookie«, der Küchenfeldwebel, gab ihr eine Arbeit.

Einige Tage später, als ich in der Essensschlange stand, sah ich sie Essen austeilen. In den nächsten paar Wochen bekam ich beim Frühstück, Mittag und Abendbrot immer eine extra große Portion von ihr. Ich sprach immer ein paar Worte mit ihr, wenn ich vorbeiging, und fragte gewöhnlich, ob sie mit ihrer Arbeit zufrieden sei. Zuerst bekam ich ein Nicken zur Antwort, nach einer Weile ein paar gemurmelte Worte und später ab und zu ein Lächeln. Eines Tages, als ich in der Essensschlange stand, sprach sie mich plötzlich an und sagte hastig: »Ich möchte mit Ihnen sprechen. Ich möchte Sie um Ihre Hilfe bitten.« Sie blickte mich mit großen, angsterfüllten Augen an. Die Frage musste sie große Überwindung gekostet haben.

Ich machte mit ihr aus, sie abends nach der Arbeit zu treffen. Obwohl ich wie die meisten anderen 19-jährigen auf dem Stützpunkt oder in jeder anderen Einheit der Besatzungstruppen hoffte, eine Frau zu finden, die all jene Fantasien erfüllen würde, die Hollywood in uns geweckt hatte, dachte ich im Hinblick auf Adele nicht im Traum daran. Ich spürte, dass es bei unserem Treffen um etwas Ernsteres, Tieferes ging.

Während des Abendbrots im Speisesaal an jenem Tag sah ich oft zu ihr hinüber und versuchte ungeduldig zu erraten, was sie von mir wollte, während ich mit den anderen Männern an meinem Tisch plauderte und dem Orchester lauschte, das von Tag zu Tag zwischen drei und fünf Instrumenten – Streich-, Blasinstrumente und Flöten – wechselte.

Es war ein recht gutes Orchester für eine Kantine von Unteroffizieren und Mannschaften. Es war ungewöhnlich, dass es überhaupt eins gab. In den meisten anderen Einheiten genoss nur das Offizierskasino den Luxus von Livemusik. Das Problem bei diesem Orches-

Ein Blick auf den Stützpunkt Kaufbeuren im Sommer 1945

ter war aus Sicht der Soldaten, dass es hauptsächlich klassische Musik mit Schwerpunkt auf Barock und Walzer und gelegentliche Stücke aus Symphonien oder Opern spielte, aber nie Lieder wie »Mairzy Doats« oder »Beer Barrel Polka«. Außer einem mechanischen Höflichkeitsapplaus am Ende jeder Aufführung erhielten die Musiker nur wenig Anerkennung für ihr Können. Sie mussten das Gefühl haben, dass ihre Kunst vergebens war. Doch an jenem Abend spielten sie ein klassisches Stück, das in ihr tägliches Repertoire einging.

Es war einer jener Tage, an denen die Männer damit beschäftigt waren, über das Essen zu fluchen, das an diesem Abend hauptsächlich aus Resten bestand. Sie schenkten dem Orchester noch weniger Aufmerksamkeit als sonst. Auch die Musiker schienen niedergeschlagen. Um die Stimmung etwas zu heben, begannen sie einen

Auszug aus einem klassischen Standardstück vorzutragen, das sie zuvor noch nicht gespielt hatten.

Plötzlich veränderte sich die Atmosphäre in der Kantine. Die GIs begannen zu klatschen und zu schreien, und mit dem Crescendo der Musik erreichte auch ihr Jubel den Höhepunkt. Die Musiker spielten triumphierend, ihre Gesichter vor Befriedigung strahlend, während der Beifall wuchs und durch den Speisesaal »Hoch! Hoch! Hoch!«- und »Hurra!«-Rufe erschollen. Als die Musiker das Stück beendet hatten, traten sie vor, um sich zum ersten Mal zu verbeugen, während die GIs weiter Beifall spendeten und auf die Tische trommelten. Bei den meisten Mahlzeiten danach spielte das Orchester dieses Stück und erhielt die gleiche überwältigende Reaktion. Bald rechneten die Musiker schon damit und strotzten vor Selbstvertrauen, wenn sie das Stück zu spielen begannen. Sie mussten wohl das Gefühl haben, dass in diesem besonderen Musikstück all ihre Talente in wundersamer Weise verschmolzen, um den Höhepunkt ihrer Kunst zu erreichen. Noch Jahre danach konnten sie sich sagen, dass es nur selten in der Musikgeschichte, selbst nicht bei den berühmtesten Symphonieorchestern, eine derart einhellige Zustimmung gegeben hatte. Ich fragte mich, ob die Musiker wohl eines Tages erfahren würden, welche Bedeutung der Überschwang der GIs wirklich hatte, wenn sie dieses Stück, das Finale der Ouvertüre von Rossinis »Wilhelm Tell«, spielten und ob sie herausfinden würden, dass es sich bei den Rufen, die wie das deutsche »Hoch! Hoch!« und das amerikanische »*Hooray!*« klangen, in Wirklichkeit um »*Hiho, Silver, away!*« handelte. Ich hoffe, sie haben es nie erfahren. Im Leben eines Künstlers ist solcher Ruhm zumeist schon knapp genug gesät.

Adele bat mich, mit ihr nach Hause zu gehen, weil sie mich jemandem vorstellen wollte. Obwohl mir die Warnungen an die GIs, nicht alleine mit einer Frau mitzugehen, noch überdeutlich in den Ohren klangen, hegte ich bei Adele keinerlei Befürchtungen. Sie war eindeutig mehr und weniger, als sie schien, und ich war sicher, dass nichts Schlechtes an ihr war. Ängstlicher als ich selbst, hielt sie Abstand von mir, als wir die Fußgängerbrücke über den schmalen Waldstreifen überquerten, der die Straße vor dem Stützpunkt von einer kleinen Wohngegend trennte. Das Zentrum von Kaufbeuren lag anderthalb Kilometer entfernt. Wir gingen einen welligen Hügel hinunter, an dessen Hang sich mehrere Straßenzüge mit Fachwerkhäusern reihten, in denen Deutsche aus der Mittelschicht wohnten, die vor allem Ladenbesitzer und Angestellte in der Stadt waren. Viele der Hauseigentümer nahmen Untermieter auf. Das zusätzliche Geld half ihnen, einige der lebensnotwendigen Dinge zu inflationären Preisen auf dem Schwarzmarkt zu kaufen. Einige der Untermieter waren Deportierte, aber solange ihre Papiere sie nicht als Juden auswiesen, waren sie aus purer Notwendigkeit willkommen. Das wenige Essen, das sie ergattern konnten, kochten sie auf Elektroplatten oder auf kleinen Feldkochern und verzehrten es in ihren Zimmern.

Wir gingen etwa zehn Minuten einen Pfad entlang, den die bunten Blumen des bayrischen Frühlings säumten, und gelangten zum Eingang des zweiten Stocks eines der kleinen Häuser. Die Tür öffnete eine schlanke junge Frau mit funkelnden dunklen Augen und einem schmalen, runden Mund, ihr Gesicht gerahmt von glänzendem braunem Haar. Sie stellte sich als Miriam vor, aber ihren Papieren zufolge hieß sie Maria und hatte einen anderen Nachnamen als Adele. Auch sie war, glaubte man ihrem Ausweis, eine polnische Katholikin von 17 Jahren.

»Wir sind Schwestern«, erklärte mir Adele.

»Aber warum haben Sie verschiedene Namen?«

»Diese Papiere sind falsch«, sagten sie. »Falsche Namen. Christliche Namen. Andernfalls hätten sie uns ins Lager gebracht. Wir sind Jüdinnen.«

Obwohl der Krieg vorbei und die Kriegsmaschine der Nazis besiegt war, erforderte es Mut zu offenbaren, dass man Jude war.

Später erfuhr ich, dass auch die Altersangaben nicht stimmten. Miriam, die älter aussah, war 16; Adele, die jünger wirkte, 17.

»Adele hat mir von Ihnen erzählt«, sagte Miriam zu mir. »Dass Sie sehr freundlich sind. Dass sie glaubt, wir können Ihnen vertrauen.«

Wir sprachen Deutsch, so gut ich es vermochte. Obwohl es viele Wörter gab, die ich nicht kannte, glaube ich, dass wir uns im Wesentlichen verständlich machen konnten.

Sie sagten mir, ihre Eltern seien in Amerika. »Wir wissen nicht, ob sie tot sind oder leben, und sie wissen es umgekehrt nicht von uns. Wir wollen sie suchen, aber wir wissen nicht wie. Werden Sie uns dabei helfen?«

Sie erzählten mir ihre Geschichte. 1938 hatte ein älterer Bruder, der bereits drüben lebte, ihre Eltern nach Amerika geholt und diese hatten Vorbereitungen getroffen, Miriam und Adele, die damals neun und zehn Jahre waren, sowie einen weiteren Sohn und eine verheiratete Tochter mit ihrem einjährigen Kind aus der Stadt Zamosc nahe Lublin nachkommen zu lassen. Im Sommer 1939 erhielten sie Einreisevisa. Im September 1939, gerade als sie sich darauf vorbereiteten, nach Amerika abzureisen, überfiel Deutschland Polen. Da war es bereits zu spät.

Innerhalb weniger Wochen erreichten die Deutschen Lublin. Die beiden kleinen Mädchen wurden zusammen mit ihrem Bruder und ihrer Schwester und allen anderen Juden aus ihrer Stadt an den Stadtrand von Lublin gebracht. Dort wurden die Juden gezwungen, lange Gräber auszuheben, lang genug, um die Körper von allen aufzunehmen, die graben mussten, und tief genug, um sie mit Erde zu bedecken. Nachdem die selbst ausgehobenen Gräber fertig waren, mussten sich die, die gegraben hatten, vollständig ausziehen. Die deutschen Soldaten richteten ihre Maschinengewehre auf sie und ermordeten sie kaltblütig. Ihre Körper wurden in die Gräber geschoben und von jener Gruppe mit Erde bedeckt, die als Nächstes exekutiert werden sollte. An diesem Tag rannten einige der auserkorenen Opfer weg, als das Kugelfeuer einsetzte, und versuchten, sich in letzter Sekunde in den nahen Wäldern zu verstecken und so vielleicht dem unmittelbar drohenden Tod zu entkommen. Der Bruder der Mädchen wurde sofort getötet, während sich Adele, Miriam und ihre Schwester mit ihrem Kind im Gebüsch versteckten. Die deutschen Soldaten, die in ihrem Todesspiel keines der Opfer verlieren wollten, durchstreiften mit feuernden Gewehren den Wald. Die beiden Mädchen hörten das Baby ihrer Schwester schreien. Die Deutschen müssen die Schreie ebenfalls gehört haben, denn wenige Sekunden danach fielen Schüsse und die Schreie verstummten. Es war ein Wunder, dass man Adele und Miriam nicht fand.

Vier Monate versteckten sie sich bei nichtjüdischen Freunden, die ihnen schließlich falsche Papiere besorgten, mit denen sie nach Russland gelangten.

»Unsere größte Angst in Russland waren nicht die Deutschen«, erzählte mir Miriam. »Denn die waren noch nicht so weit gekommen. Sondern als ich einen fürchterlichen Schmerz in der Seite spürte und ins Krankenhaus musste, wo man mir sagte, ich hätte eine Blinddarmentzündung. Die Operation schreckte mich nicht, aber ich hatte schreckliche Angst, dass ich unter der Ätherbetäubung etwas sagen würde, das meine jüdische Herkunft verriet.« In späteren Jahren erzählte sie diese Geschichte noch oft, und ihre Widersinnigkeit ließ sie eher lustig als beängstigend erscheinen.

Im Winter der deutschen Niederlage bei Stalingrad 1943, als sich die deutsche Armee zurückzog, wurden die Mädchen getrennt und als Zwangsarbeiterinnen aus Russland verschleppt. Miriam wurde nach Italien geschickt und als Putzmädchen in die Küche eines Armeekrankenhauses gesteckt. Gelegentlich wurden ihr andere Aufgaben übertragen, wie etwa dem Krankenhauspersonal zu helfen, die Schwerverwundeten zu trösten. Sie erinnerte sich, welche Ironie darin lag, dass ein jüdisches Mädchen Nazi-Soldaten tröstete. Bevor sie ging, gelang es ihr noch, Adele ihre Feldpostadresse zukommen zu lassen.

Adele war nach Rumänien geschickt worden und wurde schließlich nach Deutschland gebracht, wo sie als Zwangsarbeiterin in Fabriken, Büros und Geschäften arbeitete. Obwohl sich beide Mädchen wöchentlich schrieben, kam bis auf eine Postkarte im Jahr 1944 von Adele an Miriam, in der sie berichtete, dass sie in einer kleinen Stadt nahe Stuttgart lebe, keine Post durch. Miriams Feldlazaretteinheit zog sich aus Italien nach Deutschland zurück und hatte sich bei Kriegsende in einem Kloster nahe Kaufbeuren eingerichtet.

Im neuen Krankenhaus in der Nähe von Kaufbeuren lebten und arbeiteten Miriam und die anderen Nicht-Deutschen, vor allem russische Frauen, weiterhin unter unerträglichen Bedingungen. Selbst als der Krieg zu Ende war, behandelten die deutschen Ärzte und Schwestern sie immer noch so, als ob sie Zwangsarbeiter wären. Sie bekamen nur sehr wenig Essen und zu dritt mussten sie in einem Zimmer von zehn Quadratmetern schlafen. Miriam beschloss, sich beim Militärkommando von Kaufbeuren über ihre Behandlung zu beschweren. Der Verantwortliche, der die Beschwerde entgegennahm, Lieutenant Lee, bot keine Hilfe an. Eine der im Büro beschäftigten Deportierten, Frau Milner, die Jüdin war, hatte Mitleid und ging persönlich zum Direktor des Krankenhauses, um sich zu beschweren. Der Krankenhausdirektor wehrte sich gegen diese seiner Meinung nach unangemessene Einmischung und beschwerte sich seinerseits bei Lieutenant Lee, der Frau Milner streng tadelte, besonders, weil sie sich überhaupt um Deportierte gekümmert hatte.

Miriam erzählte Frau Milner, dass sie Jüdin sei, zur damaligen Zeit ein riskantes Eingeständnis. Frau Milner – sie und ihr Mann, der von den Nazis umgebracht worden war, waren vor dem Krieg Universitätsprofessoren gewesen – nahm sie unter ihre Fittiche und stellte sie einem wohlgesonnenen hochrangigen Militäroffizier vor. Er lud sie zum Essen in sein Haus ein. Dieser Offizier und Frau Milner vereinbarten dann mit der Mutter Oberin vom Kloster, Miriam eine ordentliche Unterkunft zu geben.

In der Zwischenzeit hatte Miriam nichts mehr von Adele gehört und beschloss, sie zu suchen. Da es keine andere Transportmöglichkeit gab, machte sie sich zu Fuß und per Anhalter nach Stuttgart auf, ungefähr 170 Kilometer nach Nordwesten, und reihte sich in die

Zehntausende ein, die die Straßen bevölkerten. Als Miriam in dem Vorort ankam, wo sie ihre Schwester vermutete, lief sie auf den Straßen umher und fragte sich, wie sie sie finden sollte. Dann bemerkte sie zufällig eine handgeschriebene Speisekarte an der Tür eines Gasthauses und erkannte Adeles markante Handschrift. Miriam fragte nach ihrer »Kusine« und gab den falschen Namen aus Adeles Papieren an. Die Kellnerin rief nach oben und einen Moment später umarmten sich die beiden Mädchen unter Tränen. Nach einigen Tagen gingen beide nach Kaufbeuren, wo Adele erlaubt wurde, das Zimmer im Kloster mit Miriam zu teilen. Als Adele in Kaufbeuren ankam, ging sie sofort in das Büro der Militärverwaltung, um sich ordentlich registrieren zu lassen und so Lebensmittelkarten und eine Unterkunft zu erhalten, wie sie Deportierten auf Anordnung des Oberkommandos der alliierten Landungstruppen in Paris zustanden. Sie durfte nur mit der jungen deutschen Frau sprechen, die Lieutenant Lees Dolmetscherin war – Frau Milner bekam sie nicht zu Gesicht –, und erhielt die Anweisung, Kaufbeuren sofort zu verlassen und nach Stuttgart zurückzugehen. Sie blieb. Als Adele ihre Arbeit auf dem US-Stützpunkt erhielt, mieteten sie ein Zimmer in einem Privathaus.

»Wir möchten unsere Eltern wieder sehen«, erklärten sie mir. »Wir möchten zu ihnen nach Amerika. Aber wir wissen nicht, wie wir sie finden sollen.«

Trotz allem, was sie durchgemacht hatten, wirkten beide klein und hilflos, wie Kinder, die zu sein ihnen in den vorangegangenen sechs Jahren verwehrt worden war.

»Wir werden sie finden«, versprach ich. »Wir finden sie.«

Ich ermutigte sie, sich richtige Ausweise zu besorgen, um die nötigen Einwanderungspapiere zu erhalten, sobald wir ihre Eltern ausfindig gemacht hatten. Weil sie im Bezirk Kaufbeuren lebten, hatten sie keine andere Wahl, als zu Lieutenant Lee zurückzugehen. Sie erklärten den Grund ihrer falschen Papiere, die sie fünf Jahre lang benutzt hatten, und warum sie richtige Ausweispapiere brauchten.

Lieutenant Lee weigerte sich, ihrer Bitte nachzukommen, da sie ihre angebliche Identität nicht beweisen könnten. Ich ging dann mit ihnen gemeinsam zu Lieutenant Lee, um mich für sie einzusetzen. Er stellte meine Erklärung nicht in Frage, weigerte sich aber weiterhin, ihnen Papiere mit ihren richtigen Namen auszustellen, die bewiesen, dass sie Jüdinnen waren.

»Warum?« fragte ich.

Seine Antwort war knapp und sachlich: »Sie sehen nicht jüdisch aus.«

Hunderte von Displaced Persons, die sich um Hilfe an die Militärverwaltung von Kaufbeuren wandten, wurden ebenso behandelt, und Dutzende von Amerikanern wurden Zeugen dieser Behandlung. Die Militärverwaltung von Kaufbeuren und Lieutenant Lee waren kein Einzelfall. Sie sind ein Beispiel für viele Militärverwaltungen in der amerikanischen Besatzungszone. Lees Dolmetscherin und Sekretärin war mit vielen Amtshandlungen des Büros betraut. Sie sah gut aus und war Deutsche. Man war allgemein der Meinung, dass ihre Pflichten weit über Büroarbeiten hinausgingen. Sie war Deportierten zufolge, die mit ihr zu tun hatten, eine aktive Nationalsozialistin und machte es denen, die um Hilfe baten – namentlich den Juden unter ihnen – besonders schwer. Vielen Deutschen half sie; Nazis erhielten Sondervergünstigungen. Sie beleidigte Deportierte offen und ihre Übersetzungen, in denen sich Genauigkeit eher dem Zufall verdankte, verfolgten vor allem politische Zwecke. Beschwerden bei Lieutenant Lee blieben folgenlos. Schließlich, nach vielen Beschwerden beim Militärkommando der Region in München, kam der Befehl an Lee, sie aufgrund ihrer fortgesetzten nationalsozialistischen Aktivitäten zu entlassen. Obwohl die Militärregierung der Auffassung war, dass die Militärverwaltung in Kaufbeuren gut ohne diese ortsansässige Nationalsozialistin auskommen konnte, galt dies offenkundig nicht für Lieutenant Lee, der sie nach kurzer Zeit wieder einstellte und ihr die gleiche Macht gab, über die sie zuvor verfügt hatte.

Nicht nur führten einige Offiziere der Militärverwaltung ihre eigene Form des Genozids – eines Genozids durch Vernachlässigung – gegen die Überlebenden und Deportierten fort; es gab auch einige Befehle des alliierten Oberkommandos, die es ihnen leicht machten, das zu tun. Einer dieser Befehle nahm den Deportierten jeden Sonderstatus und untersagte ihre bevorzugte Behandlung in Deutschland. Sie wurden vor die Alternative gestellt, entweder in ihre Heimatländer zurückzukehren oder in Deutschland ohne direkte Hilfe der USA unter der Kontrolle der Deutschen »von der Wirtschaft« zu leben – eine Alternative, die sich von selbst verbat.

Tausende solcher »Ausländer«, wie sie genannt wurden, verfrachteten – häufig mit vorgehaltenem Gewehr – die amerikanischen Truppen in Züge und Güterwaggons, die sie zu Sammelpunkten brachten. Nachdem viele um ihr Gepäck, auch Lebensmittel, Getränke, Kleider und Erinnerungsstücke erleichtert worden waren, wurden sie in weitere Transportmittel, vor allem große Lkws, gepfercht und in ihre Heimatländer gebracht. So löste die amerikanische Militärregierung einige ihrer Versorgungsprobleme. Da nun mehr Lebensmittel und Kleidung verfügbar waren, hatten die Deutschen nun größere Rationen als die Menschen in den meisten Ländern, die sie verwüstet und deren Familien und Freunde sie getötet hatten.

Etwa sechs Wochen, nachdem diese Maßnahme verfügt worden war, erkannte das amerikanische Oberkommando, dass es einen Fehler begangen hatte, und der Befehl wurde zurückgenommen. Jene Verschleppten, die der erneuten Deportation – der Zwangsrepatriierung – entgangen waren, erhielten nun mehr Nahrungsmittel und, in manchen Gebieten, eine bessere Wohnraumzuteilung. Aber der Schaden war nicht wieder gut zu machen.

Zur Zeit der Zwangsrepatriierung kam Lieutenant Lee einmal auf den Stützpunkt, um die Repatriierung einer ehemaligen Zwangsarbeiterin persönlich zu überwachen, die in Deutschland bleiben wollte, um von dort aus zu versuchen, nach England oder in die USA zu gelangen; sie wollte nicht nach Ungarn zurück, weil ihre gesamte Familie getötet worden war. Er verweigerte ihr die Bitte kategorisch und schickte sie unter Zwang nach Ungarn. Als Herausgeber einer Zeitung gab ich vor, die Geschichte auf dem Stützpunkt zu recherchieren und fragte ihn, was er im Allgemeinen von den Deportierten hielt. Seine Antwort lautete, dass es unter den Hundertausenden, die sich zur damaligen Zeit noch in der amerikanischen Besatzungszone aufhielten, nicht einen einzigen »guten« Deportierten gebe. Er war sich sicher, dass sie nichts als Schwierigkeiten machten und zögerte nicht, mir die Probleme aufzulisten, die sie ihm selbst bereiteten.

Eine Reihe Deportierter und amerikanischer Soldaten, mich eingeschlossen, berichteten dem regionalen Militärkommando in München von den Vorurteilen und dem Verhalten Lieutenant Lees. Mehrere Monate später griff die Militärregierung auch wirklich ein: Sie beförderte Lieutenant Lee zum Captain.

Kapitel 5

Essen ... und anderes

Während für die meisten Deutschen Zigaretten das kostbarste Gut waren, weil man sie gegen Lebensnotwendiges, das sonst schwer zu bekommen war, eintauschen konnte, waren für die Überlebenden in St. Ottilien wie für die Displaced Persons in anderen Lagern Lebensmittel das Wichtigste. Obwohl das Oberkommando der alliierten Landungstruppen Lebensmittelrationen von 1200 Kalorien pro Tag für jeden Deportierten unter amerikanischer Zuständigkeit angeordnet hatte, gab es für die meisten nur 600 Kalorien oder weniger. Obwohl 600 Kalorien pro Tag tatsächlich mehr waren, als sie in deutschen Konzentrationslagern erhalten hatten, wurden 1200 Kalorien als Minimum angesehen, um einen befriedigenden Gesundheitszustand aufrechtzuerhalten. Die Nahrungsmittel waren vorhanden, nur erreichten sie einfach die meisten Überlebenden nicht. Einiges davon verschwand, von Paris kommend, auf wichtigen Umschlagplätzen in Europa und wurde von den amerikanischen Soldaten, die es transportierten, auf dem Schwarzmarkt verkauft. Einiges wurde erst umgeleitet, nachdem es seinen Zielpunkt, das Hauptquartier der Militärregierung, erreicht hatte; es wurde an begünstigte deutsche Zivilisten verteilt. Einiges wurde den Überlebenden von der Militärpolizei, der die Verteilung der Lebensmittel in den Lagern oblag, absichtlich vorenthalten; sie verkauften es auf dem Schwarzmarkt, gaben es einer oder zwei deutschen Geliebten oder den Überlebenden im Tausch gegen Sex.

Die meisten Menschen in den meisten Lagern hungerten. In St. Ottilien bedeutete der Lebensmittelmangel für Überlebende, die körperlich entkräftet oder schwer krank waren, nicht nur eine zusätzliche Schwächung, sondern den Tod.

Praktisch alle Hilfe, die die Überlebenden in St. Ottilien erhielten, war inoffiziell und kam von einzelnen Offizieren und Soldaten nahe gelegener Militärstützpunkte, die vom Hospital und der schlimmen Lage seiner Patienten gehört hatten und helfen wollten.

Der wohl engagierteste Amerikaner aus dieser Gruppe war ein Militärgeistlicher, Captain Abraham J. Klausner, der zum inoffiziellen Rabbi der jüdischen Überlebenden in St. Ottilien wurde und psychologischen wie geistlichen Beistand leistete. Klausner stellte großzügig seine Zeit und seine ganze Kraft in den Dienst des Krankenhauses. Er organisierte Lebensmittel und Kleidung und ging nicht nur zum Kommando der Militärregierung in München, sondern versuchte auch, von den Städten, Gemeinden und Dörfern der Umgebung so viel Hilfe wie möglich zu bekommen. Und er besuchte Armeelager, um den US-Soldaten von der Situation in St. Ottilien zu berichten und sie um ihre Hilfe zu bitten.

Ein wichtiger Beitrag Klausners war, Suchaktionen nach vermissten Verwandten zu organisieren. Seine Bemühungen führten zur Zusammenstellung von fünf Bänden mit Namen von Überlebenden, die sich in Deportiertencamps in der amerikanischen Zone in Deutschland und Österreich aufhielten. Er verteilte diese Listen unter den Militärgeistlichen – jüdischen und nichtjüdischen –, die sie wiederum zu den verschiedenen Lagern brachten, um zu versuchen, Familien und Freunde wieder zusammenzubringen, die wunderbarerweise noch am Leben waren.

Versuche des Krankenhauses, offizielle Hilfe zu erhalten, blieben ohne Erfolg. Dr. Grinberg schrieb viele Male an praktisch jede Organisation in Europa und den USA, deren Ziel angeblich die

Hilfe für Bedürftige war, auch – und in manchen Fällen ausschließlich – für Überlebende des Holocausts. Bestenfalls beließen es die verschiedenen Organisationen, darunter solche, die in den USA vor allem aus jüdischen Quellen Geld erhielten, das den Überlebenden zugute kommen sollte, bei Lippenbekenntnissen.

Dr. Grinberg und die Vertreter einiger anderer Überlebendenlager dachten naiverweise, dass sie mit Briefen wie dem folgenden an den Jüdischen Weltkongress Hilfe erhalten würden:

> 31. Mai 1945
>
> Wir, die überlebenden Juden Europas, wenden uns an Sie als zentrale Organisation des jüdischen Volkes. Vier Wochen sind seit unserer Befreiung vergangen und kein einziger Repräsentant irgendeiner jüdischen Organisation ist zu uns gekommen, um mit uns darüber zu sprechen, was mit uns in der schrecklichsten Verfolgung, die jemals bekannt geworden ist, geschehen ist, um uns Trost zu spenden, unsere Bedürfnisse zu lindern oder uns Hilfe zu bringen. Wir mussten uns mit unseren geringen Kräften selbst helfen. Dies war unsere erste große Enttäuschung seit der Befreiung und ist uns unbegreiflich.
> Zwei Fragen quälen uns: Jeder von uns brennt darauf, die tragischen Tatsachen über seine Familie zu erfahren. Wir bitten Sie daher, uns sobald wie möglich alle Listen jüdischer Überlebender in der Sowjetunion und in den ehemals von den Deutschen besetzten Gebieten zu schicken. Wir müssen wissen, für wen wir den Kaddisch sprechen müssen. Die zweite Frage ist: Was wird aus uns werden? Wohin werden sie uns schicken? Wo werden wir weiter in unserem Elend leben müssen?
> Wir warten auf Ihre unverzügliche Antwort und schicken Ihnen Zions Grüße in der Hoffnung, dass Sie uns in der

Zeit unserer größten Not die traditionelle jüdische Bruderhilfe zukommen lassen.
Z. Grinberg, St. Ottilien
S. Gringauz, Landsberg
A. Bergmann, München

Sie sollten mehr als enttäuscht werden und mussten mitansehen, wie immer mehr Überlebende starben.

Auf dem Militärstützpunkt Kaufbeuren versuchte eine Reihe hilfsbereiter Soldaten verschiedene Tricks, um an Lebensmittel zu kommen und sie nach St. Ottilien zu schaffen. Der leichteste Weg war, Essen von unseren Mahlzeiten zu sparen oder im »Post Exchange« Candy-Riegel, Kekse oder andere kleine Lebensmittel rationen zu kaufen (Post Exchange war die Armeeverkaufsstelle, wo Armeeangehörige begrenzte Mengen persönlicher Dinge wie Toilettenartikel, einige Kleidungsstücke, Zigaretten, alkoholfreie Getränke und einige Lebensmittel kaufen konnten). Daneben gab es Lebensmittelpakete von Zuhause (getrocknete Salamis waren am beliebtesten). Die verlässlichste Quelle waren, wie sich herausstellte, die Armeeküchen, aus denen wir Lebensmittel stahlen.

Was das Letztere betrifft, hatten wir keine Gewissensbisse. Die meisten GIs, die in der Küche arbeiteten, zweigten Lebensmittel für ihren eigenen Bedarf ab, gewöhnlich für ihre deutschen Freundinnen. Tatsächlich brüstete sich der für die Küche zuständige Feldwebel offen mit seiner »Mutter-Tochter-Kombination«, und es war allgemein bekannt, dass erhebliche Mengen Lebensmittel in den Unterhalt seines Harems flossen.

Eine der widersprüchlichsten Persönlichkeiten und gleichzeitig einer der hilfsbereitesten Männer auf dem Stützpunkt war Frankie Kline. Er war über 30, vielleicht schon 35, und galt bei uns 18-, 19- und 20-Jährigen als alter Mann. Aber sein dünner, drahtiger Körper und sein hageres Gesicht steckten voller Energie und häufig wirkte er jünger als wir. Frankie arbeitete in der Küche und wusste, wie man Lebensmittel nach St. Ottilien schmuggeln konnte.

Er erzählte uns, dass er als Junge für einen Alkoholschmuggler in New York gearbeitet hatte und sogar im Gefängnis gewesen war. Er hasste die Armee noch mehr als die meisten anderen. Er war einer von den Nonkonformisten in unserer Einheit und hatte einige Zeit im Armeegefängnis verbracht. Mehr erzählte er uns nicht, aber wir nahmen an, dass es das Gefängnis in Camp Edwards in Massachusetts gewesen war, wo eine Reihe anderer Leute aus unserer Einheit gesessen hatten. Der offizielle Name des Gefängnisses war East Coast Processing Center oder ECPC. Wir sprachen die Abkürzung als ein Wort, so dass es sich wie »iisiipiisii« anhörte. Es war, wie die Leute behaupteten, die dort gewesen waren, das Konzentrationslager der Armee. Die »schwarze Kiste«, »das Loch« und andere Disziplinierungs- und Folterformen brachen nicht nur den Willen der Männer, sondern brachten sie manchmal auch um. Die amerikanische Presse deckte die Grausamkeiten auf, die vom Kriegsgericht verurteilte amerikanische Soldaten in Litchfield, England, zu erdulden hatten, aber was in unserem eigenen Land geschah, kam nie ans Licht der Öffentlichkeit.

Wir erfuhren nie, warum Frankie im ECPC gewesen war. Er ließ durchblicken, dass er sich nach seiner Einziehung zu Beginn des Krieges drei Jahre lang unerlaubt vom Dienst entfernt hatte. Nun war er hier, zusammen mit den übrigen Rebellen, Sonderlingen, streitsüchtigen Ex-Infanteristen und Luftwaffenangehörigen, die den Krieg in warmen Betten in England verbracht hatten, nun gehörte auch er zu unserer zusammengewürfelten Truppe von »Souvenierjägern«. Sie wussten nicht, was sie mit Frankie anfangen sollten. Aber er wusste es. »Teilen Sie mich zum Küchendienst ein«, sagte er. Was immer geschehen mochte, dieser Junge aus den Slums von Brooklyn würde so immer genug zu essen haben.

Wenn man einen besonderen Wunsch hatte, ging man zu den »Absolventen« von ECPC. Den meisten von ihnen waren Menschen wichtiger als die Einhaltung der Regeln. Viele von ihnen kamen aus einem Milieu, in dem der amerikanische Traum unerreichbar war, weil die Spielregeln von vornherein gegen einen waren. Wem es selbst schlecht ergangen ist, der versteht manchmal besser die Not der anderen und unternimmt etwas dagegen. Als ich Frankie von St. Ottilien erzählte, bot er mehr als bereitwillig seine Hilfe an.

»Kannst du einen Wagen besorgen?«, fragte er mich. »Einen großen, geschlossenen Wagen?«

Ich dachte an einen der großen Tourenwagen auf dem Stützpunkt in Kaufbeuren, den ich möglicherweise anfordern konnte.

»Sind sie alle Juden?« fragte Frankie.

»Fast alle. Es sind ein paar Kommunisten dabei, die keine sind. Andere waren politische Häftlinge, die den Juden geholfen haben oder gegen Hitler waren.«

»Heilige Muttergottes«, lachte er. »Kommunisten und Juden. Mein verdammter Gemeindepfarrer würde sich in die Hosen machen, wenn er wüsste, dass ich Kommunisten und Juden helfe. Der Bastard hat nicht das Geringste für mich getan, als ich als Junge verhaftet und ins Gefängnis gesteckt wurde. Kommunisten und Juden! Wie gerne würde ich das dem alten Bastard ins Gesicht sagen!«

Mein Zimmerkamerad, der als mein Assistent mit mir die Armeezeitung *2nd Wing Eagle* herausgab, hieß Anthony »Dee« DiBiase. Dee war nach einer Haftzeit im ECPC zum 2. Geschwader gekommen. Er hatte nach seiner Grundausbildung einen letzten Urlaub erhalten, um nach Hause nach Philadelphia zu fahren, bevor seine Einheit nach Übersee verlegt wurde. Zu Hause bekam er eine Lungenentzündung, woraufhin ein Armeearzt ihm Medikamente gab und ihm sagte, er solle das Bett hüten. Bei seiner nächsten Visite wollte der Arzt ihn dann gesundschreiben und zu seiner Einheit zurückschicken. Doch er hörte nichts mehr von diesem Arzt, blieb die nächsten 13 Monate zu Hause und heiratete. Ein Nachbar, dessen Sohn bei der Armee war, beschwerte sich wütend bei der Militärpoli-

Der Autor (links) und sein Assistent bei der Zeitung *2nd Wing Eagle*, Anthony »Dee« DiBiase, in ihrem Zeitungsbüro auf dem Luftwaffenstützpunkt Kaufbeuren, September 1945

zei, die Dee daraufhin abholte. Er wurde vor das Kriegsgericht gestellt und ins ECPC geschickt.

Dee hatte einen Berufsschulabschluss, war nie auf dem College gewesen und hatte nie bei einer Zeitung gearbeitet. Ich hieß ihn bei der Zeitung wie als meinen Zimmerkameraden herzlich willkommen. Er war offen und ehrlich zu mir, und so konnte ich es auch zu ihm sein. Dees wacher Verstand und sein Talent, Umgangssprache in guten Zeitungshumor und Armeegemecker in beißende Karikaturen zu verwandeln, machten ihn zu einem überaus hilfreichen Mitarbeiter.

Ich erzählte ihm von St. Ottilien.

»Die armen Schweine. Ist es wirklich so schlimm?«

»Noch schlimmer.«

»Wir haben alle unsere Probleme.«

»Einige haben mehr als das.«

»Ja, aber wenn man sich zu sehr in die Schwierigkeiten anderer Leute einmischt, geht es einem manchmal hinterher schlechter als ihnen«, sagte Dee.

»Oder besser.«

»Quatsch!« Er zögerte einen Moment. »Diese Leute in St. Ottilien haben wirklich die Hölle mitgemacht, was?«

»Worauf du wetten kannst.«

»Scheiß drauf.« Dee legte sich auf sein Bett. »Wir sollten in der Lage sein, ein paar Lebensmittel für sie zu organisieren.«

Ich erzählte ihm, dass Frankie einige Lebensmittel aus der Küche schmuggeln und ich mich um einen Wagen aus dem Fahrzeugpark kümmern wollte. »Wir machen es morgen«, sagt ich ihm.

»Also, ich habe morgen nichts Wichtiges vor. Ich bin dabei.« Er schaltete das Licht aus und zog die Decke über seinen Kopf.

»Dee, du Pfeife, bist du wirklich dabei?«

»Geh schlafen.«

Am nächsten Tag nach dem Mittagessen fuhren wir den Wagen zum Hintereingang der Küche. Es war ein Tourenwagen, den die Deutschen auf dem Stützpunkt zurückgelassen und wahrscheinlich dazu benutzt hatten, hochrangige Offiziere zu fahren, die zu Besuch kamen.

»Ich kann jetzt aufladen«, sagte Frankie. »Cookie ist weg, um seine Mutter-Tochter-Kombination zu vögeln.«

»Der Hurensohn räumt den ganzen Laden aus«, beklagte ich mich, »und wir müssen Zeug für Leute rausschmuggeln, die es wirklich nötig haben.«

Das war einer der Wege, auf denen Lebensmittel nach St. Ottilien gelangten.

E. Edward Herman war vielleicht der einzige GI, der jemals eine ganze Armeeverkaufsstelle aufkaufte. Ed Herman machte, obwohl nur einfacher Soldat, bereits in seiner Armeezeit mehr Geld mit Geschäften als irgendeiner von uns im Zivilleben je verdient hatte. Ed war 25, stammte aus Philadelphia und hatte seine College-Zeit an der Universität von Pennsylvania als Football-Spieler begonnen. Als der Krieg begann, verließ er die Schule, um Partner eines kleinen Subunternehmens zu werden, das Verteidigungsgüter lieferte, und beteiligte sich außerdem an einem Tanzsaal, der namhafte Bands nach Philadelphia bringen wollte. Bevor er zum 2. Geschwader kam, war er auf einem amerikanischen Luftwaffenstützpunkt in der Nähe von Paris stationiert. Eine Meinungsverschiedenheit mit einem Captain führte zu seiner Versetzung nach Kaufbeuren.

Kurz nachdem er in Kaufbeuren angekommen war, kratzte Ed jeden Cent zusammen, den er hatte und besorgte sich mit dem Segen des Büros des befehlshabenden Oberst einen Passierschein nach Paris, um Waren zu kaufen, die in Deutschland nicht zu haben waren und die man in der Verkaufsstelle unserer Einheit anbieten konnte, damit die Armeeangehörigen etwas in die Heimat schicken konnten. Er brachte vor allem französische Parfüms mit, gab den Offizieren, die seine Reise ermöglicht hatten, ein paar Flaschen und bot den Rest in der Verkaufsstelle an. Wahrscheinlich verdiente Ed bei diesem ersten Trip kein Geld, aber seine Großzügigkeit und die gehobene Moral auf dem Stützpunkt, weil es nun französisches Parfüm gab, das man den deutschen Freundinnen geben oder manchmal den Ehefrauen oder dem Schatz in der Heimat schicken konnte, überzeugte den Oberst, ihn auf weitere Missionen dieser Art zu schicken. Frankreich, das gerade begann, sich vom Krieg zu erholen, war ausgeplündert. Es war versessen auf die Art von Konsumartikeln, die in Deutschland hergestellt worden waren. Obwohl die Fabriken im Dritten Reich auf Kriegsproduktion umgestellt worden waren, hatten viele noch große Mengen von Konsumgütern vorrätig und einige hatten die Produktion bereits wieder aufgenommen. Französische Unternehmer hatten ebenfalls begonnen, wieder jene Waren herzustellen, die sie zuvor nach Deutschland verkauft hatten.

Es gab noch keinen Rahmen für den Handel, den Geschäftsleute auf beiden Seiten der Grenze wollten. Sowohl die französische Regierung wie die US-Militärregierung in Deutschland kontrollierten den Grenzverkehr zwischen den Ländern streng. Wollte man Waren verkaufen oder tauschen, war der wichtigste Weg der Schwarzmarkt oder Operationen wie die von Ed.

Er begann, seine Reisen für die Verkaufsstelle unserer Einheit für den Handel in beiderlei Richtungen zu nutzen. Überall suchte er nach allem, was einen Marktwert hatte. Im Schwarzwald kaufte er

Kuckucksuhren. Er verkaufte sie in Paris und richtete dort in einer Bank ein Konto ein. Uhren aus Deutschland verkaufte er in Frankreich, Kosmetik aus Frankreich in Deutschland. Er erwarb Pariser Hüte, Damenunterwäsche und andere Modeartikel, die in Deutschland einen guten Preis brachten, und kaufte in Deutschland Kameras, optische Instrumente und medizinische Präzisionsinstrumente. Er schloss sogar einen Handel mit Musikgeschäften in Paris, an die er eine Ladung Hohner-Mundharmonikas verkaufte, die während des Krieges vom Weltmarkt verschwunden, in Deutschland aber noch zu haben waren. Einmal, als er die Waren verstecken musste, die er mit sich führte, besorgte sich Ed den Krankenwagen des Stützpunktes, um eine Inspektion zu umgehen. Außerdem hatte er immer genug Geld und Proben der Waren dabei, die er transportierte, um die Grenzposten, falls nötig, zu bestechen.

Edward hatte zwei Grundsätze. Der Erste war, bis zu 99 Cent zu investieren, um einen Dollar zu machen, solange genügend Masse da war, damit es sich auch für ihn lohnte. Der Zweite war sein Schwur, vor seinem 30. Lebensjahr Millionär zu werden, was ihm mehr als gelang, nachdem er nach dem Krieg in internationale Finanzierungsgeschäfte einstieg und damit reich wurde. Ed war mit mir nach St. Ottilien gekommen und hatte sich am Transport der Lebensmittel beteiligt. Manchmal brachte er noch mehr exotische Artikel wie Zahnpasta, Rasiercreme, Rasierklingen, patentierte Arzneimittel wie Aspirin und Alka Seltzer, sogar Candy-Riegel, die er trotz der strikten Rationierung für jeden Soldaten von der Verkaufsstelle unserer Einheit bekam.

Nach ein paar Monaten wurde die Verkaufsstelle des Stützpunktes Kaufbeuren geschlossen, um erweitert und neu organisiert zu werden. Das brachte Ed auf eine Idee. Wäre der Laden vielleicht bereit, anstatt sein ganzes Inventar für die zu erwartende sechswöchige Pause zu lagern und damit einen Großteil der Lebensmittel verderben zu lassen, seine Bestände direkt an Ed zu verkaufen? Er hätte dann ein Füllhorn für St. Ottilien: Fruchtsaftdosen, alkoholfreie

Getränke, Candy, Cracker, Zahnbürsten und Zahnpasta, Rasiercreme und Rasierklingen, Seife, Socken, Hemden und andere Artikel. Nicht genügend Lebensmittel, um die Kost der Überlebenden nachhaltig zu verbessern, aber genügend spezielle Artikel, die nützlich waren. Toilettenartikel wie Lotionen wären für die Moral der Männer und Frauen von besonderem Wert. Und die Kinder hätten haufenweise Kaugummi.

Ich war von Eds Vorschlag verblüfft. »Du kannst nicht die ganze Verkaufsstelle kaufen!«

»Warum nicht?«

»Weil... weil das nicht geht. Oder hast du schon einmal gehört, dass man das machen kann? Du kannst doch nicht einfach hineingehen und den ganzen Laden kaufen!«

»Mir ist nicht klar, warum nicht«, sagte Ed.

Bis heute weiß ich nicht genau, wie er es schaffte. Mit dem Segen des Offiziers der Verkaufsstelle, Lieutenant Albert L. Cusick, der aktiv den Deportierten half, tätigte Ed seine altruistische Investition. Er war vielleicht der einzige Soldat der US-Streitkräfte in der Geschichte, der persönlich eine Armeeverkaufsstelle aufkaufte. Es kostete ihn 450 Dollar, für heutige Verhältnisse nicht viel, aber zu einer Zeit, als 50 Dollar in der Woche in den USA als ein gutes Gehalt angesehen wurde und man mit zehn Dollar in der Woche in Deutschland eine Familie durchbringen konnte, war das eine beträchtliche Summe. Zu den Artikeln, die er kaufte, gehörten zehn Kisten Fruchtsäfte, 1950 Candy-Riegel, 600 Stück Lux-Seife, Zahnbürsten, Rasiercreme, Rasierklingen und Handtücher. Oberst Charles B. Tyler, Befehlshaber des Stützpunktes, wusste nicht nur von der Transaktion, sondern Ed gelang es auf irgendeine Weise sogar, seine volle Unterstützung zu erreichen. Der Oberst gab Ed sogar ein Auto, um die Waren abzuliefern.

Die Leute in St. Ottilien waren glücklicher, als wir sie je zuvor gesehen hatten. Zum ersten Mal seit Jahren erhielten sie Dinge, die in diesem Moment für sie die Aura von Luxusgütern hatten. Es gab Toilettenartikel, die sich kaum ein Patient für die nahe Zukunft auch nur erträumt hatte.

Selbst die Schwerkranken lächelten in ihren Betten und brachten genug Kraft auf, um sich mit der klarsten und kräftigsten Stimme, die sie aufbieten konnten, zu bedanken, als wir ihnen ein Stück Seife, eine Zahnbürste und Zahnpasta, ein Hemd und Socken gaben und mit Erlaubnis der Ärzte einen oder zwei Candy-Riegel. Wir hoben die Flaschen von Aftershave und Duftwasser für die Frauen auf. Es war das Parfümähnlichste, was sie seit Jahren gesehen hatten.

Einige der leichten Kleidungsstücke waren solange nützlich, bis es wirklich kalt werden würde. Und das Krankenhaus hatte jetzt mehr Aspirin, Alkohol und Taschentücher (für Verbände) als es bis dahin erhalten hatte.

Ein paar von uns saßen eines Abends zusammen und sprachen über Ed Hermans Großzügigkeit. Wir bewunderten seine Geschäftstüchtigkeit und seine Fähigkeit, einen Handel über die Bühne zu bringen, den wir unter jedweden Umständen für unmöglich gehalten hätten. Diejenigen unter uns, die alles in ihrer Macht stehende getan hatten, um den Leuten in St. Ottilien zu helfen, waren euphorisch, so dass etwas von Eds Coup auf uns abfärbte, wie Baseball-Fans sich über den Erfolg ihrer Heimmannschaft freuen, als hätten sie selbst den Sieg errungen.

Wir waren jung, hatten etwas getan, das uns leicht fiel und hatten unsere kleinen Ziele bald erreicht. Wir spürten den Erfolg, und in dem Gefühl, dass nichts Bestand hatte und dass alles ewig war, behandelten wir zuweilen die ernstesten Probleme des Lebens, als wären sie ein Spiel; eine froh gestimmte, frische Jugend in ihrer eigenen Welt, für die sich die Trennlinie zwischen Realität und Fantasie verwischte, die ihre Gläser mit einem alkoholischen Gebräu füllte, das in irgendeiner unbekannten Badewanne von irgendeiner unbekannten Hand in irgendeiner unbekannten Stadt in einem fremden Land zusammengerührt worden war und die sich, ungezwungen und frei, in ihren kleinen Momenten der Verantwortungslosigkeit verlor. Mit den Gedanken noch in St. Ottilien, schweiften, wenn wir wollten, unsere Gefühle woandershin, wie Piloten, die für ein oder zwei Stunden in die Schlacht flogen und dann dem Krieg für einen weiteren Tag mit sauberer Bettwäsche, einer heißen Mahlzeit, Whiskey, Frauen und einem Tipparary-Chor um ein Klavier herum den Rücken kehrten, während die Leute von St. Ottilien wie die atemlose Nachhut waren, die für ihre Feldverpflegung und ihren Kaffee aus ihren Löchern krochen, um sich mit stockendem Atem wieder zu verkriechen, ihre Körper vor Angst zitternd, ihre Haut gespannt, hart und aufgeplatzt, jeden Tag mit der ununterbrochenen, 24-stündigen Gewissheit, dass der Krieg nicht vor oder hinter ihnen, sondern beständig um sie herum und in ihrer Mitte war, und ihr Geist und ihre Gefühle nicht eine Sekunde vergessen konnten, dass jede Sekunde ohne Vorwarnung die letzte ihres Lebens sein konnte.

So lachten wir und scherzten und füllten unsere Gläser mit dem Scotch aus der Badewanne und tranken, als ob die einzige Realität des Lebens die sorglose Existenz wäre, die wir in jenem Moment schufen. Wir brachten einen Toast auf Ed und auf uns aus.

»Ed muss der gerissendste Geschäftsmann der Welt sein«, sagte Dee. »Wer sonst hätte es fertig gebracht, eine Armeeverkaufsstelle aufzukaufen.«

»Mit einem goldenen Herzen«, fügte ich hinzu.

Edward Herman hätte eine hübsche Summe verdienen können, wenn er die Waren auf dem Schwarzmarkt verkauft hätte. Doch alles ging nach St. Ottilien. Selbst ein paar von den Zigaretten. Es war äußerst großzügig von Ed, den Leuten auch Zigaretten zu geben. Damals wussten wir nicht, dass es das Letzte war, was diese kranken und sterbenden Menschen brauchten. Ich habe mich immer gefragt, ob sich Ed für seine Philanthropie wenigstens ein bisschen schadlos hielt, indem er die Zigaretten, die er nicht nach St. Ottilien gab, auf dem Schwarzmarkt verkaufte.

Ein anderer, wenn auch ungewöhnlicher Weg, um Lebensmittel für St. Ottilien zu bekommen, war die Einschüchterung der deutschen Behörden, die Zugang zu jenen Nahrungsmitteln hatten, die von der Militärverwaltung für die Zivilbevölkerung bestimmt waren.

Bei Gelegenheit fragte ich Dr. Grinberg, welche Art von Lebensmitteln wir für St. Ottilien besorgen sollten.

»Protein.«

»Und weiter?«

»Etwas Schweres. Stärke, wie zum Beispiel Kartoffeln.«

»Sie meinen, richtige Kartoffeln? Nicht das Kartoffelpulver vom Stützpunkt?«

Er nickte.

»Wie viel brauchen Sie sofort?«

»Von 100 Pfund könnten alle satt werden. Kartoffelsuppe, Kartoffelpfannkuchen, Kartoffeleintopf mit einigen Feldkräutern.«

»Es ist schwer, richtige Kartoffeln zu finden«, sagte ich. »Aber ich werde es versuchen.«

Ich lieh mir die Uniform von Lieutenant Jack Manheim aus, einem der Offiziere, die sich am engagiertesten für die Versorgung von St. Ottilien einsetzten. Um auf einen deutschen Amtsträger Eindruck zu machen, benötigte ich, wie ich wusste, eine Offiziersuniform einschließlich der Luftwaffenmütze. Um keine Armeebestimmungen zu verletzen, entfernte ich sorgfältig die Offiziersabzeichen. Ich setzte darauf, dass die Deutschen den Unterschied nicht bemerken würden. Ich fuhr zum Büro des Bürgermeisters von Buchloe nicht weit von St. Ottilien. Dee trug die Offiziersuniform – ebenfalls mit entfernten Rangabzeichen –, die ihm Lieutenant Cusick ausgeliehen hatte, und begleitete mich.

Die Sekretärin des Bürgermeisters bat uns in der Annahme, wir seien Offiziere, sofort herein. Ich stürmte mit strammem Schritt hinein, ließ meine Stiefelabsätze auf den Parkettfußboden knallen, machte eine angespannte und ungeduldige Miene und zog meine Augenbrauen gerade hoch genug, um herablassende Überlegenheit anzudeuten. So ernsthaft ich dieses Hollywood-Stereotyp eines Nazi-Offiziers improvisierte, musste ich mir doch ein Lächeln verkneifen, als ich merkte, dass mir der Bürgermeister mein Auftreten abkaufte. Es machte durchaus Spaß, so zu tun, als wäre ich Erich von Stroheim. Ich fragte mich, ob der Bürgermeister wohl den Film *Die große Illusion* gesehen hatte.

Dee, der Deutsch weder sprach noch verstand, folgte einige Schritte hinter mir, um den Eindruck zu vermitteln, ich sei wichtig genug, um einen Adjutanten zu haben. Ich ging direkt zum Schreibtisch des Bürgermeisters, nickte ihm knapp zu, während er aufstand, um mich zu begrüßen, und verkündete in meinem besten gutturalen Akzent: »Ick braucke morgen früh 100 Pfund Kartoffeln.«

Meine zwei Jahre Deutsch auf der High School machten ein intellektuelles Gespräch oder auch nur eine Unterhaltung mit halbwegs richtiger Grammatik unmöglich, aber ich beherrschte genug Deutsch, um mich verständlich zu machen. Auf die Deutschen, die Amerikaner gewohnt waren, welche weder Deutsch sprachen noch ein Wort Französisch oder irgendeine der anderen Sprachen verstanden, die die meisten Europäer beherrschten, wirkte ich nicht nur etwas, sondern möglicherweise sogar hochgebildet.

Der Bürgermeister stand reglos, überrascht nicht nur von der unerwarteten Forderung nach 100 Pfund Kartoffeln für den nächsten Morgen, sondern auch von meinem unerwarteten Abweichen von der üblichen Praxis, erst einmal zu Plaudern, bevor man sich dem Geschäftlichen zuwandte.

Er bot mir mit einem Nicken einen Stuhl neben seinem Schreibtisch an, bemerkte, dass ich keine Anstalten machte, mich zu setzen, war sich nicht sicher, ob er selbst sich setzen oder stehen bleiben sollte, verharrte einen Moment lang in halbgebückter Position und kam zu dem Schluss, dass er stehen musste, weil ich es tat.

Halb entschuldigend, aber mit der ganzen Überzeugungskraft, die er aufzubieten hatte, erklärte er mir, das in ganz Buchloe keine Kartoffeln vorhanden seien. Er wiederholte es, mehr um seiner Feststellung Nachdruck zu verleihen als sicher zu gehen, dass ich verstand: »Es gibt keine Kartoffeln in Buchloe.«

Ich machte eine lange Pause, hob meinen Kopf und versuchte, über meine Nasenspitze auf ihn herabzublicken. »Sind Sie nicht der Bürgermeister?«

»Jawohl.«

»Ich habe Kartoffeln gesehen in Buchloe. Was für ein Bürgermeister sind Sie denn, wenn Sie nicht sehen, was andere Menschen können sehen ganz offensichtlich?«

Dass ich ihn als Bürgermeister in Frage stellte, da er nicht wisse, dass es in seiner eigenen Stadt Kartoffeln gebe, wo ich doch wusste, dass es welche gab, beunruhigte ihn. Er sah sowohl seine Integrität wie seine Kompetenz herausgefordert. Er bestand darauf, dass es wirklich keine Kartoffeln gebe, dass er mich aber verständigen würde, wenn er dennoch welche fände.

»Wenn ich Kartoffeln kriegen kann, werde ich sie Ihnen gerne zukommen lassen, aber jetzt gibt es keine Kartoffeln.«

Beiläufig erklärte ich ihm, jedes Wort einzeln betonend, dass wir vielleicht einen anderen Bürgermeister brauchten, einen, der besser in der Lage sei, Kartoffeln zu requirieren. »Vielleicht brauchen wir einen stärkeren Bürgermeister, der auch Kartoffeln auftreiben kann?«

Noch bevor er antworten konnte, kehrte ich ihm den Rücken, schritt los und wandte mich an der Tür noch einmal um. »Ich werde morgen um acht Uhr hier sein. Dann erwarte ich 100 Pfund Kartoffeln. Egal, wie Sie die auftreiben.« Ich knallte die Hacken zusammen, schlug meine rechte Hand auf meinen Schenkel, fragte mich, ob der Bürgermeister Conrad Veidt in *Casablanca* gesehen hatte und marschierte aus seinem Büro. Dee folgte mir und krönte die dramatische Handlung, indem er die Tür hinter sich zuknallen ließ.

»Worum zum Teufel ging es da drin?« fragte er, als wir draußen waren.

»Der Bastard behauptet, es gebe hier keine Kartoffeln. Aber ich hab ihm gesagt, dass ich weiß, es gibt welche, und dass vielleicht ein anderer Bürgermeister besser informiert sei. Ich habe ihm erklärt, dass wir morgen früh um acht zurückkommen. Ich wette, dann warten 100 Pfund Kartoffeln auf uns.

Und so geschah es. Der Bürgermeister hatte zwei große Säcke voller Kartoffeln für uns.

»Ich habe die ganze Nacht gearbeitet«, sagte er. »Das ist alles, was ich auftreiben konnte.« Selbst wenn er die ganze Nacht damit verbracht hatte, alle verfügbaren Kartoffeln in Buchloe aufzutreiben – was, wie ich wusste, gelogen war –, hätte mich das nicht weniger kümmern können, und ich zeigte weder Mitgefühl noch Dank.

Ich reichte ihm unvermittelt eine Stück Papier, auf dem stand, dass sein Büro dem Deportiertenkrankenhaus St. Ottilien die Kartoffeln freiwillig spendete. »Bitte«, sagte ich zu ihm, mehr im Ton eines Befehls als einer Bitte. Er unterzeichnete das Schriftstück; ich nahm es, faltete es langsam und bedächtig und steckte es in meine Außentasche.

Ohne dem Bürgermeister auch nur zu danken, wies ich ihn an, die Säcke zu meinem Wagen nach draußen bringen zu lassen. Zwei junge Deutsche trugen sie unter Aufsicht des Bürgermeisters hinaus. Ich stieg in das Auto, starrte ihn einen Moment lang an, sagte, »Das gefällt mir«, um ihm zu zeigen, dass ich zufrieden war – nur für den Fall, dass ich ihn zu einem späteren Zeitpunkt erneut um Lebensmittel anhauen würde – und fuhr davon. Der Bügermeister schien nicht genau zu wissen, ob ich dankbar oder verärgert war. »Soll er sich ruhig Sorgen machen,« sagte ich mir. »Dann wird es das nächste Mal leichter, wenn ich Kartoffeln will.«

Als ich die Kartoffeln in St. Ottilien ablieferte, erzählte ich Dr. Grinberg von der Begegnung mit dem Bürgermeister und lachte über meine eigene Unverfrorenheit. »Ich ging zum Bürgermeister und trat wie ein Nazi-Offizier auf, und binnen 24 Stunden bekamen wir unsere Kartoffeln.«

Ich erinnere mich, dass Dr. Grinberg nicht einmal lächelte.

Kapitel 6

Gute Neuigkeiten

Es gab auch Positives.

Wir versuchten alles Mögliche, um Miriams und Adeles Eltern ausfindig zu machen. Sicher waren sich die beiden Schwestern nur, dass ihr ältester Bruder ein Schneider war und vor dem Krieg in Brooklyn lebte und arbeitete. Dorthin waren ihre Eltern gegangen. Aber nach Kriegsbeginn hatten der Bruder und die Eltern keinerlei Möglichkeit mehr, zu ihnen Kontakt aufzunehmen, ebensowenig wie sie selbst.

Einer der Offiziere auf dem Stützpunkt, Captain Maxwell Kirchner, hatte St. Ottilien besucht und sich bereit erklärt, den Versuch zu unternehmen, auf der ganzen Welt nach jedem bekannten Verwandten der Überlebenden zu suchen. Es gelang ihm, eine Reihe von ihnen zu finden, die daraufhin ihren Verwandten in St. Ottilien die Einwanderung in ihr Land ermöglichten.

Aber mit den Eltern von Miriam und Adele oder ihrem Bruder hatte er keinen Erfolg. Sie standen nicht in den Telefonbüchern der Stadtbezirke von New York. Die Gelben Seiten führten ihren Bruder nicht unter der Rubrik »Schneider« auf. Die New Yorker Tageszeitung *P.M.* veröffentlichte täglich Listen mit den Namen von Überlebenden in Europa, die ihre Verwandten in den Vereinigten Staaten suchten, und wir schickten der Zeitung eine Meldung mit den Namen der Schwestern, der Stadt, in der sie vor dem Krieg gelebt hatten und den Namen der Verwandten, die sie suchten. Doch es half nichts. Wir schalteten eine bezahlte Anzeige in der *New York Post* und eine Nachricht im *Jewish Daily Forward*. Keine Reaktion. Wir kontaktierten alle jüdischen Organisationen, die wir in New York finden konnten, und baten sie, die Eltern zu suchen. Nichts hatte Erfolg.

Wir begannen zu glauben, dass unsere Suche umsonst war, als ein bemerkenswerter Zufall geschah. Lieutenant Jack Manheims Eltern, denen er von den Schwestern und den Bemühungen, ihre Familie zu finden, geschrieben hatte, nahmen an einer Hochzeit in New York teil. Beim Hochzeitsessen erzählten sie die Geschichte der Schwestern ihren Tischnachbarn. Ein Mann bemerkte, dass der Sekretär seiner Landsmannschaft – einer Vereinigung, die sich um Beerdigungen und Hochzeiten kümmerte und Treffen von Einwanderern aus derselben Stadt oder demselben Gebiet organisierte – denselben Nachnamen habe wie die Schwestern, aus demselben Teil Polens stamme und Familienmitglieder habe, die zurückgeblieben seien, als der Krieg ausbrach. Um zwei Uhr morgens riefen sie Morris Schiff an. Er war tatsächlich Miriams und Adeles älterer Bruder. Er arbeitete in der Bekleidungsindustrie und war mehrere Jahre zuvor mit seinen Eltern von Brooklyn in die Bronx umgezogen.

Die Aufregung war groß, als Jack Manheim auf der anderen Seite des Atlantiks am frühen Morgen mit einem Telegramm aus New York zu den Schwestern eilte, in dem stand, dass ihre Familie gefunden war! Freudentränen flossen. Ihre Eltern begannen sofort, die Erlaubnis für ihre Einwanderung in die USA zu beantragen. Obwohl die Einwanderungspolitik der USA extrem restriktiv war, wurden bei Überlebenden der Konzentrationslager und Zwangsarbeitern, darunter auch Juden, die Verwandte ersten Grades in den USA hatten, Ausnahmen gemacht, sofern sich Letztere verpflichteten, für sie die Verantwortung zu übernehmen.

Jetzt war es wichtig, ihnen korrekte Dokumente mit ihren richtigen Namen zu verschaffen, um die Genehmigung vom Büro des

Außenministeriums im Hauptquartier der Militärregierung in München zu erhalten, die Schwestern zu einem Immigrationszentrum in Deutschland zu schicken und von dort zu einem Hafen und auf ein Schiff, das nach Amerika fuhr.

Sobald wir die Dokumente aus Amerika hatten, die bewiesen, dass die Eltern tatsächlich in den USA lebten und Miriam und Adele zur Einreise berechtigten, konnten wir die neuen Ausweise beantragen. Ich brachte die Dokumente nach München und zeigte sie dem Vertreter des Außenministeriums. Er war erst kurz zuvor aus den USA in München angekommen, um Bewerber, die in die USA einreisen wollten, unter die Lupe zu nehmen. Er weigerte sich, die Dokumente auch nur in Augenschein zu nehmen und wies mich rundweg ab. Ich solle in einigen Wochen wiederkommen, weil er sein Büro noch nicht richtig eingerichtet habe, um die Arbeit aufzunehmen. Er hatte schnell gelernt, dachte ich. Sein Verhalten war von der gleichen Art des gebieterischen Beiseitewischens, wie ich es bei so vielen Offizieren der Militärverwaltung gesehen hatte. Das nächste Mal, als ich ihn aufsuchte, bat ich Ed Herman, mich zu begleiten. Er verhielt sich genau so, wie beim ersten Mal und erklärte, wir sollten in ein paar weiteren Wochen wiederkommen, weil er noch nicht die offiziellen Dokumente und das Siegel des Außenministeriums habe, um die Genehmigung zu erteilen. Ich war kurz davor, in die Luft zu gehen, aber Ed wusste besser, wie man mit dieser Situation umgehen musste. In seiner sehr höflichen, sachlichen Art behandelte Ed unsere Bitte als eine Formalität, die natürlich erledigt werden würde, wenn wir in zwei Wochen zurückkehrten.

Als Ed und ich erneut vorsprachen, versuchte der Vertreter des Außenministeriums wieder uns abzuweisen. »Ich habe immer noch kein Schreibpapier«, insistierte er. »Ich habe noch nicht einmal einen Stift, mit dem ich schreiben könnte.«

Das war selbst für Eds gewöhnlich beherrschte, ruhige Art zu viel. Wenn Ed wütend wurde, konnte einem angst und bange werden. Er hatte die Statur eines Football-Spielers, und obwohl ich ihn noch nie bei irgendwelchen gewalttätigen Streitereien gesehen hatte, wirkte er wie jemand, mit dem man sich besser nicht anlegte. Er starrte den Amtsträger an, der sofort zurückwich.

Ed ging langsam und zielstrebig auf ihn zu. »Was soll das heißen, Sie haben weder Papier noch einen Stift?«, fragte er, während er immer näher auf den Mann zuging und jetzt nur noch wenige Zentimeter von ihm entfernt war. Ich dachte, Ed würde ihn beim Kragen packen und verprügeln. Der Mann muss das Gleiche gedacht haben, denn er begann zu zittern. Da er erst kurze Zeit in Europa war, mag er befürchtet haben, wir seien kaltblütige Infanterieveteranen, die ihn umstandslos töten würden. Zumindest aber musste ihm Eds drohende Haltung das Gefühl vermitteln, gleich eine ordentliche Tracht Prügel zu beziehen.

Ed nahm einen Stift aus seiner eigenen Tasche und griff sich ein Stück Papier vom Schreibtisch des Mannes. »Hier sind Stift und Papier. Ist es das, was Sie brauchen? Und jetzt machen Sie schon und schreiben Sie, was immer Sie schreiben müssen.«

Der Mann beeilte sich, Ed zu beruhigen. »Ich tu es. Ich hab es gleich morgen früh fertig. Bitte kommen Sie morgen wieder.«

Das taten wir. Zu unserer Überraschung hatte er die Papiere fertig, unterzeichnet und mit dem offiziellen Siegel des Außenministerium versehen. Wir brachten sie zu Miriam und Adele, die überglücklich waren. Nun war es mehr als nur ein Traum, auch wenn noch nicht klar war, wann sie abreisen würden. Sie standen jetzt auf der Liste des Außenministeriums, aber es gab so viele Immigranten aus verschiedenen Teilen Europas, die eine Einwanderungsgenehmigung erhalten hatten, dass es noch Monate dauern konnte. Miriam und Adele waren verpflichtet, sich regelmäßig beim Münchner Büro zu melden, um den Termin ihrer Abreise zu erfahren. Fürs Erste würden sie warten müssen. Viele Leute mit einer Einwanderungsgenehmigung mussten, wie sich später herausstellte, zwei und mehr Jahre in einem Durchgangslager warten.

Ich traf Dr. Grinberg in den folgenden Monaten häufig. Obwohl ich aufgrund meines Ranges kaum mehr tun konnte, als mein Mitleid auszudrücken, arbeitete ich mit anderen Soldaten weiter inoffiziell daran, St. Ottilien mit Lebensmitteln und anderen Gütern zu versorgen. Außerdem leitete ich Dr. Grinbergs Briefe weiter und schrieb selbst Mitteilungen an die Militärregierung in München, in denen ich detailliert die Bedingungen der Überlebenden in St. Ottilien beschrieb und um Hilfe bat.

Manchmal, wenn er Zeit hatte, saßen wir einfach da und redeten. Ich schätzte Dr. Grinberg auf etwa 40 Jahre und war selbst gerade erst 20 geworden, so dass unsere Unterhaltungen häufig eher Vater-Sohn-Gesprächen ähnelten als Unterhaltungen von Mann zu Mann. Obwohl ich nach außen Selbstbewusstsein und Stärke zur Schau trug, war durch meine Kindheit als einziges jüdisches Kind in einer äußerst antisemitischen Umgebung tief in mir viel Unsicherheit und Vorsicht zurückgeblieben. Dr. Grinberg erkannte das und versuchte, mein Selbstbewusstsein zu stärken. Ich verließ ihn dann mit einem besseren Gefühl, fühlte mich aber auch etwas schuldig, weil ich meinerseits nicht mehr für ihn tun konnte.

Eines Tages wirkte er sehr niedergedrückt.

»Sind Sie krank?« fragte ich.

»Ich bin traurig. Ich bin immer traurig dieser Tage, weil ich an meine Frau und meinen Sohn denke.«

Wie er mir schon erzählt hatte, waren kurz nach Einrichtung des Hospitals in St. Ottilien mehrere gesündere Patienten als Boten in die früheren Heimatländer und Heimatstädte der Überlebenden ausgesandt worden, um Hinweise auf lebende Familienangehörige zu sammeln und sie nach Möglichkeit ausfindig zu machen. Einer war nach Litauen gegangen, zu Dr. Grinbergs früherem Haus und seinen Nachbarn. Niemand habe seine Frau und seinen Sohn gesehen, erzählte mir Dr. Grinberg, aber der Bote hatte einen Überlebenden getroffen, der sie in einem der Lager gesehen und später gehört hatte, dass sie getötet worden seien.

Ich tat etwas, dass ich nie zuvor getan hatte: Ich legte meinen Arm um Dr. Grinbergs Schulter, um ihn zu trösten, obwohl ich mich neben diesem Mann, der so viel durchlitten und so viel getan hatte, um die Qual anderer zu lindern, immer noch wie ein Kind fühlte. Er klopfte mir auf die Hand. »Sie sind ein guter junger Mann«, sagte er. Dann korrigierte er sich und sagte: »Sie sind ein guter Mann.«

Ich war dankbar für seine Worte, fühlte mich aber gleichzeitig unwohl. Ich zog meinen Arm von seiner Schulter. Dr. Grinberg verstand.

»Sie sind sich Ihrer selbst noch nicht sicher«, sagte er. »Zum ersten Mal haben Sie versucht, mich wie einen Freund zu trösten, statt sich wie ein Bekannter oder jemand zu verhalten, der nicht auf der gleichen Stufe steht.«

Ich errötete und fühlte mich noch unbehaglicher. »Sie dürfen stolz auf sich sein, nicht als Junge, sondern als Mann«, sagte er. »Wenn Sie Selbstzweifel plagen, denken Sie an St. Ottilien, denken Sie daran, was Sie schon alles getan haben, um das Leben der Leute hier zu retten. Sehen Sie sich, wie andere Sie sehen.«

»Das sage ich mir auch«, antwortete ich, »aber ich bin mir über so vieles unsicher.«

»Seien Sie einfach Sie selbst«, sagte er. »Haben Sie keine Angst, in Ihrem Privatleben nach Ihren Grundsätzen und Gefühlen zu handeln, so wie sie keine Angst hatten, es in öffentlichen und politischen Dingen zu tun. Vergessen Sie nie, dass Sie mindestens so fähig sind wie andere. Knien sie vor niemandem nieder.«

Ich sagte ihm, wie dankbar ich ihm für sein Vertrauen und seinen Rat sei. »Ich spüre, dass Sie Recht haben, aber irgendwie bin ich nie ganz sicher.« Ich wollte das Thema wechseln und äußerte die Vermutung, dass seine Frau und sein Sohn noch am Leben sein könnten. Tatsächlich hatte ja niemand mit eigenen Augen gesehen, wie sie in die Gaskammern gingen, niemand hatte wirklich gesehen, dass man sie getötet hatte.

»Sie müssten schon seit mehreren Monaten befreit sein, wenn sie noch am Leben wären«, sagte Dr. Grinberg. »Unser Bote hat die

Nachricht hinterlassen, dass ich hier in St. Ottilien bin. Sie hätten sich mittlerweile bei mir gemeldet.« Dann sprachen wir über St. Ottilien. Er redete mit klarem Blick und ruhiger Stimme, entschlossen, seine Niedergeschlagenheit abzustreifen, um weiter denen zu helfen, die noch am Leben waren. Wir redeten über die immer dringlichere Notwendigkeit, Lebensmittel, Kleidung und Medikamente zu beschaffen, da schon die Herbstkälte in der Luft lag. Wir wussten, dass ohne Hilfe viele, vielleicht die meisten Leute in St. Ottilien den Winter nicht überleben würden.

Wir waren uns einig, dass Eisenhowers Befehl, allen Deportierten 1200 Kalorien am Tag zu geben, kaum einen Wert hatte. »Weil wir kein reguläres Displaced-Persons-Lager sind, hat uns die Militärregierung mitgeteilt, dass wir diese Rationen nicht bekommen können. Nicht dass es einen großen Unterschied machen würde, denn die regulären Deportiertenlager bekommen auch keine Lebensmittel. Die Militärpolizei, die die Lager beaufsichtigt, verkauft die Lebensmittel auf dem Schwarzmarkt und benutzt sie als Bestechung… wer weiß für was noch.« Er seufzte. »Manchmal glaube ich, die Amerikaner haben kein größeres Interesse an unserem Überleben als der Rest der Welt.«

Er erzählte mir, dass er Dutzende von Briefen an Hilfsorganisationen auf der ganzen Welt, darunter auch nach England und Amerika, geschickt habe. »Man würde doch meinen, dass wenigstens eine von ihnen antworten müsste. Aber nichts, keine einzige Antwort. Nicht einmal von den jüdischen Organisationen.«

Mitten in unserer Unterhaltung hielt er plötzlich inne und verharrte absolut reglos. Er bewegte nur seine Augen und starrte zur Tür. Die Tür öffnete sich und eine Frau trat ins Zimmer, gefolgt von einem Jungen. Sie sah Dr. Grinberg an, ihr Gesicht zusammengezogen und faltig wie bei den hungernden Häftlingen der Konzentrationslager, und versuchte zu lächeln, dann zu lachen, aber der Klang ihrer Stimme verwandelte sich in ein klagendes Schluchzen; sie weinte und dabei bebte ihr ganzer Kopf. Es kostete sie sichtlich

Kraft, sich auf den Beinen zu halten. Der Junge stand direkt hinter ihr und starrte Dr. Grinberg mit weit geöffneten Augen und offenem Mund an. Dr. Grinberg, der sich immer noch nicht bewegte, begann zu weinen. »Oh, mein Gott! Oh, mein Gott!« wiederholte er immer wieder. Plötzlich gab er sich einen Ruck und nahm die Frau in seine Arme, zog den Jungen mit in die Umarmung und begann, das Gesicht der Frau und des Jungen über und über mit Küssen zu bedecken. Seine Hände und Arme umfingen sie, berührten sie überall, streichelten sie, vergewisserten sich, dass sie real, dass sie wirklich da waren.

Ich stand auf, um zu gehen und sie allein zu lassen.

Dr. Grinberg sah mich an, seine Stimme tränenerstickt, und selbst in diesem erschütternden Augenblick nahm er sich die Zeit, mich vorzustellen: »Meine Frau, mein Sohn.«

Ich schüttelte schnell die Hände der beiden und ging zur Tür: »Ich freue mich so für Sie.« Ich bekam die Worte kaum heraus und stotterte, als die Tränen über meine Wangen liefen.

Dr. Grinberg nickte, vor Ergriffenheit bebend. Als ich die Tür hinter mir schloss, hörte ich, wie erst Dr. Grinberg, dann seine Frau und sein Sohn in Lachen ausbrachen.

Kapitel 7

Die Konferenz

Fast zwei Monate waren seit den Anfängen des Krankenhauses im Mai vergangen, und St. Ottilien hatte immer noch keinerlei offizielle Hilfe erhalten, weder von der Armee oder der Militärregierung noch von irgendeiner internationalen, amerikanischen oder jüdischen Hilfsorganisation, die große Summen von Regierungen, Unternehmen und Privatleuten erhielten, um den Deportierten in Europa zu helfen.

Zu dieser Zeit waren beinahe alle Patienten des Krankenhauses Juden. Sie waren in der erbärmlichen Lage, von den Deutschen Lebensmittel erbetteln zu müssen. Die Militärregierung hatte die Verteilung der Nahrungsmittel in die Hände der Gemeinden und Städte gelegt. Aber nur wenige Bürgermeister waren gewillt, Flüchtlingen irgendetwas zu geben, schon gar nicht den Juden. Ich fragte mich, wie viele Deutsche sich wohl hämisch darüber freuen mochten, dass sie, die Täter und Kriegsverlierer, reguläre Lebensmittelrationen erhielten, während die Juden, ihre verfolgten Opfer in all den Jahren, unter der Besatzung ihrer vermeintlichen Befreier, den siegreichen Amerikanern, weiterhin hungern mussten.

Obwohl wir wussten, dass in vielen Städten und Gemeinden die Offiziere der lokalen Militärverwaltung die Schuld daran trugen, war uns auch klar, dass entsprechende Befehle höherer Stellen die Lage erheblich verbessert hätten. General George S. Patton, der zunächst das Kommando über die amerikanische Besatzungszone in Deutschland hatte, schien wenig zu tun, um die Deutschen zu bestrafen oder ihre Opfer zu rehabilitieren. Historiker erklärten später Pattons Eifer, den Deutschen auf Kosten der Nazi-Opfer dabei zu helfen, ihre Stärke wiederzugewinnen, mit seiner vehement antikommunistischen Haltung, blieben doch auf diese Weise die Deutschen als starker Feind der Sowjetunion erhalten. Einigen anderen Stimmen zufolge waren antisemitische Ressentiments, die man dem General nachsagte, der Grund für seine feindselige Haltung gegenüber Deportierten und Überlebenden der Konzentrationslager. General Eisenhower hatte in Paris mehr als einmal erklärt, dass die überlebenden Juden in Deutschland bevorzugt behandelt werden sollten. Damals hatte man jedoch den Eindruck, dass Eisenhower, wenn überhaupt, nur wenig tat, um sicher zu gehen, dass seine Anordnungen auch befolgt wurden.

Wann immer ich Dr. Grinberg in jenen Monaten sah, wirkte er immer deprimierter. »Die Leute hier haben die Hoffnung verloren«, sagte er mir eines Tages. »Wir dachten, die Amerikaner würden uns wenigstens das Lebensnotwendigste geben, aber es scheint unser Schicksal zu sein, es heute ebenso entbehren zu müssen wie vor und nach dem Krieg.«

Obwohl zwei Monate in einem normalen Leben nicht lang erscheinen mögen, können sie für kranke, hungernde und sterbende Menschen eine unendlich lange Zeitspanne sein. Schließlich schienen Dr. Grinbergs Briefe an Hilfsorganisationen doch Aufmerksamkeit zu erregen. Die United Nations Relief and Rehabilitation Administration (UNRRA) schickte eine Delegation, um die Bedingungen und Bedürfnisse in St. Ottilien zu untersuchen. Sechs oder sieben UNRRA-Repräsentanten blieben eine ganze Woche in der Gegend. Ich traf mehrere von ihnen, als ich eines Tages St. Ottilien besuchte.

Sie nahmen alles genau unter die Lupe: die Lebensbedingungen, medizinischen Ressourcen und Pflege, Lebensmittelbedürfnisse und -verfügbarkeit, den Mangel an Kleidung. Sie redeten mit Dutzenden von Patienten, um festzustellen, welche psychologische und materielle Hilfe für sie vonnöten wäre. Bevor sie gingen, versicherten sie Dr. Grinberg, dass sie Hilfe schicken würden, was auch wirklich geschah: Sechs Monate später, im Januar 1946, als das Schlimmste bereits überstanden war. Vielleicht als Ausgleich für diese Verspätung brachte das Team der UNRRA, das schließlich in St. Ottilien eintraf, nicht nur Versorgungsgüter, sondern half den Überlebenden bei den notwendigen Formalitäten, damit sie zu Verwandten fahren konnten, die man in anderen Ländern aufgespürt hatte.

Besser spät als nie, mochten sich die UNRRA-Vertreter gesagt haben. Nur galt das nicht für jene, die aufgrund des Mangels an Lebensmitteln und Medikamenten in der Zeit zwischen dem ersten UNRRA-Besuch und der schließlich eintreffenden Hilfe starben. Für sie kam jede Hilfe zu spät.

Nach der Enttäuschung des ersten unproduktiven Besuchs der UNRRA flammte die Hoffnung am 15. Juli 1945 wieder auf, als eine Gruppe von fünf Männern nach St. Ottilien kam. Sie waren Repräsentanten des Joint Distribution Committee (JDC), einer privaten Hilfsorganisation aus den USA, die Gelder erhielt, um Überlebenden in Europa zu helfen. Der Leiter war ein gewisser Dr. Rock. Er erklärte Dr. Grinberg, man sei gekommen, um St. Ottilien zu besuchen und »die Kinder zu sehen«. Dr. Rock wurde von einem Mr. Halzer und einem Dr. Hyton begleitet. Nach mehreren Tagen teilte Dr. Rock Dr. Grinberg mit, dass man helfen wolle, und es schien wirklich, dass er sein Versprechen einlösen wollte, als nämlich kurz darauf Harold Trobe, der Leiter der europäischen Sektion des JDC, eintraf. Doch er brachte keine Hilfe, sondern nur die Entschuldigung, das JDC könne keine Hilfe leisten, weil es angeblich von den US-Behörden behindert wurde. Aber er gab keine Erklärung, welche Beschränkungen dem JDC auferlegt worden waren und warum.

Dann kam ein weiterer Vertreter des JDC nach St. Ottilien, ein Dr. Pearl vom Büro in Frankreich. Er untersuchte ebenfalls die Bedingungen im Lager. Als er abreiste, wurde er deutlicher als seine Vorgänger und riet Dr. Grinberg, keine Hilfe vom JDC zu erwarten. Er nannte keine Gründe. Das JDC hielt Wort. Bei meinem letzten Besuch in St. Ottilien vor meiner Rückkehr in die USA im März 1946 teilte mir Dr. Grinberg mit, dass das JDC immer noch keine Hilfe geschickt hatte.

Im Juli wurde St. Ottilien als offizielles Displaced-Persons-Camp registriert. Zunächst wurde dies allgemein begrüßt. Wir nahmen an, dass dieser Status St. Ottilien zumindest ein Anrecht auf minimale Versorgungsrationen und offizielle Hilfe der US-Armee geben würde. Doch die tatsächlichen Konsequenzen sahen ganz anders aus.

Ich bemerkte den neuen Status zuerst bei einer unserer Lebensmittelfahrten nach St. Ottilien. Soldaten mit Armbinden der Militärpolizei errichteten einen Stacheldrahtzaun um den Bereich, in dem die Holocaust-Überlebenden einquartiert waren. Sie waren dabei, am Eingang zum Hospital ein großes Tor zwischen zwei Mauern zu errichten. Da sie noch nicht fertig waren, fuhren wir ungehindert an ihnen vorbei zum Büro von Dr. Grinberg und trugen unsere Lebensmittelpakete hinein.

»Sie bauen einen Zaun«, erklärte Dr. Grinberg, »weil wir Unpersonen sind. Ihr Militärkommando hat angeordnet, dass alle offiziellen Displaced Persons in bewachte Lager gesteckt werden.«

»Warum?« fragte ich.

Er wusste es nicht. Man hatte ihm erzählt, es sei zum Schutz der Überlebenden vor Agitation von außen durch aufgebrachte Deutsche, die weiter Rache an den Juden nehmen wollten, weil Lebensmittel und Wohnraum in Deutschland, das noch nicht mit dem Wiederaufbau begonnen hatte, weiterhin knapp waren. Seiner Meinung nach sei der wahre Grund möglicherweise, die Überlebenden davon abzuhalten, in die Städte zu gehen, um in Konkurrenz mit den Deutschen nach Lebensmitteln und Kleidung zu suchen. Er hatte auch gehört, dass die Militärregierung sich Sorgen machte, dass viele Überlebende mit ansteckenden Krankheiten – zu deren Bekämpfung sie noch keine Medikamente und medizinische Hilfe geliefert hatte – die deutsche Bevölkerung infizieren könnten, wenn ihnen freier Ausgang gewährt würde. Dr. Grinberg hielt solche Befürchtungen für übertrieben, und sie legten zudem nahe, dass er als Arzt verantwortungslos genug sei, Patienten mit ansteckenden Krankheiten Ausgang zu erlauben.

Ich sprach mit Ed Herman über diese Begründung und wir fanden es beide verwunderlich, welche besonderen Anstrengungen die Militärregierung unternahm, die Gesundheit der Täter zu schützen, während sie nichts tat, um die Gesundheit der Opfer zu gewährleisten. Eine derartige Absurdität hätte Joseph Hellers Roman *Catch-22* entnommen sein können.

»Also ziehen sie einen Stacheldrahtzaun um uns«, sagte Dr. Grinberg. »Ein weiteres Konzentrationslager. Ein amerikanisches.«

Den Wagen, mit dem wir an jenem Tag gekommen waren, fuhr, wenn ich mich recht entsinne, einer der Jungs aus unserem Geschwader, die im Armeegefängnis ECPC gewesen waren. »Was bauen die da, verdammt nochmal? Ein ECPC in Deutschland?« sagte er, als er den Stacheldrahtzaun sah. Nachdem wir die Lebensmittel abgeliefert hatten, gab er absichtlich Gas, als wir durch das offene Tor kamen, so dass eine Auspuffwolke die Wachen einnebelte. »Ich hoffe, ihr erstickt dran«, fluchte er. Er gab erneut Gas, als wir auf die Straße bogen und steckte den Kopf aus dem Fenster: »Ersticken sollt ihr, Arschlöcher!«, rief er erneut zu den Militärpolizisten zurück, sobald wir außerhalb ihrer Reichweite waren. Ich weiß nicht, ob uns die Militärpolizisten hörten oder nicht, aber den ganzen Weg zurück nach Kaufbeuren war uns wohler zumute.

Die Verantwortung für die verschiedenen Deportiertencamps trug nun die Militärpolizei. Eine ihrer Anordnungen war, keine Waren ins Lager zu lassen, die nicht genehmigt waren, auch keine Lebensmittel. Tatsächlich wurden wir das nächste Mal am Tor von den Militärpolizisten angehalten, und die Lebensmittel, die sie im Wagen fanden, wurden konfisziert.

Doch gemeinsam mit Dr. Grinberg fanden wir einen Weg, um Nahrungsmittel einzuschmuggeln. Ein Raum im ersten Stock eines der Gebäude, der aussah, als wäre er als Turn- oder Übungsraum benutzt worden, war in einen provisorischen Betraum umgewandelt worden. Eine Lade war in eine der Wände gemauert worden und von irgendwoher hatte man eine Torarolle bekommen. Gottesdienste gab es freitags und samstags. Das war die Gelegenheit. Alle paar Wochen fuhren mehrere von uns nach St. Ottilien und gaben vor, am Gottesdienst teilnehmen zu wollen. Manche waren nicht einmal Juden und von den übrigen waren nur wenige religiös. Aber wir wussten, dass die Militärpolizei dank des traditionellen amerikanischen Respekts vor der Religion uns nicht abhalten würde, dem Gottesdienst beizuwohnen. Unter unseren Jacken und in unseren Taschen – als es kälter wurde, unter unseren Mänteln – versteckten wir so viele Lebensmittel, wie wir nur konnten.

Die Militärpolizei ließ uns durch das Eingangstor fahren und wir parkten vor dem entferntesten Haus etwa 100 Meter weiter neben dem Gebäude, in dem Dr. Grinbergs Büro lag. Sobald wir den Wagen abgestellt hatten, kamen Tito und die anderen Kinder des Lagers angerannt. Ihr großes Hallo und ihre Bitten um Kaugummi erweckte bei der Militärpolizei keinen Verdacht. Zusammen mit dem Kaugummi und den Candy-Riegeln gaben wir ihnen so viele eingeschmuggelte Lebensmittel, wie ihre kleinen Arme tragen konnten, und sie verschwanden damit rasch um die Gebäudeecke. Die Entfernung war zu groß und der Winkel für die Militärpolizisten zu ungünstig, um etwas zu sehen. Falls jemand von ihnen etwas bemerkt hatte oder einen Verdacht hegte, unternahm er jedenfalls nichts dagegen.

Die Lage in St. Ottilien war schon schlimm genug, aber beinahe wäre sie noch ernster geworden, denn die Überlebenden wurden fast aus ihren Krankenquartieren geworfen. Sie waren seit zwei Monaten in St. Ottilien und die Geistlichen des Klosters waren unglücklich, hatten sie doch gehofft, dass die Besetzung der vier Gebäude nur vorübergehend sei und die Besatzungsmächte besondere Einrichtungen für die Kranken und Schwachen unter den ehemaligen KZ-Häftlingen bereitstellen würden. Das Krankenhaus in St. Ottilien hatte bereits mehr als 500 Leute entlassen, die dort genesen waren, aber täglich kamen weitere an. Es hatte nun 800 Patienten. Bei den Geistlichen musste der Eindruck entstehen, dass sie auf unabsehbare Zeit Juden in ihrem Kloster haben würden. So reifte unter ihnen der Entschluss, die »Juden loszuwerden«.

Die Kirchenoberen gingen zu Captain Colle von der Militärverwaltung Landsberg und baten darum, die Gebäude zurückzuerhalten. Colle zeigte sich uneingeschränkt kooperativ und sagte Dr. Grinberg, dass seine Mitarbeiter und alle Patienten gehen müssten. Das Hospital seinerseits wandte sich an das regionale Militärkommando in München, das Colle Einhalt gebot. Nun versuchte Colle, dem Krankenhaus zwei der Gebäude wegzunehmen. Das hätte zu einer Überfüllung geführt und die Arbeit im Hospital praktisch zum Erliegen gebracht. Doch Dr. Grinberg fand Anteilnahme bei den Offizieren in der Militärverwaltung von Landsberg, Captain Trott und Lieutenant Friedland, die Colle erneut stoppten und sich in der Folgezeit nach Kräften bemühten, dem Krankenhaus zu helfen. Das Hospital bliebt in St. Ottilien.

Obwohl viele weitere Überlebende nach St. Ottilien kamen, starben Dutzende anderer. Trotz der Bemühungen von Dr. Grinberg, des wieder genesenen Dr. Katz und mehrerer anderer Ärzte, die nun wieder einsatzfähig waren, blieb die medizinische Ausstattung katastrophal.

Was konnten wir tun? Wie konnten wir die kritische Lage der Überlebenden bekannt machen, bevor es vollends zu spät war? Sicher, so dachten wir, würde die amerikanische Öffentlichkeit helfen wollen, wenn sie wüsste, was hier passierte. Sicher würden vor allem die Juden Amerikas, von denen die meisten Familienmitglieder und Freunde im Holocaust verloren hatten, ihr Möglichstes tun.

St. Ottilien stand mit seinem Leid und seiner Angst nicht allein.

Ähnliche Lager für Deportierte in ganz Deutschland und Österreich litten unter vergleichbaren katastrophalen Zuständen.

Am 25. Juli 1945 fand mit Genehmigung der Besatzungsmächte die erste Konferenz der jüdischen Überlebenden des Holocausts der amerikanischen und britischen Besatzungszonen in St. Ottilien statt. Ich fuhr hin. Die Teilnehmer kamen aus den Deportiertenlagern, die mehr oder weniger den gleichen Mangel litten wie St. Ottilien. Eines der Ziele war, eine Art Organisation zu bilden, die durch gemeinsame Anstrengungen die Unterstützung erreichte, die sie alle so verzweifelt benötigten. Ein weiterer Zweck war, das internationale Schweigen über ihre schlimme Lage zu brechen und die Aufmerksamkeit der Presse zu erreichen, indem man gemeinsam an die Öffentlichkeit ging. Außerdem wollte man sich gegenseitig Kraft geben, die Probleme mit den anderen teilen und einander Mut machen. Ein ganz wichtiges Ziel war für viele darüber hinaus, die psychologischen Ketten der vorangegangenen Jahre, die sie immer noch fesselten, zu brechen und gemeinsame Ziele für die Zukunft zu formulieren.

Jüdische Vertreter aus den Displaced-Persons-Lagern in der sowjetischen und französischen Besatzungszone wurden ebenfalls eingeladen, aber Erstere lehnten ab, weil sie gut behandelt würden und keinen Grund sähen, sich zu organisieren, um bessere Bedingungen zu erreichen. Wir wussten nicht, ob das der Wahrheit entsprach oder nicht. Die amerikanische Militärregierung hatte die Kommunikation zwischen uns und den Russen nach den ersten ungestümen Tagen der Verbrüderung, die unserem gemeinsamen Sieg über Hitler folgte, abgeschnitten. Die Überlebenden der französischen Zone kamen nicht zur Konferenz, weil – wie einige der anderen Delegierten sagten – eine antisemitische Kampagne der französischen Besatzungsstreitkräfte nahezu alle jüdischen Deportierten aus der Zone getrieben hatte und die Verbliebenen sich nicht frei bewegen durften.

Trotz der Dringlichkeit der Situation benahmen sich die Delegierten wie Konferenzteilnehmer seit unvordenklichen Zeiten. Sie organisierten Komitees und Ausschüsse und diskutierten über Verfahrensfragen und parlamentarische Regeln. Vielleicht war die Rückkehr in die Normalität bürokratischer Bedächtigkeit für sie ein Weg, in eine Welt zurückzukehren, aus der man sie so abrupt herausgerissen hatte. Sie arbeiteten mehrere Tage und Nächte lang hart, um Dokumente auszuarbeiten, in denen sie die Hoffnung für die Zukunft der verbliebenen europäischen Juden skizzierten.

Vertreter verschiedener Lager in der britischen und amerikanischen Besatzungszone gaben kurze Beschreibungen der Bedingungen, unter denen sie lebten. Alle berichteten von ganz ähnlichen Erfahrungen. Die erste Reaktion der Gefangenen nach der Befreiung aus den Todeslagern war unbändiger Überschwang. Weil sie hofften, sofort Hilfe zu erhalten, taten sie zunächst wenig, um selbst ihre Lage zu verbessern. Aber sie wurden rasch und brutal aus ihren Träumen gerissen und mussten erkennen, dass die Verbesserung ihrer Situation allein ihrer Initiative oblag und sie keine Hilfe von außen zu erwarten hatten. Sie schreckten vor dieser Aufgabe nicht zurück. »Wir entschlossen uns«, wie Dr. Grinberg es bei der Konferenz ausdrückte, »unsere Zukunft aus eigener Kraft zu schaffen«.

Eine Zukunft, die sich lohnte und von Dauer war, war auf Menschen mit Rechten und materiellen Ressourcen angewiesen. Sie konnte nicht von Menschen geschaffen werden, denen es am Lebensnotwendigsten fehlte und die zudem von den Ländern, die noch kurz zuvor versucht hatten, sie zu vernichten, behindert und von jenen Staaten im Stich gelassen wurden, die sie befreit hatten. Eine solche Zukunft konnte nur so tragisch und hoffnungslos sein wie das Leben, das so viele in den Deportiertencamps führen mussten.

Einer nach dem anderen dieser Männer (ich erinnere mich an keine Frau, die das Wort ergriff), abgemagert und in viel zu großen oder zu kleinen Anzügen, berichtete mit manchmal wütender, manchmal resignierter Stimme, was in ihren jeweiligen Lagern geschah. Das Muster war immer das Gleiche. Obwohl es keine offizielle antijüdische Politik gab, mussten die Überlebenden aufgrund

Im Juli 1945 gründeten befreite Juden in Bayern ein Komitee: Dr. Zalman Grinberg ist der Dritte von links; zu seiner Rechten Captain Abraham Klausner (Aus der Mintzer Collection, Magnes Museum)

der Einstellungen und Handlungen der einzelnen amerikanischen und britischen Kommandeure und der Einheiten, die für die Lager verantwortlich waren, ähnliche Erfahrungen machen wie in den vorangegangenen Jahren unter den Deutschen.

Ein Herr Roisen aus dem Bezirk Salzburg in Österreich erzählte von den Nöten, die er und die anderen seiner Gruppe auszustehen hatten. Das größte Hindernis für seine Leute sei die antijüdische Haltung der österreichischen Zivilbehörden, die, obwohl sie die

Besiegten des Krieges waren, den Bezirk mit nahezu derselben Machtfülle beherrschten, die sie unter den Nazis gehabt hatten.

Diese Klage war immer wieder zu hören. Es war klar, dass die Militärregierungen der amerikanischen und britischen Besatzungsmacht kaum ernsthafte Anstrengungen unternahmen, das Denken und Handeln der Deutschen und Österreicher in demokratische Bahnen zu lenken; vielmehr hatten sie dem Volk und den Amtsträgern erlaubt, in ähnliche politische Einstellungen und Haltungen wie unter dem Nationalsozialismus zurückzufallen.

Weil die Überlebenden im Bezirk Salzburg auf die Gnade der Zivilverwaltung angewiesen waren, so berichtete Roisen, gebe es in den Lagern nicht genug Lebensmittel und Kleidung. Sie seien gezwungen, in Schmutz und Dreck zu leben und erhielten nicht einmal das Notwendigste, um das Lager sauber zu halten und den fatalen Konsequenzen möglicher Seuchen vorzubeugen.

Roisen beschrieb auch die Bedingungen im Lager Mauthausen – das ehemalige Konzentrationslager der Nazis –, die sich in nichts von Salzburg unterschieden. Mauthausen hatte das zusätzliche Problem, dass dort sehr viele Kranke untergebracht waren. Die Besatzungskräfte stellten keine Ärzte, Krankenschwestern oder Medikamente zur Verfügung. Die einzige Hilfe für die Kranken kam von den anderen im Lager, die sich um sie kümmerten.

Die Unterkünfte in Mauthausen, zuvor Baracken des Konzentrationslagers, waren so elend und überfüllt, dass die Überlebenden um andere baten. Die Militärregierung organisierte einen Umzug, aber als die Insassen die neuen, völlig verlausten Quartiere sahen, die schlimmer waren als die alten, weigerten sie sich zu gehen. Die Behörden seien darüber so erbost gewesen, berichtete Roisen, dass sie unverzüglich alle Lebensmittelrationen für das Lager strichen. Die einzigen Lebensmittel, die die Lagerinsassen danach bekamen, stammten von einzelnen amerikanischen Soldaten des Bezirks.

Ein Herr Reichhardt berichtete über andere Lager in Österreich. »Die Juden in Wies leben in Angst und Schrecken und hungern«, sagte er auf der Konferenz. Direkt nach der Befreiung habe es etwa 3000 Juden im Bezirk gegeben, aber die Sterblichkeitsrate sei sehr hoch, weil man bislang weder Nahrung noch Medikamente erhalten habe. Die Überlebenden dort beklagten sich bitter bei den amerikanischen Behörden, doch ohne Erfolg. Einige von ihnen versuchten daraufhin, sich durch Diebstahl oder auf andere Weise Lebensmittel aus der Stadt zu beschaffen. Das rief die Behörden auf den Plan. Die amerikanischen Streitkräfte lösten das Problem, indem sie eine Armeeeinheit mit der Aufsicht des Lagers betrauten, die mit vorgehaltenen Waffen die Gebäude durchsuchte und gewaltsam gegen einige der Rädelsführer vorging.

Was machte es für einen Unterschied? Wenn sie an Hunger sterben mussten, konnten sie ebenso gut auch durch Schläge sterben, und so setzten sie ihren Protest fort. In dem Versuch, den Aufstand zu beenden, ordnete die Militärregierung schließlich an, dass jede Person 1200 Kalorien täglich erhalten sollte. Obwohl dies weniger war, als jeder Österreicher in dem Gebiet erhielt, hätte es ausgereicht, um sie am Leben zu halten. Aber es stellte sich heraus, dass man ihnen tatsächlich nur 700 Kalorien am Tag gab. Was geschah mit den übrigen Lebensmitteln? Das meiste landete auf dem Schwarzmarkt; einiges wurde abgeschöpft und begünstigten österreichischen Zivilisten gegeben. Die Proteste gingen weiter und eines Nachts wurden, so erzählte Reichhardt, 30 Juden im Lager verhaftet und ohne Angabe von Gründen bis zum folgenden Morgen inhaftiert.

»Die Schreckensherrschaft ging weiter«, sagte Reichhardt. Nicht durch die Nazi-Sturmtruppen, sondern durch die amerikanische Militärpolizei. Jeder Kontakt nach außen wurde unterbunden; Lebensmittel und Kleidung von der Militärpolizei zurückgehalten, bis die Frauen im Lager mit ihnen schliefen. Das Wort »Vergewaltigung« wurde damals in diesem Zusammenhang nicht benutzt; im Rückblick gibt es jedoch keinen Zweifel, dass amerikanische Soldaten Überlebende vergewaltigten.

Die amerikanische Militärpolizei trage ihre Waffen immer offen zur Schau, so Reichhardt. Er erzählte von einem Zwischenfall im Lager von Urfell, wo ein Überlebender von einem amerikanischen Soldaten erschossen worden sei, welcher behauptete, er habe nur mit dem Gewehr »gespielt«.

Man muss sich ein Bild davon machen, was diese Überlebenden während des Krieges durchgemacht hatten, um den blanken Horror zu verstehen, der sie nach dem Krieg ergriff. Die Frauen waren am verletzlichsten. Eine Frau – ich nenne sie Tania – erzählte mir eines Tages von ihrem Leben im Konzentrationslager.

»Soll ich Ihnen erzählen, was ich zwei Jahre lang im Lager getan habe?« fragte sie mich, wohl wissend, dass mir andere Überlebende schon davon erzählt hatten. »Als sie meinen Ehemann und mein Kind in Birkenau töteten, warum, glauben Sie, verschonten sie mich? Weil ich jung und hübsch war. Weil ich für sie nützlich sein konnte. Sie steckten mich in ein Zimmer im Lager, in ein Gebäude mit anderen Frauen. Sie nannten es den Erholungsbereich für die deutschen Soldaten im Lager und jene, die dort durchkamen. Zwei Jahre lang kamen Tag und Nacht Soldaten. Ich hörte auf, in Tagen oder Wochen zu denken. Ich sah die Sonne und die Sterne nicht mehr. Zwei Jahre lang lag ich nur auf dem Rücken, Tag und Nacht. Was schätzen Sie, wie viele deutsche Soldaten es über die Jahre waren? 3000? 5000? 10000? Ich weiß es nicht. Ich will es nicht ausrechnen, weil es zu sehr weh tut, daran zurückzudenken. Zuerst war ich dankbar, wenn meine Menstruation kam. Sie ließen mich fast eine Woche in Ruhe. Aber dann hatte ich Zeit zum Nachdenken und nach einer Weile begann ich, die Zeit des Alleinseins zu fürchten. Wissen Sie, wie viele Abtreibungen ich in diesen zwei Jahren hatte? Ich konnte im vierten oder fünften Monat schwanger sein, bevor sie es bemerkten und mich ins Krankenhaus brachten. Wenigstens drei oder vier Abtreibungen. Manchmal, wenn eine Frau schwanger wurde, töteten sie sie einfach. Einige der Frauen starben während der Abtreibung. Sie hatten Glück.«

Nachdem wir die Berichte von amerikanischen Militärpolizisten gehört hatten, die Überlebende vergewaltigten, sagte Tania zu mir: »Was ist der Unterschied zwischen euch Amerikanern und den Deutschen, außer dass ihr keine Gaskammern habt?«

Den Großteil des Tages gingen die Berichte weiter, immer und immer wieder die gleichen Geschichten, und es machte sich ein Gefühl der Hilflosigkeit breit. Einige Orte waren besser als andere. In den neu errichteten Displaced-Persons-Lagern in Belsen und Buchenwald zum Beispiel waren die Bedingungen Berichten zufolge mit angemessenen Lebensmittel- und Kleidungszuteilungen zumindest befriedigend. Die Situation war in den einzelnen Lagern der amerikanischen Zone unterschiedlich. Bis zu einem gewissen Grad lag der Mangel an Hilfe an der Inkompetenz der amerikanischen Verantwortlichen; es schien keine klare Koordination zu geben. Die größte Enttäuschung, von der alle Vertreter der Überlebenden berichteten, war jedoch, dass keine Unterstützung von den jüdischen Gemeinden der Welt kam. Nicht eine einzige jüdische Organisation im Ausland, nicht einmal aus dem wohlhabenden Amerika, war ihnen nach der Befreiung zu Hilfe gekommen.

Ich spürte eine wachsende Wut – Wut gegen mein eigenes Land und gegen die Armee, der ich während des Krieges stolz gedient hatte, um den Nationalsozialismus zu besiegen. Aber war der Nationalsozialismus wirklich besiegt worden, oder wurde er von der siegreichen Armee übernommen? Nachdem die Augenzeugenberichte abgeschlossen waren, war die Konferenz für diesen Tag zu Ende. Ich fand es schwierig, den Leuten, die auf meine US-Militäruniform starrten, in die Augen zu sehen. Ich war nicht für die Handlungen der Amerikaner verantwortlich, aber ich verspürte trotzdem ein Gefühl der Schuld.

Wie schlimm die Situation und die Zukunft sich im Moment auch darstellten, durch alle Deportiertenlager in Europa mit jüdischen Überlebenden ging ein Ruf, der gegenüber jeder Person und jeder Organisation, die die Lager besuchten, wiederholt wurde: »Lassen Sie uns nach Palästina gehen.« Viele der Überlebenden hatten Verwandte in den USA, und sobald sie ihre Angehörigen aufspüren konnten und die US-Bürokratie sich bequemte, Visa auszustellen und Transportmittel bereitzustellen – was in manchen Fällen Monate oder gar Jahre dauerte –, wanderten sie nach Amerika aus. Ähnlich verhielt es sich, wenn die Überlebenden Verwandte in England hatten. Aber die überwältigende Mehrzahl hatte nirgendwo mehr Verwandte, die man am Leben gelassen hatte.

Sie hatten ihre Lektion gelernt. Nach dem Ersten Weltkrieg, in dem mehr als eine Viertelmillion europäischer Juden getötet worden war, viele davon in Pogromen, hatten sie gedacht, dass das Ende des Krieges das Ende der Tyrannei bedeutete und sie ein normales, friedliches Leben in ihren Heimatländern würden führen können. Wie sehr hatten sie sich geirrt! Jetzt *wussten* sie, dass es Irrsinn war, die Rückkehr in ihre ehemaligen Heimatländer zu versuchen. Andere Länder in Europa kamen für die meisten ebenfalls nicht in Frage; diese Länder waren willige Helfer gewesen, den Kontinent mit dem Blut und der Asche von sechs Millionen Juden zu tränken. Die nach dem Zweiten Weltkrieg andauernden Pogrome in weiten Teilen Europas waren der überzeugende Beweis dafür.

Die einzige Hoffnung für die Zukunft lag, so fühlten sie, in Palästina. Die Überlebenden hatten zwei Wunder erlebt: dass sie selbst noch immer am Leben waren und dass Palästina den Krieg überstanden hatte. Roisen berichtete, dass von den 16 000 Juden, die damals in Österreich lebten, etwa 70 Prozent sofort nach Palästina auswandern wollten. Das Gleiche galt für die 14 000 Juden in Bayern.

Die Repräsentanten arbeiteten die ganze Nacht, um eine Reihe von Resolutionen für eine Zukunft zu verfassen, die vielleicht noch nicht existierte, an die sie jedoch unbedingt glauben mussten. Ich beobachtete und hörte zu, wie die letzten Vertreter einer 5000-jährigen Kultur eine neue Charta präsentierten, um der Welt zu verkünden, dass sie nicht völlig ausgelöscht worden waren. Es war eine Charta der Grundrechte für die Überlebenden des Holocausts.

Die Präambel lautete: »Die Vertreter der jüdischen Überlebenden auf deutschem und österreichischem Boden, Teilnehmer an der Konferenz in St. Ottilien vom 25. Juli 1945, haben die folgenden Resolutionen zur Wiederherstellung und Bewahrung des jüdischen Volkes auf der Welt verabschiedet.«

Die 14 Resolutionen lauteten:

I. Jüdischer Staat – Gleichberechtigte Mitgliedschaft

Die Überlebenden der europäischen Juden, die als Volk vernichtet worden sind und ihrer endgültigen Auslöschung zugeführt werden sollten, deren Söhne und Töchter den gemeinsamen Feind als Partisanen in den Wäldern Europas bekämpften, in den Straße und Verstecken der Gettos, in den Widerstandsgruppen in allen europäischen Ländern, in den alliierten Armeen und in den Freiwilligeneinheiten der Jüdischen Brigade in Palästina, fordern:

1. Sofortige Wiederherstellung von Eretz Israel (Palästina) als jüdischer Staat.
2. Die Anerkennung als gleichberechtigtes Mitglied der Vereinten Nationen und die Teilnahme an der Friedenskonferenz.

II. Emigration

Angesichts der Gräber von sieben [sic] Millionen Juden, die in Europa umgebracht wurden, fordern wir, dass die Tore von Eretz Israel sofort für die verbliebene jüdische Bevölkerung Europas, von der der Großteil der Männer und Frauen in den Gaskammern und Krematorien getötet wurde, geöffnet werden. Die Geschichte der letzten sechs Jahre zeigt, dass es keinen Weg zurück in unsere Heimatländer gibt, weil ihr Boden mit unserem Blut getränkt ist. Es ist Eretz Israel, wo unsere Wunden geheilt werden, wo wir in Frieden und Freiheit ein neues Leben bauen werden.

Sollten die Tore von Eretz Israel weiter verschlossen bleiben, werden wir mit allen möglichen Mitteln um unsere Rechte kämpfen.

III. Eingliederung in die Jüdische Brigade

Wir fordern, dass jeder junge jüdische Überlebende das Recht erhält, in die kämpfende Jüdische Brigade einzutreten.

IV. Einheit

Die ehemaligen Gefangenen der deutschen Konzentrationslager richten sich auf ihrer ersten Konferenz an die Juden Palästinas, um ihnen zu sagen, dass während der schrecklichen Zeit in den Gettos und Konzentrationslagern, in den düsteren Tagen der Enttäuschung und des Pessimismus, als wir Augenzeugen der Vernichtung unserer Familien wurden, unsere Vision eines einigen Volkes, das friedlich sein Heim in Eretz Israel baut, nicht verschwunden ist. Wir fordern daher, dass die Jugend, der *Jischuw* [jüdisches Gemeinwesen in Palästina] und das ganze jüdische Volk alles tun sollten, was in ihrer Macht steht, um diese Vision Wirklichkeit werden zu lassen. Nur ein geeintes Volk wird stark genug sein, um den Schwierigkeiten zu begegnen, die auf unserem Weg in die Zukunft liegen.

V. Appell an die jüdische Jugend

Die jüdischen Überlebenden auf deutschem Boden richten diesen aufrichtigen Appell an die jüdische Jugend, die jüdischen Kämpfer unter alliierter Flagge, an das ganze jüdische Volk:

Erwache, Israel!
Gelobt sei Israel!
Vereintes Israel!

VI. Jüdisches Banner und Symbol

Um der Verneinung unserer Existenz als Volk ein Ende zu machen, fordern wir, dass an jedem Ort, wo Juden leben, die jüdische Fahne wehen soll und dass alle Juden das jüdische Symbol tragen.

VII. Beglückwünschung der Partisanen

Wir beglückwünschen die jüdischen Partisanen, die den gemeinsamen Feind bekämpft haben, und wünschen uns, unsere jüdische Heimat gemeinsam mit ihnen aufzubauen.

VIII. Sammlung von Dokumenten

Die Konferenz richtet an alle jüdischen Überlebenden und Institutionen die Forderung:

1. Die Namen aller ermordeten Menschen zu registrieren.
2. Die Zeugnisse des jüdischen Lebens für die folgenden Generationen zu bewahren. Um dies zu erreichen, ist es notwendig, alle Dokumente von kulturellem und ästhetischem Wert, die mit den Juden zu tun haben, auf dem europäischen Kontinent zu sammeln und sie nach Eretz Israel zu bringen.

IX. Reparationen

Jene, die als Kriegsteilnehmer überlebt haben, verlangen, dass im Rahmen der deutschen Reparationen jüdisches Eigentum, das gestohlen oder zerstört wurde, in vollem Umfang ersetzt wird. Solche Reparationen werden für den Wiederaufbau in unserem eigenen Land verwendet.

X. Kriegsverbrecher

Wir fordern für das jüdische Volk, die Volksgruppe, welche die größten Opfer zu beklagen hat, das Recht, einen Repräsentanten zur Internationalen Kommission für Kriegsverbrecher zu entsenden, und weiter, dass jüdische Zeugen zu den Gerichtsverhandlungen geladen werden, um der Welt zu beschreiben und klar zu machen, in welch fürchterlicher Weise die Juden Europas von den Nazi-Mördern gequält wurden.

XI. Invalidenrente

Wir verlangen für jeden Juden, der in den Konzentrationslagern durch die deutschen Täter zum Invaliden wurde, eine lebenslange Rente.

XII. Kulturelles Leben

Wir fordern die sofortige Wiederaufnahme eines produktiven und kulturellen Lebens, die Öffnung von Schulen für Technik, Landwirtschaft und Sprachen, die Einrichtung von Lesesälen und Bibliotheken. Außerdem sollen Lehrer aus Eretz Israel zu Ausbildungszwecken geschickt werden.

XIII. Suche nach Familienmitgliedern

Diese Konferenz fordert die sofortige Einrichtung zentraler Institutionen, die Delegierte in alle jüdischen Gemeinden schicken, um getrennte Familien zusammenzubringen und die Namen von Opfern und den noch Lebenden zu registrieren.

XIV. Verwaltung der Lager

Wir fordern den sofortigen Abzug militärischer Wachen und die Auflösung militärischer Disziplin in den Lagern. Die Insassen der Lager sind keine Gefangenen mehr und haben das Recht, als freie und unabhängige Menschen zu leben, ausreichend Nahrung und angemessene Kleidung zu erhalten.

Es war die Letzte dieser Resolutionen, die mich damals am meisten interessierte. Schließlich hatte ich mit den Überlebenden hauptsächlich in dieser Hinsicht zu tun: zu helfen, damit sie überleben konnten. Ich gestehe, dass ich den Resolutionen über Palästina nicht allzu viel Aufmerksamkeit schenkte, obwohl ich verstand und überzeugt war, dass es einen Ort auf der Welt geben musste, wohin die Überlebenden gehen konnten und den sie ihre Heimat nennen durften. Ich schätze, in einer multikulturellen Gesellschaft wie den USA aufgewachsen zu sein, wo trotz des vorhandenen Rassismus und der Vorurteile Menschen anders als die europäischen Juden in Gettos überleben konnten, machte es schwierig für mich, die Leidenschaft und Dringlichkeit zu begreifen, mit der über Palästina geredet wurde. Und dennoch verstand ich es. Wenn »der Rest der Geretteten« des europäischen Judentums überleben sollte, mussten sie zweifellos einen Ort haben, wo sie Akzeptanz, Unterstützung und Chancen erhielten. Dieser Ort war unmittelbar nach dem Zweiten Weltkrieg notwendigerweise Palästina.

Captain Abraham Klausner, der sich so ausdauernd für das Krankenhaus in St. Ottilien einsetzte, sprach ebenfalls auf der Konferenz. Er fasste die fortdauernden Probleme und Bedürfnisse der Überlebenden eloquent zusammen: »Wir haben alle jüdischen Organisationen im Ausland über Ihre Lager informiert, aber keine ist gekommen, um uns zu helfen. Wir müssen uns darüber im Klaren sein, dass eine große Zahl der Juden, die gegenwärtig in Deutschland sind, auch den kommenden Winter hier bleiben muss. Bisher haben wir keinerlei Hilfe gesehen. Die UNRRA hat Kleidung und Schuhe versprochen. Wir haben *nichts* erhalten! Es scheint, dass wir uns um uns selbst kümmern, uns selbst Lebensmittel und Kleidung besorgen müssen! Wir haben die Juden der Welt um Hilfe gebeten. Bislang haben sie uns im Stich gelassen.«

Kapitel 8

Der grausamste Monat

Der August 1945 war ein besonders grausamer Monat für die Überlebenden in St. Ottilien. Genug Zeit war vergangen, in der Unterstützung hätte eintreffen können. Die Gleichgültigkeit der alliierten Regierungen, der Kommandeure und, am grausamsten von allem, der Juden und jüdischen Organisationen in den USA gegenüber der verzweifelten Lage der verbliebenen Juden in Europa, machte die drückende Hitze der Tage und die Kälte, die sich nachts von den nicht allzu fernen Alpen herabsenkte, noch schwerer zu ertragen.

St. Ottilien stand nicht allein. Der Bericht der Konferenz vom 25. Juli lenkte die Aufmerksamkeit auf das, was in anderen Gebieten geschah. Das Jewish Central Information Office in London zum Beispiel versuchte, die Lebensbedingungen von Überlebenden in der sowjetischen Zone in Ostdeutschland und den alliierten Sektoren Berlins zu ermitteln (vgl. S. 227ff. im Anhang). Seine Untersuchungsergebnisse brachten die Gefühle jüdischer Überlebender fast überall in Europa auf den Punkt, die, wie der Bericht feststellte, »zutiefst enttäuscht [waren], dass die Befreiung nicht die Hoffnungen erfüllte, die sie geweckt hatte … [sie sind verletzt durch] die Gleichgültigkeit, die britische und amerikanische Behörden ihnen gegenüber zeigen… nachdem sie jahrelang Mitleidsbezeugungen und Versprechungen auf Hilfe gehört hatten, glaubten sie, dass auf das Ende des Nationalsozialismus unmittelbar Hilfe und Rehabilitierung folgen würden ... Wenn nicht schnell Hilfe kommt, wird sich das Problem der Juden in Berlin weitgehend durch Selbstmord und Tod lösen.«

In seinem Bericht vom 25. August 1945 über die annähernd 5000 jüdischen Überlebenden in Berlin betonte das Jewish Central Information Office den Bedarf an Lebensmitteln, Kleidung und medizinischer Versorgung, die Freigabe von jüdischem Vermögen aus der Vorkriegszeit, das immer noch in der Hand deutscher Banken war, sowie die geringen Chancen für Juden, Arbeit zu finden. Der Bericht merkte an, dass die überlebenden Juden kein Anrecht auf volle Lebensmittelrationen hatten, falls sie nicht aus politischen Gründen inhaftiert gewesen waren.

Einzelne GIs auf dem Luftwaffenstützpunkt in Kaufbeuren halfen weiterhin nach Kräften. Ed Herman und ich fuhren häufig nach St. Ottilien, jedes Mal deprimierter und frustrierter über unsere Unfähigkeit, das Notwendige zu leisten, und immer wütender über das US-Militär und die Zivilbehörden, weil sie die Juden Europas im Stich ließen.

Eine Armeeeinheit in der Nähe, die 433. Medical Collection Company, gewährte St. Ottilien etwas inoffizielle Hilfe durch Lebensmittel, Kleidung und besonders Medikamente. Wir fragten uns, ob es nur Zufall war, dass ihr Kommandeur Jude war.

Mitte August hatte St. Ottilien 750 Patienten, von denen 80 Prozent keine angemessenen Kleider und Schuhe hatten, die alle aufgrund des Mangels an gehaltvoller Nahrung unterernährt waren und nicht genesen konnten, weil es an Medikamenten fehlte. Dennoch war der Lebenswille ungebrochen und fünf Babys waren bereits geboren worden, obwohl es keine Einrichtungen und keine Kleidung für die Neugeborenen gab. (Nachdem ich mehr als 40 Jahre später in Sydney eine Rede über St. Ottilien und den nach der Befreiung fortdauernden Kampf der Juden gehalten hatte, kam eine Frau aus dem Publikum zu mir und stellte sich mir vor. »Ich war eines der Babys, die in St. Ottilien geboren wurden«, sagte sie. Wie viele andere Überlebende, die aufgrund einer restriktiven Einwanderungspolitik nicht in westliche Länder gehen konnten, fanden ihre Eltern in China offene Türen, wanderten nach Schanghai aus und schlossen sich danach anderen Überlebenden an, die sich in Australien niederließen.)

Eines morgens bekam ich die Nachricht, dass einer der Überlebenden in St. Ottilien angeschossen worden war. Dr. Grinberg hatte das Büro unserer Zeitung angerufen und bat um Hilfe. Ich machte sofort Ed Herman ausfindig. »Wir lausigen Soldaten können nichts ausrichten«, sagte er. »Wir müssen einen Offizier mitnehmen.«

Wir gingen zu den Offiziersquartieren und holten Lieutenant Manheim, der einen Jeep anforderte. Nach einer knappen halben Stunde waren wir in St. Ottilien. 100 Meter rechts vom Tor, an der Außenseite des Stacheldrahtzauns, der das Krankenhaus umgab, lag ein Mann auf dem Boden, um den sich Dr. Grinberg und einige andere Ärzte bemühten. Eine größere Gruppe, vielleicht 100 der Patienten, stand an der Innenseite des Stacheldrahtzauns. Ihr aufgebrachtes Murren wurde von gelegentlichen schrillen Rufen unterbrochen. Mehrere amerikanische Militärpolizisten standen mit gezogenen Waffen zwischen der Menge und dem Mann auf dem Boden. Als wir näher kamen, kam uns ein Captain der Militärpolizei entgegen. Lieutenant Manheim wies sich aus.

»Was ist passiert?« fragte er den Captain. Wir waren nun in der Nähe der Stelle, wo Dr. Grinberg und mehrere Assistenten den Mann auf dem Boden versorgten. Er lag unter einer Decke, sein rechtes Bein auf ein Kissen gelegt, das mit einem Stück zerrissenem Tuch bedeckt war. Ein Hosenbein war ganz aufgeschnitten. Einer der Ärzte wischte das Blut weg, das aus dem Oberschenkel hervorquoll und an Knie und Knöchel gerann.

»Er wurde angeschossen, als er illegal den Stacheldraht durchbrechen wollte«, sagte der Captain der Militärpolizei.

Dr. Grinberg blickte auf, sah uns und sagte, wieder zu seinem Patienten gewandt: »Er wollte das Camp nicht ohne Genehmigung verlassen. Er hat versucht, wieder hineinzukommen. Er war letzte Nacht heimlich nach Buchloe gegangen, um etwas zu essen zu suchen. Wir haben keine Lebensmittel. Er hat versucht, mit den Lebensmitteln für uns wieder hineinzukommen. Sie haben ihn gesehen, als er unter dem Zaun hindurchkriechen wollte, und auf ihn geschossen. Ohne jede Vorwarnung.«

Der Captain der Militärpolizei hatte den Ärzten nicht erlaubt, den verwundeten Mann in das Hospital zu bringen. »Er blutet stark«, sagte Dr. Grinberg, »und er liegt hier draußen seit mehr als einer Stunde. Wenn wir ihn nicht bald hineinbringen, fürchte ich um sein Leben.«

Lieutenant Manheim überzeugte den Captain, den Mann ins Krankenhaus bringen zu lassen.

»Wie um alles in der Welt ist das passiert?« fragte Manheim den Captain.

»Sie wissen, dass sie eine Erlaubnis brauchen, um hinein- oder hinauszukommen«, antwortete der Captain. »Wir haben unsere Befehle und Sie haben die Ihren. Wir bewachen das Lager und einer unserer Wachposten hat gesehen, wie er durch den Zaun kriechen wollte.«

»Der Mann war in einem Konzentrationslager. Er hat das Konzentrationslager überlebt«, sagte Manheim. »Wie, verdammt nochmal, konnten Sie zulassen, dass man auf ihn schießt?«

Der Captain sah Manheim an, ohne mit der Wimper zu zucken. »Er ist nur ein verdammter Jude. Das verdienen alle Juden!«

Einen Moment lang waren wir geschockt. Dann drehten wir drei uns wortlos um und gingen weg. Hinter uns konnten wir hören, wie der Captain etwas über »verdammte Judenbastarde« murmelte.

Als wir ins Krankenhaus gingen, fragten wir uns laut, ob es irgendetwas gab, dass wir gegen den Schützen und den Captain der Militärpolizei unternehmen konnten. »Können wir ihn nicht vors Kriegsgericht bringen?«

Wahrscheinlich, so fanden wir übereinstimmend, war das nicht möglich. »Vor allem«, sagte Manheim, »hat die verdammte Armee ja den Stacheldraht errichtet und die Einheit der Militärpolizei hierhin verlegt, um genau das zu tun, was sie getan haben. Wofür sollte man ihn vors Kriegsgericht stellen? Weil er seine Pflicht getan hat? Und mit Sicherheit hat er nichts zu befürchten, nur weil er ein verdammter Antisemit ist.« Wir begriffen die ganze Ironie dieses Kommentars erst später, als deutsche Kriegsverbrecher ihre Verteidigung bei den Nürnberger Prozessen darauf stützten, »nur ihre Pflicht« getan zu haben.

»Manchmal hat man den Eindruck, dass die meisten Leute, die diese Armee befehligen, antisemitische Bastarde sind«, warf ich ein.

»Wenn wir ihm etwas anhängen wollen, wird er mit sauberer Weste herauskommen«, sagte Ed. »Damit verschwenden wir nur unsere Zeit und Energie, die wir besser nutzen sollten, um mehr für St. Ottilien zu tun.«

Der Mann, der angeschossen worden war, starb nicht. Aber sein Bein musste amputiert werden.

Ein Armeegeistlicher fasste die Situation der Lager in der amerikanischen Zone so zusammen: »Wir [die US-Besatzungstruppe] haben die Juden und Deportierten zu Plünderern und Räubern gemacht – auf der Suche nach Essen.«

In der Zwischenzeit wuchs die Zahl der Insassen in St. Ottilien weiter. Patienten, die ausreichend genesen waren, um in ihre frühere Heimat zurückzukehren, kamen in wachsender Zahl nach St. Ottilien zurück und viele von ihnen blieben im Hospital, bis sie ein anderes Quartier gefunden hatten. Sie waren immer noch Aussätzige, besonders in Polen, wo Juden, die in der Erwartung nach Hause zurückgekehrt waren, etwas von ihrem Eigentum zurückzuerhalten und ihr altes Leben annähernd wieder aufnehmen zu können, von Polen kaltblütig ermordet wurden, besonders in Warschau, Krakau und Lodz.

Es gab in St. Ottilien auch Momente der Wärme, Zufriedenheit und Zärtlichkeit. Ed und ich versuchten, das Krankenhaus wenigstens einmal in der Woche zu besuchen und mitzubringen, was wir von den Männern auf dem Stützpunkt bekommen konnten und was Ed aus der Armeeverkaufsstelle und anderen nicht allzu ergiebigen Quellen wie der Küche organisierte. Um wieder ein annähernd zivilisiertes Leben zu führen, wie sie es gekannt hatten, hielten die Leute in St. Ottilien wöchentlich Sabbat-Gottesdienste in ihrem provisorischen Betraum ab, die Rabbi Klausner organisierte, und sonntags Musikkonzerte. Mit Klausners Hilfe und der Unterstützung von Soldaten nahe gelegener Stützpunkte hatten sie es geschafft, ein Klavier, drei Violinen, einen Satz Trommeln, ein Akkordeon, ein Saxophon und eine Trompete zu bekommen und verfügten über mehrere Gesangssolisten, die, wie wir fanden, recht gut sangen.

Eines Sonntags spielte man Brahms, Mendelsohn und mehrere jiddische Volkslieder. Der Hit des Abends war jedoch ein satirisches Lied mit dem Titel »Es zieht mich nicht in die Ferne«, mit einem zynischen Text, der sich über UNRRA und das JDC lustig machte. Unter normalen Umständen wäre das sehr komisch gewesen; aber in jenem Moment schien es bitter. Trotzdem war es ein gutes Gefühl zu wissen, dass die Überlebenden nach allem, was sie durchgemacht hatten, wieder anfingen zu lachen.

Sowohl die Sabbat-Gottesdienste als auch die Konzerte fanden im selben Raum statt, einem früheren Turnraum, der selbst im Herbst unbeheizt blieb. Zu den Dingen, die in St. Ottilien fehlten, gehörte Kohle, um die Öfen in jedem einzelnen Gebäude zu beheizen. Bei den Samstagsgottesdiensten und den Konzerten erschienen selbst nach vielen Monaten viele Leute noch in gestreiften KZ-Uniformen. Einige trugen zerrissene und geflickte Kleidung. Ein paar wenige hatten eine ansehnliche Garderobe, vor allem GI-Uniformen, die mitleidige Soldaten ihnen trotz Verbots geschenkt hatten. Wieder andere hatten nichts anderes anzuziehen als die abgelegten Uniformen der verhassten SS.

Wir brachten immer etwas mit. Mitte August waren die meisten Erwachsenen, die genesen waren, fortgegangen. Von den 750 Überlebenden in St. Ottilien waren beinahe 200 Kinder. Wir suchten so viele Candy-Riegel zusammen, wie wir in der Verkaufsstelle und von einzelnen Soldaten bekommen konnten, um sie den Kindern zu bringen. Manchmal brachte Ed Zigaretten für die Erwachsenen mit. Gelegentlich gelang es uns, Orangen aus der Küche zu stehlen, auf die Erwachsene und Kinder gleichermaßen versessen waren.

Es waren die Kinder, die uns besonders ans Herz wuchsen. Beinahe alle waren Waisen, die keine Ahnung hatten, wie oder wo sie in der Welt nach dem Holocaust leben würden. St. Ottilien war für den Moment und die absehbare Zukunft ihr einziges Zuhause.

Wir verbrachten immer Zeit mit Tito. Ein anderes Kind, das wir besonders mochten, war ein fünfjähriger Junge namens Shalom.

Juli 1945 auf dem Stützpunkt Kaufbeuren: Einige der amerikanischen Soldaten, die den Überlebenden in St. Ottilien halfen: Ernie Belkin, Al Bergman, Edward Herman und der Autor

Seine Eltern waren tot. Shalom war außergewöhnlich intelligent. Er sprach Englisch, Polnisch, Deutsch und Jiddisch. Aber sein Körper war kaum vorhanden: ausgemergelt, mit Armen und Beinen, die länger wirkten, als sie waren, und einem Gesicht, das eingefallen war wie das eines alten Mannes. Ich erinnere mich, wie Ed ihn an die Brust drückte, als sei er wenig mehr als ein Säugling, während die dünnen Ärmchen des Jungen seinen Hals umfingen. Wie bei allen Kindern wirkte die tätowierte Konzentrationslagernummer größer, als sie tatsächlich war. Über der Nummer auf Shaloms Arm hatten die Nazis eine weitere Tätowierung hinzugefügt: »Jude«.

Einige der älteren Kinder strebten nach größerer Unabhängigkeit. Jene, die alt genug waren, um sich an das Furchtbare zu erinnern, trugen es mit sich herum, zusammen mit dem Hass, den sie nicht nur auf die Deutschen, sondern auf die ganze Welt hatten, weil sie zugelassen hatte, dass ihnen solche Gewalt angetan wurde. Monty war eins dieser Kinder. Er war etwa 14 Jahre. Nachdem man seine Eltern mehrere Jahre zuvor im Getto getötet hatte, war er schlagartig erwachsen geworden und musste ganz allein die Verantwortung für sein Leben übernehmen. Er hatte bei den Partisanen in Jugoslawien gekämpft und war nicht befreit worden; er hatte sich selbst befreit. Sein roher, wilder Blick erzählte uns seine Vergangenheit und, wie wir fürchteten, auch seine Zukunft.

Eins der Dinge, die Überlebende in St. Ottilien schätzten, waren unsere Briefe. Wer Verwandte oder Freunde in anderen Teilen der Welt – Amerika, England, Australien, Palästina – ausfindig gemacht hatte, schrieb Briefe, die wir für jene, die der Sprache nicht mächtig waren, ins Englische übersetzten. Wer zwar Englisch beherrschte, aber zu schwach zum Schreiben war, diktierte uns. Wir schickten die meisten Briefe mit der Feldpost und benutzten unsere eigenen Adressen, um sicher zu gehen, dass die Briefe ihre Bestimmungsorte erreichten und die Antworten auch ankamen, was bei den Deportiertencamps leider nicht sicher war. Groß war unsere Zufriedenheit und Aufregung, wenn wir eine Antwort erhielten und sie nach St. Ottilien brachten, um sie dem Empfänger vorzulesen.

Aber die meiste Zeit waren wir frustriert und wütend. Wir fühlten, dass wir eine verlorene Schlacht kämpften, die Überlebenden von St. Ottilien zu retten. Der Winter würde bald kommen und ohne angemessene Nahrung, Kleidung und Medikamente mussten viele unweigerlich sterben. Konnten wir helfen, das zu verhindern?

Etwas musste geschehen, und mit jugendlicher Zuversicht beschlossen wir, es *selbst* zu tun. Aber was? Eine Woche später wussten wir es.

Kapitel 9

Der Brief

Mehrere der Jungs waren in meinem Zimmer zu einem Umtrunk versammelt – an jenem Abend kein müßiger Zeitvertreib. Für viele waren solche Partys die einzige Art der Unterhaltung; Mannschaften hatten keinen Zugang zum Offiziersclub und einfache Soldaten und Gefreite – was viele von uns waren – durften damals auch nicht in den NCO-Club (Noncommissioned Officers, das heißt Unteroffiziere und höhere Ränge). Wenn man keine Freundin in der Stadt hatte oder nicht mit einer der deportierten Frauen, die auf dem Stützpunkt arbeiteten, anbändelte – was mehrere der Männer taten – gab es nicht viel anderes als herumzusitzen, AFN (Armed Forces Network), den Radiosender der Armee zu hören, und zu trinken. Das Gesöff nannte sich Scotch, obwohl es sich dabei gewöhnlich um ein privat gebranntes Gebräu handelte, außer bei einer der seltenen Gelegenheiten, wenn jemand wie Ed uns eine richtige Flasche schenkte, die er von einer Geschäftsreise nach England oder Paris mitgebracht hatte. Manchmal fragten wir uns, ob das Beißen im Rachen eher von vergälltem Alkohol oder von Kreml-Haarwasser stammte.

Es gab häufig Partys in unserem Zimmer mit ein paar von den Jungs, mit denen wir am engsten zusammenarbeiteten. Dazu gehörten Jimmy Holderfield, ein Mittelgewichtsboxer, dessen Lebensmission »Schnaps und Frauen« zu sein schien – von beidem hatte er reichlich. Mit von der Partie waren auch Frankie Kline und Sam

Murano, ein netter, ruhiger Junge aus Pittsburgh, der Zigarren rauchte und eine Deportierte aus Holland heiratete, bevor wir Kaufbeuren verließen. Art Campa gehörte zu den wenigen Mitgliedern von Minderheiten auf dem Stützpunkt, wo die Rassentrennung der US-Streitkräfte befolgt wurde, auch wenn einige Latinos bei den angelsächsischen Einheiten arbeiten durften. Art war der größte Basketballspieler unter uns und spielte später in der Profiliga; wäre er zwei Handbreit größer gewesen, hätte er einer der größten Spieler aller Zeiten werden können. Schließlich gehörte Morris Shapiro aus Brooklyn dazu, der gerade ein Stipendium der Armee für einen sechswöchigen Kurs an der London School auf Economics bei dem berühmten sozialistischen Ökonomen Harold Laski erhalten hatte.

Ich trank eigentlich keine harten Sachen und mochte nicht einmal den Geschmack von Bier, aber ich trank mit, wenn die Gruppe zusammenkam, um mich nicht ausgeschlossen zu fühlen. Allerdings trank ich nicht viel, und mehr als einmal schlief ich nach einem oder zwei Drinks ein, während die Party noch weiterging. Manchmal, nach dem zweiten Wasserglas voll Alkohol, legte ich mich auf mein Bett und spürte, wie mir die Augen zufielen und sich mein Kopf zu drehen begann, obwohl ich wach bleiben wollte, weil ich hörte, wie das Lachen über Dees Witze lauter wurde und ich mitlachen wollte. Dann schaltete manchmal jemand das Radio ein und die Mitternachtsmusiksendung von AFN spielte ihren Titelsong »Out of My Dreams« aus dem Musical *Oklahoma*, das am Broadway lief, ein großer Erfolg, von dem wir sogar in Europa gehört hatten – und das Nächste, woran ich mich erinnerte, war gewöhnlich, dass ich mitten in der Nacht aufstehen musste, um zur Latrine zu gehen. Es war zwar eine richtige Innentoilette, aber der Ausdruck Latrine hatte sich aus den Tagen bei der Infanterie gehalten – und da waren dann schon alle gegangen und Dee schlief in seinem Bett mit der Decke über dem Kopf.

An einem dieser Trinkabende hatte ich keine Lust zu feiern und ging stattdessen zu Ed Herman. »Wir bekommen nur, was wir für St.

Ottilien brauchen«, folgerte er, »wenn es direkt von den Menschen in den Staaten kommt, die das Joint Distribution Committee, die Hebrew Immigrant Aid Society und andere jüdische Hilfsorganisationen unterstützen. Von den Organisationen selbst ist, wie es aussieht, keine Hilfe zu erwarten.«

»Das bedeutet, dass wir uns an jede Synagoge, an jede Ortsgruppe der Gesellschaft Junger Jüdischer Frauen und von B'nai B'rith* im ganzen Land wenden müssen«, sagte ich. »Das heißt, wir gründen unser eigenes Joint Distribution Committee. Wie um alles in der Welt sollen wir das anstellen?«

»Das schaffen wir nicht. Selbst wenn wir genug Geld und Leute hätten, könnten wir das sowieso nicht von hier aus machen.«

Aber es musste möglich sein, viele dieser Gruppen direkt zu kontaktieren. Jemand in den USA müsste uns eine Liste schicken können. Wir stimmten darin überein, dass wir so viele Leute und Organisationen wie möglich anschreiben sollten, um ihnen die Situation in St. Ottilien zu erklären und sie zu bitten, Pakete mit Lebensmitteln, Kleidern und Medikamenten zu schicken.

Doch da gab es ein großes Problem. Als Armeeangehörigen war es uns nicht erlaubt, einen offenen Brief zu schreiben. Dafür konnten man uns vors Kriegsgericht stellen. Aber nichts konnte uns davon abhalten, persönliche Briefe zu schreiben. Wir beschlossen, einfach jeden Brief mit »Lieber Freund« zu beginnen.

Wir konnten hunderte, vielleicht tausende davon verschicken.

»Mein Bruder Lennie ist nach einer Tour mit der Airforce zurück in den USA und reist durchs Land«, sagte Ed. »Ich glaube, er arbeitet bei einer Kampagne für Kriegsanleihen mit. Er wird die Briefe wichtigen Leuten geben, Leuten, die etwas bewirken können.«

Es war uns klar, dass es eine Menge Arbeit bedeutete, hunderte, vielleicht tausende von Briefen zu schreiben.

---

* Hebräisch »Söhne des Bundes«, jüdischer Orden (Loge), gegr. 1843 in New York mit dem Ziel der Selbsterziehung und Förderung humanitärer Ideen unter den Juden.

»Ich kümmere mich um die Drucker«, sagte ich.

»Und ich mich um die Zigaretten«, sagte Ed.

»Für ein paar Päckchen Zigaretten lässt der Drucker, der die Zeitung macht, unsere Briefe mitten in der Nacht durchlaufen und keiner merkt etwas«, schlug ich vor.

»Und wir müssen sie von hier nicht einzeln verschicken«, fügte Ed hinzu. »Wir unterschreiben die Briefe und schicken sie paketweise zu Freunden in den Staaten, die sie dort verteilen können.«

»Wann fangen wir damit an?«

»Am besten gleich jetzt.«

Wir sprachen alles durch und versuchten, uns selbst über den Zweck des Briefes klar zu werden, über seine Formulierung und die Informationen, die er enthalten sollte.

»Wir müssen ihnen von St. Ottilien berichten.«

»Und über die Militärpolizei und die Militärregierung.«

»Wir müssen erreichen, dass sich die Leute richtig schuldig daran fühlen, was mit den Leuten hier passiert«, sagte ich. »Wir sollten ihnen vermitteln, dass es auch sie selbst hätte treffen können.«

»Wir müssen sichergehen, dass der Brief genug Aufsehen erregt, um bis zu höheren Stellen vorzudringen«, warf Ed ein. »Bis zu den Politikern, vielleicht sogar bis zum Präsidenten.«

»Wir müssen den Brief so abfassen«, sagte ich, »dass ihn die Zeitungen daheim aufgreifen und publik machen.«

»Und er muss so formuliert sein, dass die Leute nicht glauben, wir wollten sie dazu bringen, Sachen zu schicken, die dann auf dem Schwarzmarkt verkauft werden«, gab Ed zu bedenken. »Wir müssen ihnen sagen, wie und wohin sie die Sachen schicken sollen. An jemanden, dessen Motive nicht in Zweifel gezogen werden können, an jemanden wie ...”«

»Einen Geistlichen!« sagten wir gleichzeitig.

Am nächsten Tag schrieb ich den Brief, während Ed mit dem protestantischen Kaplan des Stützpunktes, Claude Bond, sprach, der sich sehr hilfsbereit zeigte. »Er sagt«, berichtete mir Ed, »wir sollen ruhig seinen Namen und seine Adresse als Zielort für die Pakete benutzen. Damit sind wir aus dem Schneider, was den Obersten und praktisch alle anderen betrifft. Wie können sie uns etwas am Zeug flicken, wenn der Kaplan dazugehört?«

»Und noch dazu ein protestantischer Kaplan. Besser geht's nicht.«

Ich verbrachte den Großteil jenes Tages mit der Abfassung des Briefes. Ed blieb bei mir, bot Anregungen an und ging jede Seite durch, sobald ich fertig war. Am Abend hatten wir einen Brief, mit dem wir zufrieden waren. Ich besorgte mir Namen und Adressen der Drucker von der Druckerei, wo unsere Stützpunktzeitung *2nd Wing Eagle* gedruckt wurde. Bis dahin hatte es keine außergewöhnlichen Neuigkeiten oder journalistische Notfälle gegben, die es erfordert hätten, die Drucker außerhalb ihrer Arbeitszeiten in Anspruch zu nehmen. Wir besorgten uns einen geschlossenen Wagen aus dem Fahrzeugpark und fuhren langsam durch die dunklen, verlassenen Straßen. Nur behutsam traten wir auf das Gaspedal, um den Lärm des Motors, der wie ein Maschinengewehr losknatterte, sobald wir beschleunigten, gering zu halten.

Als wir zu den Häusern der verschiedenen Drucker fuhren, wurden wir jedes Mal von einer verängstigten Frau begrüßt, die auf unser Klopfen hin, das übermäßig laut durch die frühmorgendliche Stille hallte, mit hastigen Schritten zur Tür eilte und uns mit vor Angst weit aufgerissenen Augen durch den schmalen Türspalt anstarrte, mit zitternden Händen öffnete und sich untertänig vor den Soldatenuniformen verbeugte. Nach der raschen Erklärung, wer wir waren und was wir wollten, und mit den Zigarettenschachteln in Eds Händen verwandelte sich ihre Angst in Erleichterung, dann in Lachen und schließlich in ein eifriges »Jawohl«.

Stunden später kehrten wir mit etwa 500 Kopien der Briefe, die in braunes Packpapier eingewickelt waren, zum Stützpunkt zurück und trugen sie auf mein Zimmer.

Wir öffneten eins der Pakete und betrachteten überschwänglich und mit stolz geschwellter Brust einen der Briefe, schüttelten uns beglückwünschend die Hände und klopften uns auf die Schulter. »Herrlich, einfach herrlich.«

Hier folgt, was wir in unserem Brief schrieben:

Freunde,

Die Juden Europas sind ein sterbendes Volk. Selbst heute noch, nach dem Sieg über Hitler und den Nationalsozialismus, werden sie langsam vom Antlitz der Erde getilgt.

DIE SCHULD LIEGT BEI IHNEN!

Wenn Sie sich als Mensch betrachten, als Mitglied des Menschengeschlechts, dann sind Sie – wenn auch vielleicht unwissentlich, doch darum nicht minder sicher – ein Mörder.
Denn Sie führen Hitlers Plan der Zerstörung des jüdischen Volkes aus. Durch Ihre teilnahmslose Vernachlässigung sind Sie ebenso verantwortlich für das gegenwärtige Sterben der europäischen Juden wie die Teuflischsten unter den Nazis in der Vergangenheit.
Übertriebenes Alarmgeschrei? Ja, ein Alarmschrei, so wie Tausende von Juden in Europa schreien, die heute Not leiden, keine Nahrung, keinen Schutz, keine Kleidung und keine Medikamente haben. Wir klagen nicht alle von Ihnen an, denn wir wissen, dass viele von Ihnen bis heute von der gefährlichen Situation der Juden in Europa keine Kenntnis hatten. Aber wir klagen alle von Ihnen an, die davon wussten – alle, die nur mit den Schultern zuckten und murmelten, es sei »eine Schande«, alle unter Ihnen, die nichts gegeben haben und sich nicht dafür eingesetzt haben, diesen Unglücklichen in einer verrückt gewordenen Welt zu helfen.
Wir haben Hunderte Vertreter der Juden getroffen und gesprochen, die vor vier Monaten aus den vielen Konzentrationslagern befreit wurden. Diese Juden dachten, die Welt würde sie als

Märtyrer ansehen, auferstanden von den Toten, und sie glaubten, es gebe genügend Gerechtigkeit und Wohlwollen unter den Menschen, um ihnen aus diesem todgeweihten Leben herauszuhelfen.

Aber was wir gesehen und gehört haben, zeugt nur von Schande: der Schande all jener auf unserer Welt, die nicht geholfen haben – und die doch gleichzeitig beanspruchen, menschlich zu sein.

Diese Worte mögen harsch klingen, aber das müssen sie auch, denn es ist nichts zu harsch und zu bitter, wenn es die Vernichtung eines Volkes verhindert.

Wir verstehen, dass es viele Dinge gibt, von denen Sie nichts wissen; dass Sie nur zu gerne helfen würden, wenn Sie die Tatsachen erführen, wenn Sie die gegenwärtige Situation des jüdischen Volkes in Deutschland kennen würden. Das ist der Zweck dieses Briefes: Ihnen zu berichten, was die Juden erlitten haben, was sie erleiden und was Sie tun können – tun müssen –, um zu helfen.

Im Krankenhaus St. Ottilien in der Nähe von Landsberg, Deutschland, gibt es heute 750 Menschen, darunter der Ärztestab. Die Patienten sind Juden, die versuchen, ihr Leben zu retten, und kaum glauben können, dass es sie überhaupt noch gibt. Die Ärzte sind Juden, die trotz des völligen Mangels an Hilfe von außen ihr Bestes tun, um diesen Leuten zu helfen.

Vor vier Monaten wurde dieses Krankenhaus benutzt, um deutsche Soldaten zu pflegen. Damals gab es Tausende von Juden, die durch Deutschland irrten, krank, gequält, verwundet, ohne Nahrung, Kleidung oder Hilfe irgendeiner Art. Eine dieser Gruppen führte Dr. Zalman Grinberg, ehemaliger Litauer und nun Chef des Hospitals in St. Ottilien.

Seit Monaten versucht er, Hilfe für diese Leute zu bekommen. Die Deutschen wiesen ihn zurück. Die Gemeindeverwaltungen wiesen ihn ebenfalls ab. Hilfsorganisationen wie das Rote Kreuz, UNRRA, die verschiedenen jüdischen Organisationen,

taten nichts für die Leute, obwohl sie vor Ort waren, und auch die amerikanische Militärregierung half ihnen nicht.
Seit drei Monaten wird dieses Krankenhaus nun betrieben, und seit dieser Zeit hat Dr. Grinberg 1200 Menschen entlassen können, die gesund genug waren, um ihre Krankenbetten zu verlassen.
Aber all dies geschah ohne die geringste Hilfe von außen, weder der alliierten Regierung noch von irgendeiner der so genannten Hilfsorganisationen der Welt.
Heute gibt es 750 Menschen im Hospital, von denen alle nur die Hälfte der Lebensmittelration erhalten, die sie brauchten, um wirklich zu genesen. 60 Prozent von ihnen müssen das Bett hüten, weil sie keine Kleidung haben, andere müssen weiter die Uniformen des Konzentrationslagers tragen. Alle leben mit Läusen und Krankheiten, weil es an Bettwäsche und Ausstattung fehlt, und viele werden nicht richtig versorgt, weil es keine Medikamente gibt.
Es gab Hilfsorganisationen, die St. Ottilien besucht haben: Hilfsorganisationen, die ohne Lebensmittel, Kleidung und andere Versorgungsgüter kamen, die blieben, um sich die tragische Geschichte anzuhören, und die dann wieder gingen und weder zurückkehrten noch irgendeine Hilfe schickten.
Die Leute von St. Ottilien haben Briefe mit der Bitte um Hilfe verschickt. Wir sahen einen Brief, der vor mehr als zwei Monaten an den Jüdischen Weltkongress in den USA ging. Aber es gab weder Hilfe noch auch nur eine Antwort. WARUM?
Vielleicht hätten Sie als Einzelner geholfen, wenn Sie es gewusst hätten. Aber Sie, das Volk von Amerika, Sie, die Juden Amerikas, haben nicht geholfen – Sie haben sich geweigert zu helfen. Sie, Sie alle zusammen, sind in diesem Moment verantwortlich für die andauernde, langsame Vernichtung der Juden Europas!
Vielleicht können Sie nur schwer glauben, was wir Ihnen berichtet haben. Vielleicht können Sie kaum glauben, was diese

> Leute durchgemacht haben. Es ist schwer zu glauben, weil es so tragisch und so unglaublich ist. Auf den nächsten Seiten finden Sie eine Ansprache, die Dr. Grinberg am 27. Mai dieses Jahres bei einem so genannten Befreiungskonzert hielt, ein Befreiungskonzert, bei dem die befreiten Menschen zu schwach waren, um sich aufrecht zu halten, und noch immer nicht glauben konnten, dass sie frei waren.
>
> Lesen Sie diese Rede. Lesen Sie sie sorgfältig. Versetzen Sie sich in die Lage der Juden, über die Sie lesen. Jeder von uns weiß, dass es auch uns hätte treffen können.
>
> Lesen Sie sorgfältig – und DENKEN SIE NACH!

An dieser Stelle fügten wir Dr. Grinbergs Rede ein, die er selbst aus dem deutschen Original ins Englische übersetzt hatte, um sicher zu gehen, dass unser Bericht genau und wahrheitsgetreu war. Nach diesem Einschub fuhr unser Schreiben fort:

> Denken Sie nach! Es hätte auch SIE treffen können!
>
> Vielleicht haben Sie nun Tränen in den Augen, und wahrscheinlich ist Ihr Herz von Mitleid erfüllt. Gewiss schämen Sie sich und es tut Ihnen Leid. Diese Leute, von denen Sie gerade gelesen haben, diese Menschen, die wortwörtlich durch die Hölle gingen, denen von ihrem Leben nicht mehr als ein kleiner Überrest geblieben ist, diese Juden Europas brauchen immer noch Ihre Hilfe, und sie brauchen sie sofort.
>
> Wir können die Tragödie dieser Menschen nicht genug betonen, den langsamen Tod, der ihnen bevorsteht, wenn wir ihnen nicht helfen. Denn wenn Sie die Juden in Europa sterben lassen, ziehen Sie die Schlinge um den Hals der jüdischen Weltbevölkerung enger. Ja, wer von Ihnen Jude ist, vernichtet sich auf diese Weise selbst.
>
> Diese Menschen brauchen Nahrung; sie brauchen Wein, um das Blut zu verbessern; sie brauchen Obstsäfte; gesunde Lebensmittel, kräftigende Nahrung. Diese Leute brauchen Kleidung;

sie brauchen Hosen, Hemden und Kleider. Wenn sie den kommenden Winter überleben sollen, brauchen sie Schutz vor der Kälte. Sie brauchen Schuhe. Die Kinder und sogar die Erwachsenen laufen ohne Fußbedeckung herum. Sie brauchen Laken und Decken, um Läuse und Krankheiten zu bekämpfen.
Diese Leute brauchen Seife und sie brauchen medizinische Ausrüstung, alles, was Sie haben und bekommen können. Sie brauchen die lebensnotwendigsten Dinge und sind auf Sie angewiesen, sie zu bekommen. Es besteht die unerträgliche Situation, dass die Juden bei den Deutschen betteln müssen. Sie allein können diese Lage verbessern.
Und es handelt sich nicht nur um ein Krankenhaus, dem wir helfen müssen. Es gibt Dutzende von Überlebendenlagern, deren Insassen nicht einmal das haben, worüber das Krankenhaus verfügt. Die Bedingungen sind dort noch hundertmal schlimmer – und auch dort gibt es keine Hilfe von außen.
Wir schreiben Ihnen nicht, um Ihnen Vorträge zu halten. Wir schreiben nicht, um Sie mit einer tragischen und schmachvollen Geschichte zu unterhalten. Wir schreiben Ihnen als Mitglieder des Menschengeschlechts!
Wir richten mit diesem Brief einen Appell an Sie, weil Sie die Einzigen sind, die helfen können, und weil Sie es sind, die helfen müssen.
Die überlebenden Juden Europas wollen leben. Die Tatsache, dass schon fünf Kinder in St. Ottilien zur Welt kamen, ist Beweis genug. Und die jüdischen Überlebenden können leben, wenn Sie Ihnen helfen. Wir sagen, dass sie leben werden. WAS SAGEN SIE?

Auf der letzten Seite unseres Briefes schrieben wir in ein Kästchen:

Angesichts der Tatsache, dass die Menschen in St. Ottilien Displaced Persons in Deutschland sind, ist es ihnen nicht erlaubt, Post oder Pakete zu erhalten.

Deshalb war der Kaplan des Luftwaffenstützpunktes Kaufbeuren einverstanden, Sendungen, die Sie schicken, entgegenzunehmen und dem Hospital auszuhändigen.

Und dann unterschrieben wir mit unseren Namen und setzten darunter in Großbuchstaben Kaplan Bonds Feldpostadresse.

Wir schickten die Briefe zu Hunderten weg: an Ehefrauen, Freunde, Väter, Mütter, Brüder, Schwerstern und Nachbarn, an Synagogen, Vereine, Organisationen, Bruder- und Schwesternschaften, zu Gruppen der jüdischen Gemeinden, an die Young Men's Hebrew Association und die Young Women's Hebrew Association, an alle und jeden, der genügend Anteil nehmen könnte, um ein Paket zu schicken, innerhalb einer Organisation Unterstützung zu mobilisieren, einen Senator oder Kongressabgeordneten anzusprechen oder einen anderen Politiker, der durch sein Gewissen oder den Druck seines Wahlkreises vielleicht dazu bewegt würde, Fragen zu stellen und auf Maßnahmen hinzuwirken. Wir schickten besonders viele Briefe an Eds Bruder, Leonard Herman, der seinen persönlichen Kreuzzug führte, Amerika wissen zu lassen, was mit den Überlebenden der Konzentrationslager in der amerikanischen Besatzungszone in Deutschland geschah.

Viele GIs halfen, die Briefe zu adressieren und zu versenden. In einer Woche hatten wir den ersten Schwung verschickt und ließen noch mehr drucken. »Gibt es noch mehr Namen? Wer hat noch mehr Namen? Vergesst niemanden!«

Die Armeebestimmungen untersagten, Pakete aus den USA über 70 Pfund ohne Zustimmung des Stützpunktkommandanten oder des Kaplans zu erhalten. Kaplan Bond hatte Dutzende maschinengetippter Papierstreifen mit einer solchen Genehmigung vorbereitet und jeden persönlich unterschrieben, und wir legten sie Briefen an Organisationen bei.

Im Enthusiasmus und der Aufregung über unsere Briefaktion hielten wir das Problem schon für gelöst, als ob Nahrung, Kleidung und Arzneimittel für die Patienten von St. Ottilien bereits auf dem Weg wären. Es kam uns überhaupt nicht in den Sinn, dass wir eventuell gar keine Antwort bekommen würden. Ed und ich sprachen erst darüber, nachdem wir alle Briefe verschickte hatten, die wir fürs Erste versenden wollten: »Es könnte Wochen, vielleicht Monate dauern, bevor wir die ersten Pakete aus den Staaten bekommen«, gaben wir zu. »Vielleicht kommen sie nie.«

Unsere Sorgen verstärkten sich, als wir einige Tage später unseren Brief Captain Klausner zeigten. Er war damit nicht einverstanden. Weil Klausner den Überlebenden in Deutschland half wie kaum ein anderer, nahmen wir seine Kritik ernst. Er war der Meinung, dass unsere Vorwürfe zu stark seien, dass der Brief manche Leute vor den Kopf stoßen könnte, statt ihre Unterstützung zu erlangen. Gleichzeitig sagte er uns aber auch, dass das, was wir geschrieben hatten, wahr sei und »die Welt es wissen sollte«.

Einige Wochen, nachdem der Brief in den USA verteilt worden war, änderte Klausner seine Meinung. Wir hatten noch mehr Abzüge machen lassen, und als wir ihm erzählten, dass wir noch mehr Briefe verschickten, gab er uns seine ganze Unterstützung. Vielleicht war ihm klar geworden, dass es manchmal keinen anderen Weg gibt, die Tyrannei zu bekämpfen, als offen und energisch zu sein.

Captain Klausner, immer ganz Geistlicher, wollte jedoch, dass wir die Art der erbetenen Hilfe in unseren neuen Briefen änderten. Er war der Meinung, dass ein Großteil des Volumens für Nahrungsmittel und Kleidung besser für religiöse Bücher und Gegenstände genutzt werden sollte. Wir lehnten ab.

Kapitel 10

St. Ottiliens Kristallnacht

Der September in Kaufbeuren war ungewöhnlich heiß und schwül. Beinahe jeden Nachmittag trafen sich alle, die nicht mehr arbeiten mussten, auf dem Rasen nahe dem Eingangstor des Stützpunktes, entspannten sich in der alpinen Brise, die aus dem Süden von den Alpen kam, spürten die Frische des herannahenden Herbstes und hatten mit dem Wechsel der Jahreszeit das aufregende Vorgefühl, bald ein Schiff nach Hause besteigen zu können. Etliche aus unserer Einheit waren bereits abgelöst worden, um in den USA aus der Armee entlassen zu werden. Jede Woche wurden es mehr.

Während die meisten Männer davon träumten, bald nach Hause zu kommen, bewegte Ed und mich etwas anderes. Unser Geschwader hatte seine Mission erfüllt und würde bald aufgelöst werden. Jene Soldaten, die wie Ed und ich noch nicht genügend Dienstpunkte gesammelt hatten, um entlassen zu werden, würden sehr bald zu anderen Stützpunkten verlegt werden. Was würde aus der Versorgung St. Ottiliens, die wir organisiert hatten, werden? *Wenn* die Pakete aus den USA kämen, wer würde ihre Auslieferung an das Krankenhaus übernehmen? Captain Klausner war bereit, sich darum zu kümmern. Eines Tages stellte er uns einem Captain Jacobson vor, der gerade nach Kaufbeuren verlegt worden war. Captain Jacobson erklärte sich einverstanden, nach unserem Weggehen fortzuführen, was Ed und ich begonnen hatten. Und das tat er.

Beinahe ein Monat war vergangen, seit wir den Brief verschickt hatten, und nicht ein einziges Paket war eingetroffen. Das war umso verwunderlicher, als Ed und ich viele Briefe aus den USA erhalten hatten, die beschrieben, wie die Leute, die unseren Brief gelesen hatten, geweint hatten und darauf mit jenen Schuldgefühlen reagierten, die wir uns erhofft hatten. Diese Leute hatten sofort Kisten mit Lebensmitteln, Kleidern und Medikamenten zusammengestellt und wie verlangt an Kaplan Bond geschickt. Die Pakete kamen nicht nur von Privatpersonen, sondern auch jüdische und nichtjüdische Organisationen und Institutionen hatten große Sendungen geschickt. Außerdem hatte Eds Bruder Leonard uns mitgeteilt, dass er die Briefe in vielen Teilen des Landes verteilt hatte und sich sicher sei, dass viele Menschen Pakete schicken würden.

Unser erster Gedanke war, dass diese Pakete, wie so viele andere, die an GIs auf der ganzen Welt verschickt wurden, von den Postämtern der Armee unterschlagen und ihr Inhalt auf dem Schwarzmarkt verkauft wurde. Aber weil es so viele Pakete zu diesem einen Zielort, unserem Stützpunkt, geben musste, und sie nicht von Familien an einzelne Soldaten gingen, sondern größtenteils von Organisationen an einen Kaplan der Armee, hätten die meisten selbst bei einigen Unterschlagungen ankommen müssen.

Es schien, als würden aus einem unerfindlichen Grund alle Sendungen an den Kaplan des 2. Geschwaders im Armeepostamt im Hafen von New York aufgehalten. Tatsächlich war genau das der Fall, wie wir später erfuhren.

Wir stellten Spekulationen an. War es Eisenhower? Sicher rückte ihn unser Brief in ein schlechtes Licht. Versuchte er nun, den Eindruck zu erwecken, dass seine Anordnungen, sich um die Displaced Persons zu kümmern, ausgeführt wurden und dass die Pakete unnötig waren? Einige der Jungs, die St. Ottilien geholfen hatten und sehnlichst die Ankunft der Pakete als Lohn ihrer Mühen erwarteten, waren besonders verbittert. »Sie haben die Deportierten vernachlässigt«, sagte einer, wie ich mich entsinne, »und jetzt, wo wir sie vorführen, wollen sie sichergehen, dass alle verhungern!«

»Wenn Eisenhower Mumm hätte und die Ausführung seiner Befehle durchsetzen würde, müssten wir uns vielleicht keine Sorgen mehr über die Pakete machen«, so fand ein anderer.

Zwei verschiedene Ereignisse, die jedoch miteinander in Beziehung standen, legten nahe, dass etwas im Gange war.

Bei einer unserer Fahrten für die beiden polnischen Schwestern zum Hauptquartier der Militärregierung in München trafen wir zufällig mit Captain Klausner zusammen, der einen vornehm aussehenden Zivilisten begleitete. Er stellte ihn uns als Dekan Earl G. Harrison von der Juristischen Fakultät der Universität von Pennsylvania vor. Wir wussten damals nicht, dass er der Vertreter des Präsidenten im Zwischenstaatlichen Flüchtlingskomitee war.

»Ach, Sie sind die beiden Soldaten, die diesen Brief geschrieben haben«, sagte Harrison mit einer Kopie des Briefes in der Hand. »Wir untersuchen das«, sagte er, »wir untersuchen das.« Und dann war er verschwunden.

Wir wussten nicht, wie oder warum er unseren Brief besaß und fanden erst später heraus, was er mit dem Wort »untersuchen« gemeint hatte. Es konnte bedeuten, dass etwas geschah, um den Überlebenden zu helfen, aber wir mussten auch befürchten, dass man unsere Bemühungen und uns persönlich aufs Korn nahm. Einige Tage später erhielten wir durch eine weitere unerwartete Begebenheit einen Hinweis, dass unser Brief Wirkung zeigte. Ich war im Redaktionsbüro und tippte etwas für die nächste Ausgabe der Zeitung ab, als einer der Jungs hereinstürmte.

»Da ist so ein hochdekorierter Oberst, der nach dir sucht«, sagte er. »Er hat so ein Lächeln, als ob er was im Schilde führt. Ich hab gesagt, ich versuche dich zu finden. Soll ich ihm sagen, dass ich keinen Erfolg hatte?«

»Hat er nicht gesagt, was er will?«

»Kein Wort. Er hat nur gefragt, wo er dich finden kann. Er hat eine ziemlich mürrische Stimme.«

»Verdammt«, sagte ich und stand vom Schreibtisch auf.

»Er wartet vor dem Haupteingang, Mitteltür.«

Ich hatte eine Ahnung, warum er gekommen war, noch bevor ich ihn sah. Auf seiner linken Schulter trug er das Rangabzeichen des Oberkommandos der alliierten Landungstruppen, ein glühendes Schwert mit goldenem Griff auf einem schwarzen, V-förmigen Schild, über dem ein Regenbogen prunkte. Ich sah keine Ordensbänder unter den Auszeichnungen über seiner linken Brusttasche, aber er hatte eine Reihe goldener Streifen auf dem Ärmel seiner Eisenhower-Jacke, was bedeutete, dass er eine Zeit lang in Übersee gewesen war. Ich vermutete, dass er während des ganzen Krieges an Eisenhowers Seite gewesen war, vielleicht seit den frühen Tagen in Afrika. Sein Gesicht war ernst, beinahe verärgert. Ich hätte mir gerne eingeredet, dass seine Miene nur wiederspiegelte, wie lästig ihm sein Auftrag war, aber ich wusste, dass es etwas mit dem Brief zu tun hatte.

Zu meiner Überraschung verspürte ich statt des eingeschüchterten Unterlegenheitsgefühls, das jedem Soldaten andressiert wird, der in die Nähe eines Offiziers kommt, ein starkes Selbstbewusstsein, beinahe Euphorie. Ich salutierte. Ich war überraschend ruhig.

»General Eisenhower hat mich gebeten, mit Ihnen und Soldat Herman zu sprechen, wenn ich in der Gegend bin«, sagte er. »Der General möchte Sie und Soldat Herman wissen lassen, dass er es zu schätzen weiß, dass Sie ihn mit Ihren Briefen in die USA auf die schwierige Situation einiger Deportierter in einigen Lagern in Deutschland aufmerksam gemacht haben.« Er lächelte ein gezwungenes Lächeln, das wie erstarrt und eher wie Spott wirkte.

»Danke, Sir. Der General ist sehr freundlich, sich so viel Mühe zu machen.«

»Der General ist froh, wenn seine Männer mehr als ihre Pflicht tun und ein Soldat sich für das interessiert, was um ihn herum pas-

Der Autor vor dem Hauptquartier des *2nd Air Disarmament Wing* auf dem Luftwaffenstützpunkt Kaufbeuren, September 1945

siert«, fuhr er fort. »Schließlich ist das der Grund, warum wir in diesen Krieg gezogen sind.«

Sich interessiert für was? fragte ich mich: GI-Kleidung und Zigaretten auf dem Schwarzmarkt zu verkaufen, Zivilisten zu bestehlen, Nazi-Frauen zu füttern und zu vögeln, weibliche Deportierte hungern zu lassen und zu vergewaltigen? Er hätte wenigstens etwas über Demokratie oder Menschlichkeit oder etwas in der Art hinzufügen können.

»Jetzt, wo der General von den Problemen weiß, möchte er Sie wissen lassen, dass man sich darum kümmern wird. Sie werden keine weiteren Briefe mehr schicken müssen.« Das Lächeln war verschwunden und seine Stimme nahm einen Befehlston an.

Ich blickte ihm direkt in die Augen.

»Ich habe mir Ihre Akte angesehen«, sagte er in freundlichem Ton, aber mit der Herablassung, die ein Oberst offenbar grundsätzlich Soldaten gegenüber für notwendig hält. »Ich bin erfreut, dass Sie genügend Punkte haben, um bald nach Hause zu kommen. Ich bin sicher, Sie freuen sich darauf, bald Ihre Familie zu sehen und wieder aufs College zu gehen.«

Er hatte sich in der Tat meine Akte angesehen.

»Ja, das tue ich, Sir.«

»Nun, der General und ich hoffen, dass es für Sie bald so weit ist, auch wenn wir immer noch Verpflichtungen auf der ganzen Welt haben und ein guter Soldat wie Sie, der ein so besonderes Interesse für die Angelegenheiten unseres Landes entwickelt, an den Orten gebraucht wird, wo wir immer noch die Augen offen halten müssen – zum Beispiel auf den Aleuten in Alaska.«

Der Bastard, dachte ich, biss die Zähne zusammen und ballte meine Fäuste. Und dann biss ich mir auf die Lippen, um mir das Lachen zu verkneifen. Schlagartig wurde mir die Lächerlichkeit der Situation bewusst. Der kommandierende General der größten Armee der Welt, die gerade einen Krieg gewonnen hatte, schickte einen Oberst, um einem einfachen Soldaten anzudrohen, in die Arktis versetzt zu werden. O.k., du Bastard, dachte ich, droh von mir aus, so viel du willst.

Mit dem Übermut einer, wie ich fand, verdienten Arroganz, lächelte ich.

»Bitte bestellen Sie dem General …« und ich betonte das nächste Wort mit großer Sorgfalt: »*Sir*, dass ich seine Worte und seine Anteilnahme zu schätzen weiß. Ich freue mich darauf, nach Hause zu fahren und erwarte, dort in einigen Monaten anzukommen, sobald ich meine Punkte zusammen habe.«

»Die Briefe werden aufhören«, sagte der Oberst, und das klang eher wie ein Befehl als eine Bemerkung. »Sie und Soldat Herman sollten Ihre Talente besser einsetzen und etwas für ihre Position in der Armee tun.« Es lag keinerlei Subtilität mehr in seinen Worten. »Wenn es weitere Briefe geben sollte, machen Sie sich besser auf Ski-Stiefel gefasst.« Und dann der Satz, den er als Gnadenstoß beabsichtigte: »Und die Dokumente, die für Ihre Entlassung erforderlich sind, könnten verloren gehen.«

Ich wartete darauf, dass er noch etwas sagte. Aber dazu bestand kein Anlass. Die Botschaft des Generals war übermittelt worden. Das Treffen war vorbei. Ich merkte, dass er auf meinen Salut wartete, und salutierte. Er salutierte zurück, drehte sich um und hielt dann inne.

»Wo ist Soldat Herman?«, fragte er halb über seine Schulter.

»Ich weiß es nicht, Sir«, sagte ich wahrheitsgemäß. »Ich glaube, er ist heute Morgen nicht auf dem Stützpunkt.«

»Wenn er zurückkommt, sagen Sie ihm, dass ich ihn sehen will. Heute Nachmittag.« Dann ging er.

Ich traf Ed erst später an jenem Abend. Der Oberst hatte ihn am Nachmittag ausfindig gemacht und mit ihm exakt die gleiche Unterhaltung geführt wie mit mir.

Wir kannten noch nicht das wahre Ausmaß der Wellen, die der Brief geschlagen hatte, aber wir schätzten, dass er einige Wirkung gezeigt hatte, obwohl noch kein einziges Paket angekommen war.

»Glaubst du, die Bastarde können uns wirklich auf die Aleuten schicken?«, fragte ich Ed.

»Sie können mit uns machen, was sie wollen«, antwortete er.

»Selbst unsere Entlassungspapiere verlieren?«

»Na klar.«

»Dann müssen wir irgendetwas richtig gemacht haben.«

Unsere Befriedigung war stärker als unsere Befürchtungen, und wir schüttelten uns fröhlich die Hände. Wie häufig kommen zwei Soldaten schon in den Genuss, einen Oberst und einen General gleichzeitig zu frustrieren?!

In jener Nacht verschickten wir weitere Briefe.

In der Zwischenzeit warteten wir – wie die Überlebenden von St. Ottilien. Dr. Grinberg versuchte weiter mit allen Mitteln, die Versorgung des Krankenhauses zu sichern. Eine Zeit lang konnte er Medikamente von solidarischen Ärzten anderer Stützpunkte erhalten, und ein paar Kleidungsstücke und Nahrungsmittel kamen in regelmäßigen Abständen von einzelnen Soldaten dieser Stützpunkte, die in ihren Briefen nach Hause von St. Ottilien berichtet hatten und von dort Pakete für die Überlebenden bekamen. Wir schmuggelten weiter jedes verfügbare Essen ins Krankenhaus, wann immer wir konnten.

Ein besonderes Ereignis im September gab uns eine äußerst günstige Gelegenheit dafür. Die Behelfssynagoge in St. Ottilien wurde für die Jom-Kippur-Feier vorbereitet. Im Vorfeld gab es eine Reihe von Betgottesdiensten. Obwohl St. Ottilien von einem Stacheldraht und Militärpolizei umgeben war, war es kein Nazi-Stacheldraht mehr, den die SS bewachte, und die Insassen wachten nicht jeden Morgen auf, um sich zu fragen, ob sie heute an die Reihe kämen, in die Gaskammern gehen zu müssen. Sie bereiteten sich daher auf Rosch Haschana und Jom Kippur mit weniger Besorgnis vor als in den Jahren zuvor. Es war für die meisten das erste jüdische Neujahrsfest seit Kriegsbeginn und es machte sich durch die Vorfreude auf den 16. September 1945 sogar ein fast festlicher Optimismus breit.

Selbst wer nicht religiös war, machte mit, um den Tag der Versöhnung nicht unbedingt als heiligsten Tag des Jahres, aber als eine Zeit zu begehen, in der man seines Volkserbes gedachte und sich an die bemerkenswerte Tatsache erinnerte, dass man als Jude immer noch lebte und ungehindert eine religiöse oder andere Feier veranstalten konnte.

Stühle und Bänke füllten den Raum zu beiden Seiten eines Mittelgangs, der vom Eingang im hinteren Teil des Raumes zur Thora im vorderen Teil führte. Selbst viele derjenigen, die schwer krank waren und unbedingt Nahrung benötigten, waren entschlossen, an Jom Kippur zu fasten. Als Solidaritätsbeweis nahmen einige der Leute, die in der gottverlassenen Welt der Lager zu Atheisten oder Agnostikern geworden waren, ebenfalls am ganztägigen Fasten und der Gewissensprüfung teil und machten den Tag zu einem Symbol des Überlebens und der Zukunftsgewissheit. Es schien, als ob fast jeder in St. Ottilien sich auf den Feiertag freute und darin mehr sah als nur ein religiöses Fest. Es war ein Ausdruck des Lebens und die kommenden Gottesdienste sollten für alle ein Quell geistigen, seelischen und körperlichen Wohlbefindens werden.

Ich sprach mehrere Male mit einigen der Überlebenden in St. Ottilien über Religion. Gewöhnlich kam das Gespräch darauf, wenn Leute, die nicht religiös waren, über ihren Wunsch sprachen, nach Palästina zu gehen. »Wenn ich mir ansehe, was der angeblich existierende Gott in den vergangenen Jahren zugelassen hat, muss ich sagen, dass ich, wenn überhaupt, Atheist bin«, hörte ich mehr als einmal.

»Gehen Sie zu den Gottesdiensten der hiesigen Synagoge?«, fragte ich. Sie antworteten dann gewöhnlich, dass sie nicht hingingen. Aber wie wollten sie sich in einem Land – Palästina – einleben, so entgegnete ich, das bereits deutlich gemacht hatte, dass es ein starkes religiöses Fundament haben werde. »Ist man dort, wo Sie in Ihrem Land leben, sehr religiös?«, fragte man mich daraufhin häufig.

Ich sagte, dass manche Gegenden sehr religiös seien.

»Und müssen Sie in eine Synagoge gehen?«

Ich gab zu, dass ich das nicht musste.

»Und Ihnen geht es dort gut? Niemand verfolgt Sie, weil Sie nicht in eine Synagoge oder Kirche gehen?«

»Nun, es gibt viele Leute wie mich in Amerika. Es ist ein großes Land mit sehr vielen verschiedenen Konfessionen.«

»Wissen Sie«, antwortete man mir dann, »wenn genügend unterschiedliche Menschen mit unterschiedlichen Glaubensauffassungen nach Palästina gehen, kann es auch ein solcher Ort werden.« Dann fügten sie hinzu: »Ich muss Ihnen sagen, dass es gerade hier in St. Ottilien sehr viele Juden gibt, die nach Palästina gehen wollen, aber sie sind wie ich ...« – die meisten konnten das Wort »Atheist« nicht offen aussprechen – » ... Nicht-Gläubige.«

Wir nahmen an, dass die Militärpolizisten, die das Lager bewachten, den Gottesdienst des hohen religiösen Feiertages nicht stören würden. Die schlimmsten Heuchler legen häufig den größten Respekt für religiöse Symbole und Anlässe an den Tag, und die Teilnahme an einem Gottesdienst wird zu einem magischen Passwort. Eine Reihe von uns versteckten Lebensmittel unter unseren Jacken und in unseren Taschen und gingen zum Gottesdienst. Einige von uns waren religiös, andere waren es nicht. Es gab sogar ein paar Nichtjuden in der Gruppe. Sobald wir jedoch in St. Ottilien angekommen waren, hielten uns die Wächter an und wir konnten sie nur mit Mühe überzeugen, uns hineinzulassen. Wir versicherten ihnen, dass wir keine Nahrungsmittel oder andere Gegenstände bei uns führten und unser einziger Zweck die Teilnahme am Gottesdienst sei.

Der Gottesdienst hatte bereits angefangen, als wir die Synagoge betraten, und wir setzten uns, wo wir Platz fanden, verteilt unter die Gemeinde. Ich fand einen Platz im vorderen Teil des Saals in der Nähe von Dr. Grinberg. Wir erhielten alle Gebetskappen, als wir den Raum betraten. Die Patienten des Krankenhauses mussten sie tage-, vielleicht wochenlang zuvor zusammengesucht und genäht haben. Ich fragte mich, woher sie den Stoff hatten. Mehrere Leute trugen behelfsmäßige Gebetsschals. Es gab offenkundig nicht genug Stoff, um mehr als ein paar zu machen. Drei Männer standen vor dem Altar. Einer von ihnen war Captain Klausner. Ein anderer schien ebenfalls ein Rabbi zu sein. Ob er es wirklich war oder nicht, wusste ich nicht. Die Deutschen hatten vorrangig die Rabbis ausgerottet, und nur wenige waren übrig geblieben. Der dritte Mann übernahm die Rolle des Sängers und der Saal verstummte sofort, als er seine Stimme erhob, den tiefen, trauernden Ruf des »Kol Nidre« einstimmte und Gott um Vergebung für die Unzulänglichkeiten und gebrochenen Versprechen des vergangenen Jahres bat.

Es schien, als ob jede Person, die irgendwie aufstehen konnte, anwesend war. Beinahe jeder Platz war besetzt. Im hinteren Teil des Raumes standen einige Krankenbetten und Baren mit Leuten, die zu schwach waren, um aufrecht zu sitzen. Einige der Leute trugen noch immer die gestreiften Pyjamas der Konzentrationslager, beinahe fünf Monate nach ihrer Befreiung, weil sie immer noch keine andere

Kleidung bekommen konnten. Aber einige hatten nun andere Kleidung: ein paar Armeehosen, ein Sporthemd von der Armeeverkaufsstelle oder ein Kleid, das aus einem Vorhang oder den Überresten eines Fallschirms genäht war oder ein GI aus einem deutschen Haus »befreit« und gespendet hatte. Es gab immer noch ein paar der Gesichter aus der Zeit des Befreiungskonzerts mehr als drei Monate zuvor – müde, traurig, krank und hungrig. Aber wenigstens war die Angst weitgehend verschwunden. An jenem Abend gab es zum ersten Mal etwas mehr: Hoffnung. Als der »Kol Nidre« erklang, ging spürbar ein Seufzer der Erleichterung durch den Raum: Das Jom-Kippur-Fest fand wirklich statt. Sie hatten den Meilenstein erreicht, der in den vorangehenden Wochen zu einem dringlichen, wichtigen Ziel geworden war.

Es gab keine Freude. Schließlich war es der Tag der Versöhnung mit Gott, an dem die Schuld gesühnt wurde. Aber es gab nun etwas anderes: eine Akzeptanz des Lebens. Auch wenn dies einigen noch immer nicht gelang, für die meisten war es nun wenigstens möglich. Ob sie dort zur Feier eines religiösen Glaubens oder zur Bekundung politischer Freiheit versammelt waren: Es gab eine wechselseitige Bejahung der menschlichen Existenz. Wenn sie den jüdischen Glauben frei ausüben konnten, wie sie es taten, dann mussten sie sich ja vielleicht nicht mehr fürchten. Selbst in der Zeremonie der Trauer lag die Vorahnung eines Neuanfangs. Für viele Menschen in St. Ottilien war das Jom-Kippur-Fest ein wichtiger Wendepunkt in ihrem Leben.

Plötzlich gab es einen Aufruhr im hinteren Teil des Saals. Wir hörten den Klang von Stiefeln, die die Doppeltür auftraten, drehten uns um und sahen, wie die Wache der Militärpolizei hereinstürmte. »Alle GIs raus hier«, schrie einer von ihnen, unterstützt von anderen drohenden Stimmen. Sie fuchtelten mit ihren Gewehren herum und stießen die Leute unterschiedslos beiseite, wobei einige der Alten und Schwachen von ihren Stühlen zu Boden fielen. »Sie hatten Anweisung, keine Lebensmittel einzuschmuggeln«, rief einer der Militärpolizisten. »Wir haben Lebensmittel gefunden, die Sie eingeschmuggelt haben.« Wer von uns dem Befehl nicht schnell genug folgte, wurde von den Militärpolizisten ergriffen und gewaltsam aus dem Raum gestoßen.

Die Insassen von St. Ottilien bewegten sich nicht. Sie liefen nicht weg. Sie kämpften nicht. Sie schrien nicht. Sie saßen einfach nur da. Die Hoffnung, die sie in den Gebetssaal getragen hatten, war verflogen und die glasigen Blicke der Resignation und Hoffnungslosigkeit, die ich zuerst beim Befreiungskonzert gesehen hatte, kehrten zurück.

Plötzlich ertönten aus der Menge der Anwesenden die Worte eines Mannes: »Ihr Amerikaner seid Nazis.«

Draußen reihten uns die Militärpolizisten auf, immer noch mit vorgehaltenen Gewehren. Glücklicherweise hatten wir mehrere Offiziere bei uns, die uns einfach befahlen, ihnen durch das Tor zu unseren Fahrzeugen zu folgen. Sie wollten die Überlebenden im Gebetsraum nicht in noch größere Aufregung versetzen. Wir fuhren nach Kaufbeuren zurück.

Die Militärpolizei, die das Jom-Kippur-Fest störte, war die Kompanie L des 319. Infanterieregiments der 80. Infanteriedivision. Als ehemaliger Infanteriesoldat hatte ich gedacht, dass diese Soldaten eigentlich einen besonderen Respekt für die Niedergetrampelten hegen müssten, für jene, die Frieden und Freiheit suchten und gewiss für jene, die Opfer des Nationalsozialismus wurden, den sie als Soldaten schließlich bekämpft und niedergerungen hatten.

Als ich das nächste Mal in St. Ottilien war, redete ich über das Jom-Kippur-Fest mit einem der Überlebenden, die ihm beigewohnt hatten.

»Es war die Erinnerung an eine andere Zeit«, sagte er. »Sieben Jahre zuvor. Ich erinnere mich genau an das Datum: Es war der 9. November 1938. Ich war in der Synagoge und die Nazis kamen mit ihren Gewehren herein, schlugen Leute nieder, zerstörten die Thorarolle und andere heilige Gegenstände. Sie trieben die Leute aus der Synagoge. Dann zündeten sie sie an. In derselben Nacht brachen sie in unsere Häuser ein, stahlen unser Eigentum und liefen durch die Stadt, um die Schaufenster jedes Geschäfts einzuwerfen, dessen

Eigentümer sie für einen Juden hielten, und plünderten alles. Es wurde die ›Kristallnacht‹ genannt. Dieses Mal haben sie die Synagoge nicht angesteckt.«

St. Ottilien brauchte nun mehr Hilfe denn je. Nicht nur materieller, sondern psychologischer Art. Wir mussten den Patienten und Ärzten versichern, dass die Störung des Jom-Kippur-Festes kein Vorspiel der schlimmen Dinge war, die sie unter den Nazis kennen gelernt hatten. Einige der GIs, die vor dem Jom-Kippur-Fest noch nicht in St. Ottilien gewesen waren, wollten nun bereitwillig helfen. Sie schmuggelten nicht nur Nahrung ein, sondern bemühten sich mit anderen, den Überlebenden zu versichern, dass nicht alle Amerikaner so waren wie die Militärpolizisten und das Vorgefallene kein Vorzeichen der Zukunft, sondern hoffentlich das Ende der Vergangenheit war.

In gewisser Weise war mit dem Vorfall am Jom-Kippur-Fest für St. Ottilien der Höhepunkt überschritten. Obwohl das Problem des Überlebens noch bei weitem nicht gelöst war, begannen sich einige Veränderungen zu vollziehen. Dr. Grinberg und andere Vertreter des Krankenhauses hatten wiederholt das Büro der Militärverwaltung in Landsberg besucht und um Lebensmittelrationen gebeten. Nichts war geschickt worden. Bei einem ihrer Besuche hörte ein Oberst Tohrn (oder vielleicht Thorne) von der Landwirtschafts- und Nahrungsmittelabteilung der Militärverwaltung ihre Bitte. Am 17. September, einen Tag nach dem Zwischenfall beim Jom-Kippur-Fest, erhielt St. Ottilien durch die Bemühungen von Oberst Tohrn seine erste offizielle Lebensmittelzuweisung.

Berichte über die Behandlung der Überlebenden, die in ganz Deutschland und Österreich in Lagern hinter Stacheldraht leben mussten und von Militärpolizei bewacht wurden, waren offenbar hohen Regierungsvertretern zu Ohren gekommen. Es erging der Befehl, die Symbole der Unterdrückung, den Stacheldraht und die Militärpolizei, zu beseitigen bzw. abzuziehen. Doch dieser Abzug fand weitgehend nur auf dem Papier statt. In einigen Camps der amerikanischen Besatzungszone verschlechterte sich die Lage in den folgenden Monaten noch mehr.

Aber in St. Ottilien wurde der Stacheldraht abgebaut und die Militärpolizei abgezogen. In einem Brief vom 21. September 1945 schrieb ich an Leonard Herman: »Wir sind heute zum Krankenhaus gefahren, um den Beweis hinsichtlich der Vernachlässigung durch das Joint Distribution Committee zu erhalten, den du erbeten hast. Wir haben nicht nur die Information bekommen [die ich meinem Brief beigelegt hatte], sondern auch von neuen Entwicklungen gehört, die einige Probleme beseitigen. Dr. Grinberg wurde in Kenntnis gesetzt, dass es vor dem Krankenhaus keine amerikanische Wacheinheit mehr geben wird. In ein paar Tagen wird St. Ottilien keinen Bewachungsbeschränkungen mehr unterliegen und seine eigenen Posten aufstellen. Etwa zur gleichen Zeit soll der Stacheldraht entfernt werden. Zweitens berichtet uns Dr. Grinberg, dass die Militärregierung den Befehl erlassen hat, jüdische Deportierte nicht mehr wie andere Displaced Persons zur Rückkehr in ihre Heimatländer zu zwingen. Dieser Befehl kann natürlich jederzeit wieder zurückgenommen werden, aber im Moment sind die Juden in Sicherheit. Offensichtlich bedeutet diese plötzliche liberale Haltung der Militärbehörden, dass jemand endlich ein bisschen Druck auf die richtigen Personen ausgeübt hat.«

Feldafing war mit 6000 Menschen das größte Lager für Deportierte in Bayern. Es lag bei Urfell in der Nähe von Landsberg. Wie andere Deportiertenlager wurde es mit Stacheldraht umzäunt und von einer Einheit der amerikanischen Militärpolizei überwacht. Die Überlebenden wurden zu 20 bis 50 Personen in kleine Räume gesteckt, schliefen auf hölzernen, drei- bis vierstöckigen Pritschen. Sanitäre Einrichtungen waren praktisch nicht vorhanden. Hunger und Krankheit grassierten. Das unterschied sich kaum von den Barrackenbedingungen, die sie in deutschen Konzentrationslagern kennen gelernt hatten.

Eines Abends im Oktober 1945 kroch ein Lagerinsasse durch

den Stacheldrahtzaun an den Wachen vorbei und ging nach Landsberg, um Essen für sich und die anderen verhungernden Überlebenden des Lagers aufzutreiben. Er suchte die ganze Nacht hindurch und versuchte sich am nächsten Morgen wieder ins Lager zu schleichen. Eine Wache sah ihn und schoss sofort auf den Mann. Er wurde getroffen und noch am selben Nachmittag musste sein Bein amputiert werden. Es war ein ganz ähnlicher Vorfall wie in St. Ottilien.

Dr. Grinberg hörte von dem Vorfall und ging zum befehlshabenden Captain der Militärpolizeieinheit, um ihn zu bitten, den Schützen wenigstens zu verwarnen, als Abschreckung für die anderen Militärpolizisten, nicht mehr absichtlich oder unbedacht auf Überlebende zu schießen. Dr. Grinberg wies darauf hin, dass sich das amerikanische Militär verpflichtet habe, den Überlebenden der Konzentrationslager zu helfen, nicht sie zu verwunden. Die Antwort des Captains der Militärpolizei war einfach und spiegelte die Einstellung und das Verhalten allzu vieler amerikanischer Offiziere wider, die Überlebendencamps bewachten.

»Der Captain der amerikanischen Militärpolizei sagte«, so berichtete mir Dr. Grinberg, »dass es eine Schande sei, dass so viele Amerikaner den Juden gegenüber so freundlich gesinnt seien wie Präsident Truman.«

Von Anfang an, seit das Lager in Feldafing im Mai 1945 eingerichtet worden war, hatten die Überlebenden gegen die ungesunden, erniedrigenden und lebensbedrohlichen Bedingungen, unter denen sie leben mussten, und gegen Vorfälle wie Schusswaffengebrauch und Vergewaltigungen protestiert. Die amerikanischen Behörden schenkten ihren Protesten keine Beachtung. Es schien nur eine Frage der Zeit zu sein, bis die Situation eskalierte. Einige Monate später, im Februar 1946, passierte es schließlich. Verzweifelt erhoben sich fast alle Lagerinsassen zum Widerstand gegen die US-Behörden, die ihnen solch harte Bedingungen auferlegt hatten. Aus lauten Protesten wurden Handgreiflichkeiten. Die Militärpolizei schlug die Revolte nieder, nahm eine Reihe von Überlebenden, die sie als Rädelsführer ausgemacht hatte, gefangen und inhaftierte sie.

In St. Ottilien verbesserten sich mit dem Abzug der Militärpolizei und dem Abbau des Stacheldrahts die Bedingungen. Obwohl im November 1945 eine andere Armeeeinheit in St. Ottilien eintraf, blieb sie nur kurze Zeit. Die Einheit (413. Collecting Company) unter dem Kommando von Captain Gable war das genaue Gegenteil der früheren Lagerwache: Statt die Überlebenden zu verfolgen, nahm sie Anteil an ihrem Schicksal und half mit besonderen Anstrengungen, Lebensmittel und Kleidung für sie zu besorgen.

Als die Militärpolizei abgezogen war, postierte das Krankenhaus seine eigenen Wachen auf dem Gelände, um sich vor Vandalismus, Diebstahl und der wachsenden Zahl von »Wehrwölfen« zu schützen, Banden junger Nazis, die die jüdischen Überlebenden, Deportierten und anderen Ausländer sowie Deutsche terrorisierten, die als Nazi-Gegner bekannt waren oder die Nazis nicht unterstützt hatten.

Die »Wehrwölfe« und die ihnen nachfolgenden Nazi- oder Neonazi-Gruppen waren während der ganzen Besatzungszeit und noch danach aktiv, ermutigt von der zweideutigen Haltung der amerikanischen Militärregierung gegenüber einzelnen Nazis; durch die Unterstützung der USA für rechtsgerichtete politische Parteien wie die CSU in Bayern statt für die sozial eingestellte SPD; und durch das Verbot, das die US-Militärregierung gegen die Kommunistische Partei Deutschlands aussprach, die während der Nazi-Zeit eine führende Rolle im Untergrundkampf gespielt hatte. Die Sozialdemokraten, zu denen einige Kommunisten stießen, die keine politische Alternative hatten, wurden als Sozialisten etikettiert, was so viel wie Kommunisten bedeutete. Die Unterstützung der USA für die Konservativen in Deutschland etablierte ein Muster, das sich Jahrzehnte hielt und ein halbes Jahrhundert später zur wachsenden Zahl von Skinheads und junger Neonazi-Banden mitverantwortlich war.

Kapitel 11

Wer hat denn eigentlich diesen Krieg gewonnen?

Es war Mitte Oktober und unsere Einheit hatte ihren Auftrag erledigt und wurde langsam aufgelöst. Bayern war der letzte Rückzugsort der deutschen Luftwaffe gewesen. Nach Süddeutschland mit seinen spielzeugartigen Lebkuchenhäuschen hatten die Deutschen die Überreste ihrer Luftstreitmacht zurückgezogen: Seine harmlos aussehenden Städte und Waldgebiete hatten als letztes Versteck für Ausrüstung und Material der deutschen Luftwaffe vor den unerbittlichen alliierten Bombardements gedient. Nun, fünf Monate nach Kriegsende, waren die Fliegerhorste leergeräumt, das Material zusammengetragen und entweder zerstört oder für Forschungszwecke beziehungsweise zur Weiterentwicklung in die USA geschickt worden. Aus jeder Fabrik und jedem Labor war die Ausrüstung zur Herstellung von Kriegswaffen entfernt worden. Das zivile Leben in Deutschland begann wieder seinen normalen Lauf zu nehmen, als unsere Einheit die Fabriken und anderen Gebäude zusammen mit dem besetzten Grund und Boden der Militärverwaltung übergab, unter deren Kontrolle sie nach und nach einer zivilen Nutzung und Produktion zugeführt wurden.

Nur 30 Leute blieben in unserer Einheit. Die anderen waren bereits in die USA zurückgeschickt worden. Einige von uns blieben auf dem Stützpunkt und wurden anderen Einheiten zugeteilt. Manche wurden zu verschiedenen Besatzungsstützpunkten in Deutschland

Der Autor auf dem Stützpunkt Oberpfaffenhofen 1945

beordert. Mir fehlten noch einige wenige Dienstpunkte, um nach Hause geschickt zu werden.

Zwei Monate waren vergangen, seit wir unseren Brief verschickt hatten und kein einziges Paket war angekommen. Ed Herman und ich waren deprimiert und besorgt. Unsere Einheit hatte ihre Mission beendet, aber unsere eigene Mission, die Menschen von St. Ottilien vor der Not des kommenden Winters zu retten, war noch nicht erfüllt.

Dann kam für meinen Kameraden Dee DiBiase – mein Assistent bei unserer Stützpunktzeitung – und mich der Versetzungsbefehl zu einer anderen Einheit (44. Air Supply), deren Hauptquartier auf einem ehemaligen Flugzeugtestgelände nordöstlich von Kaufbeuren in Oberpfaffenhofen lag. Ed Herman jedoch wurde noch nicht versetzt und erwartete, noch wenigstens ein paar weitere Wochen in Kaufbeuren zu bleiben. Zu jener Zeit begann das Wörtchen »wenn« unsere Gespräche zu beherrschen, aber ich war erleichtert, dass Ed da sein würde, wenn die Pakete ankämen. Wir machten aus, dass Ed mich in Oberpfaffenhofen anrufen würde, sobald die erste Ladung einträfe, so dass ich in St. Ottilien wäre, wenn sie ausgeliefert wurde.

Ich verließ Kaufbeuren einige Tage nach dem Besuch des Oberst am 5. Oktober. Der Luftwaffenstützpunkt Oberpfaffenhofen hatte eine Zeitung und jemanden, der sie herausgab. Ich wurde sein Mitherausgeber. Obwohl diese Position mir nicht die Befugnisse gab, die ich in Kaufbeuren gehabt hatte, bot sie doch einiges an Flexibilität und Möglichkeiten. Glücklicherweise wurden mehrere Offiziere, die St. Ottilien geholfen oder mir bei meinen Bemühungen für das Krankenhaus den Rücken gestärkt hatten, ebenfalls nach Oberpfaffenhofen verlegt. Sie würden mich mit Fahrzeugen und Passierscheinen unterstützen, um nach St. Ottilien fahren zu können, wenn es erforderlich war.

Eine Reihe von Deportierten, die in Kaufbeuren gearbeitet hatten, beschlossen, ebenfalls nach Oberpfaffenhofen zu gehen, weil man ihnen die Weiterbeschäftigung zusicherte und einige Frauen enge

Beziehungen zu Offizieren oder Soldaten hatten, die dorthin versetzt wurden. Miriam und Adele gehörten dazu. Statt sich jemand anderen zu suchen, der ihnen, falls nötig, half, zu einem Immigrationszentrum zu kommen, wo zu gegebener Zeit der Transport in die USA für sie organisiert werden würde, schlug ich vor, dass sie mich zu meiner neuen Basis begleiteten. Außerdem mochten wir uns mittlerweile sehr gerne.

Oberpfaffenhofen liegt etwa 15 Kilometer vor München. Obwohl von St. Ottilien weiter entfernt als Kaufbeuren, war die Fahrtzeit dorthin ungefähr gleich, zirka eine halbe Stunde, weil man eine Hauptverkehrsstraße nehmen konnte, statt über Nebenstraßen fahren zu müssen. Wer von uns »Oberpfaffenhofen« halbwegs aussprechen konnte, übte es mit den Namen der Schwesternortschaften Unterpfaffenhofen und Pfaffenhofen. Ein Deutscher erklärte uns, es bedeute »das Haus des Pfarrers, das etwas näher an der Kirche steht als das des anderen Pfarrers«.

Der Stützpunkt war nur ungefähr anderthalb Kilometer von der Ortschaft Neugilching und dem Städtchen Gilching entfernt, beide Teil des Verwaltungsbezirks Starnberg, ein hübscher Sommererholungsort am gleichnamigen See, wo der geisteskranke König Ludwig nach einem seiner Nachmittagsspaziergänge ertrunken aufgefunden worden war. Sein Arzt, der ihn begleitet hatte, ertrank rätselhafterweise ebenfalls. Es gab keine Zeugen des Geschehens, aber die politisch Mächtigen, die ihn dorthin gebracht hatten, übernahmen sofort sein Reich.

Starnberg, nicht nur ein Erholungsort, sondern ein Handelszentrum für die umliegenden Städte, war das regionale Hauptquartier der Militärverwaltung. Die Starnberger Militärverwaltung war wie die meisten anderen. Manchmal hatte es den Anschein, als ginge es den US-Streitkräften darum, den Nationalsozialismus und die Nazis so schnell wie möglich zu rehabilitieren. Die Einstellung vieler einzelner Offiziere gegenüber den Überlebenden und den Nazis zeigte sich daran, dass häufig diejenigen als Bürgermeister von Gemeinden und Städten wieder eingesetzt wurden, die dieses Amt schon unter den Nazis inne hatten. Obwohl die letzte Entscheidungsgewalt bei der Militärverwaltung lag, trat diese die Verantwortung nur allzu oft ab oder arbeitete aus Wohlwollen, oder weil sie bestechlich war, mit den ehemaligen Nazis zusammen, die wieder in Amt und Würden waren. Das war in Gilching der Fall.

Kurz nachdem der Kreis von den amerikanischen Truppen besetzt worden war, setzte die Militärregierung einen neuen Stadtrat ohne Nazis ein. Herr Sohler, der einflussreichste Politiker des Kreises Starnberg, protestierte dagegen. »Seit 1933«, sagte er, »bestand der Stadtrat von Gilching zu 100 Prozent aus Nationalsozialisten, und nun sehen wir nach Ende des Krieges kein einziges Parteimitglied mehr. Es ist daher nur recht und billig, dass dem Stadtrat von Gilching wenigstens ein Nationalsozialist angehört.«

Die Militärregierung ließ diesen Einspruch nicht nur unbeanstandet durchgehen, sondern erlaubte Sohler auch, für die Ernennung von Peter Hogner zum Ratsmitglied zu sorgen, der in der Hitler-Zeit ein führender Nazi des Kreises gewesen war. Erst anhaltende vehemente Klagen der Nazi-Gegner, vor allem der Kommunisten (deren Partei von der amerikanischen Besatzungsmacht zu diesem Zeitpunkt noch nicht verboten worden war), von einigen Deportierten und von ehemaligen politischen Gefangenen, darunter katholische und evangelische Priester, die während des Krieges aufgrund ihrer Opposition zum Nationalsozialismus im Gefängnis gewesen waren oder unter Hausarrest gestanden hatten, führten dazu, dass Hogner schließlich wieder aus dem Stadtrat ausgeschlossen wurde.

Sohler betrieb bei der Militärregierung auch erfolgreich die erneute Ernennung von Johann Simon zum Bürgermeister von Gilching, der dieses Amt schon unter den Nationalsozialisten bekleidet hatte.

Direkt nach dem Sieg in Europa hatte Eisenhower einen Befehl an alle Militärkommandeure erlassen, dass die kurz zuvor befreiten KZ-Häftlinge und jeder andere Jude, der eine Unterkunft brauchte,

Wohnraum bekommen sollten, selbst wenn dies bedeutete, Nazis zum Verlassen ihrer Häuser zu zwingen. Wo keine Häuser verfügbar waren, sollten Juden und andere Deportierte, die eine Unterkunft benötigten, Zimmer in deutschen Wohnungen und Häusern erhalten, die nicht von Familienmitgliedern belegt waren. Das bedeutete schlicht, dass die örtlichen Behörden das Recht hatten, ungenutzten Wohnraum in deutschem Besitz zeitweilig zu konfiszieren und Deportierten zur Verfügung zu stellen.

Man kann sich vorstellen, wie fassungslos viele Deutsche darüber waren. Sie hatten nicht nur den Krieg verloren, sondern nun wurde auch noch ihr Heim oder ein Teil davon beschlagnahmt, um von jenen genutzt zu werden, die ihrer Meinung nach den Krieg verursacht hatten, für ihre gegenwärtige Not verantwortlich waren und eigentlich vollständig in den Gaskammern hätten ausgelöscht werden sollen.

Doch Eisenhowers Befehl wurde offenbar nur selten befolgt. Als die Überlebenden in der Nähe von Gilching von dieser Anordnung hörten, forderten sie Simon auf, sie zu befolgen. Simon weigerte sich und erklärte, Deutsche müssten nur dann ihr Haus verlassen, wenn es direkt von den amerikanischen Truppen beschlagnahmt würde. Tatsächlich gelang es Simon, eine Reihe von offiziellen »Sperrschildern« der Armee zu bekommen, die er bekannten Nazis in Gilching gab, damit ihre Häuser von amerikanischen Soldaten, Überlebenden und Deportierten verschont blieben. Gleichzeitig warnte er Gilchinger Bürger, die keine Nazis waren, dass er persönlich solche Schilder abreißen werde, wenn er sie bei ihnen finde.

Die amerikanische Militärverwaltung unternahm nichts dagegen.

Kurz darauf mussten 1000 Deutsche, die in kleinen Mehrfamilienhäusern lebten, ihre Wohnungen für amerikanisches Armeepersonal räumen. Dee und ich zum Beispiel wurden in einem Zimmer im ersten Stock eines Zweifamilienhauses in Gilching einquartiert. Simon weigerte sich, Deutsche ohne Wohnung in den großen Häusern ehemaliger Nazi-Größen unterzubringen; nur der anhaltende Druck von Nicht-Nazis in Gilching führte dazu, dass 104 dieser Familien dann doch in einigen der Häuser untergebracht wurden.

Unter den Augen der Militärverwaltung verteilte Simon Lebensmittel auf die gleiche Weise. Wenn Gilching zusätzliche Lebensmittel erhielt, gab er sie nur bekannten Nazis. Die Militärverwaltung erhob keinen Einspruch, als er eine Frau namens Berta Wolf mit dem Vorsitz des städtischen Ausschusses für Lebensmittelrationierung betraute. Ihre Empfehlung für diese Position? Mitgliedschaft in der NSDAP seit Juni 1931. Simon besetzte andere verfügbare Posten in der gleichen Weise. Stellen der Kommunalverwaltung besetzte er bevorzugt mit seinen nationalsozialistisch gesinnten Verwandten. Als diese versorgt waren, stellte er andere »verdiente« Nazis ein. Obwohl viele seiner Begünstigten inkompetent waren und seine Amtshandlungen häufig dem Vorwurf ausgesetzt waren, ineffizient zu sein, unternahm er keine Anstrengungen, die Missstände zu beheben. Sein Argument: Da diese Leute so lange vor den Amerikanern wichtige Positionen innegehabt hatten, warum nicht auch jetzt?

Selbst Tragödien oder beinahe Tragödien veranlassten die US-Militärverwaltung nicht dazu, der Kontrolle deutscher Städte und Gemeinden durch Nationalsozialisten Einhalt zu gebieten. In Gilching zum Beispiel rief Karl Schmidt, ein offener Nazi-Gegner, eines Tages den Krankenwagen für seine Frau, bei der die Wehen eingesetzt hatten. Das Krankenhaus in Herrsching am Ammersee war zehn Kilometer von Gilching entfernt. Die Benzinknappheit und der Ersatzteilmangel schlossen einen privaten Transport aus. Der Krankenwagendienst stand natürlich unter der Aufsicht eines Nazis, dem Simon die Stelle verschafft hatte. Der Krankenwagen, der normalerweise unverzüglich eintraf, kam nicht. Trotz Schmidts wiederholter Anrufe – und wiederholter Versprechungen – kam der Krankenwagen auch weiterhin nicht. Nach drei Tagen gelang es ihm schließlich, seine Frau selbst ins Krankenhaus zu bringen. Man sagte ihm, dass sein Kind – und vielleicht auch seine Frau – noch einen weiteren Tag wahrscheinlich nicht überlebt hätten.

Im Februar 1946 wurde Simon in den ersten von der US-Militärverwaltung genehmigten Wahlen zum Bürgermeister von Gilching gewählt. In den vorhergehenden Monaten hatte er sich das Vertrauen der Militärverwaltung gesichert, indem er mehrere Artikel über die Verbrechen geschrieben hatte, die Hitler begangen hatte; für die Militärverwaltung wogen seine Worte schwerer als seine Taten. Sohler blieb weiterhin der einflussreichste Politiker des Kreises. Beide Männer – und andere Nazis im ganzen besetzten Deutschland – kandidierten unter der Fahne der CSU, die zum respektablen Mäntelchen für ehemalige Nazis in Deutschland wurde. Erst in späteren Jahren gelang es der oppositionellen SPD von Zeit zu Zeit, auf regionaler und nationaler Ebene Wahlerfolge zu erzielen.

Ich beteiligte mich an mehreren Versuchen, den Befehl zur Beschlagnahmung von Häusern und Eigentum von Nazis durchzusetzen. Als Miriam und Adele in Oberpfaffenhofen ankamen, kurz nachdem das 2. Geschwader aufgelöst worden war, mussten sie eine Bleibe finden. Aufgrund der Anordnung zur Wohnraumzuweisung gingen sie zu Simon, um eine Unterkunft zu finden. Nach einigem Druck auf die Militärverwaltung gab diese Simon den Befehl, dem Ersuchen stattzugeben. Simon wies ihnen nach ein paar Tagen widerwillig ein Zimmer in einem Haus in Neugilching zu, einer kleinen Ortschaft, von der aus der Luftwaffenstützpunkt bequem zu Fuß zu erreichen war. Den Eigentümern dieses Hauses musste er gezwungenermaßen zwei Wochen zuvor einen Räumungsbefehl schicken, und zwar aufgrund eines anderen von allen Einheiten durchzusetzenden Erlasses des Oberkommandos der alliierten Landungstruppen – Gesetz Nr. 52 –, wonach Personen, die als Kriegsverbrecher betrachtet wurden oder wegen nationalsozialistischer Aktivitäten im Gefängnis saßen, ihr Eigentum verwirkt hatten.

Der Eigentümer des Hauses, Dr. Remmler, war angeblich ein hochrangiger Nazi gewesen und stand eigentlich unter dem Arrest der Besatzungsstreitkräfte. Tatsächlich aber war er verschwunden und unauffindbar. Es war ein großes altes Haus, fast ein kleiner Herrensitz, weit ab von der Straße hinter Bäumen und Sträuchern versteckt, mit einem großen geschwungenen und mit Erkern versehenen Giebeldach, so dass die Dachgeschosszimmer in mehrere Richtungen aus dem Gebäude ragten. Man ging durch eine kurze, üppige Halle in ein üppig ausgestattetes Wohnzimmer mit schweren Wandteppichen und übermäßig gepolsterten Stühlen und Sofas mit bestickten Bezügen, die jeden freien Zentimeter bis auf den Platz füllten, wo mehrere übergroße Beistelltische mit bunten, von Spitzen gerahmten Satindeckchen standen. Das Haus passte zu einer wohlhabenden, politisch einflussreichen Familie im Dritten Reich. Neben dem großen Wohnzimmer gab es im Erdgeschoss ein Esszimmer, eine Küche und ein Badezimmer, und im ersten Stock drei Schlafzimmer entlang eines langen Korridors.

Eins der Schlafzimmer hatten Herr Freund, der »Alte«, und seine Frau bezogen. Er war Jude und hatte den Krieg überlebt, weil seine Frau Nichtjüdin war. Nun, unter der Anordnung der Militärverwaltung, hatte man ihn zum Verwalter des Anwesens gemacht und ihm dort ein Zimmer gegeben. Den Rest des Hauses bewohnte die Familie Remmler – ohne Papa, der damit beschäftigt war, sich seiner Verhaftung und vielleicht einer Verurteilung als Kriegsverbrecher zu entziehen: Christa Remmler, seine Frau, Molly Schendell, ihre Tochter aus erster Ehe, und Beatrice Lindner, ihr Pflegekind. Ich hatte Beatrice oder Trixie, wie wir sie nannten, bereits kennen gelernt. Sie und Molly arbeiteten auf dem Stützpunkt als Sekretärinnen und Übersetzerinnen für das Büro. Beide hatten eine gute Ausbildung genossen. Molly, soweit ich weiß, an einer Universität in England und Trixie am Vassar College in den USA. Beide sprachen perfekt Englisch.

Trixie und Molly waren beide hübsche Frauen, vielleicht Anfang dreißig, schlank, blond, hochwangig. Sie waren beide gut gekleidet, vermutlich, weil sie aufgrund ihres hohen Status während der Nazi-Diktatur an gute Kleider gekommen waren, wahrscheinlich aus Frankreich oder anderen besetzten Ländern. Einem Gerücht zufolge hatten sie von Kriegsende bis zu dem Zeitpunkt, an dem die Amerikaner den Stützpunkt in Oberpfaffenhofen übernahmen, von den Vorräten gelebt, die sie während des Krieges angelegt hatten, und als diese zu Ende gingen, hatten sie sich nicht gescheut, für Geld, Lebensmittel und Zigaretten amerikanische Offiziere zu unterhalten, die in die Gegend kamen.

Auf jene von uns, die noch unter 20 oder kurz darüber waren, wirkten sie kultiviert, glamourös und sexy. Für die älteren Offiziere, für die sie arbeiteten, waren sie weit mehr als das. Es wurde auf dem Stützpunkt offen darüber gesprochen, dass sie sich ihre Jobs sicherten, indem sie mit ihren Chefs schliefen. Es war kein Geheimnis, dass beide ihre Position ausgenutzt hatten, um ihren Offizieren einzureden, dass der Nationalsozialismus nicht so schlecht sei, wie er hingestellt wurde, dass seine Politik, einschließlich der Behandlung der Juden, gerechtfertigt sei und dass die Deutschen die besten Alierten und Freunde der Amerikaner in der antikommunistischen Welt der Nachkriegzeit seien.

Trixie war in einem Büro neben dem Büro der Truppenbetreuung beschäftigt, wo ich arbeitete. Sie hatte auf dem Stützpunkt als persönliche Assistentin eines der hochrangigen Offiziere begonnen und, nachdem ein Offizier nach dem anderen ihrer überdrüssig wurde, sich weiter nach unten vorgearbeitet. Damals war sie Assistentin des Chefs der Militärpolizei, Lieutenant John Parks. Als ich sie kennen lernte, war sie hochmütig und stolz. Nichts an ihr deutete an, dass ihre Dienste für die Offiziere etwas Herabwürdigendes hatten.

»Ich bin ein Soldat«, sagte sie. »Ich erfülle die Weisung meines Führers. Ich weiß, dass Sie missbilligen, was ich glaube, aber genau wie Sie tue ich nur für mein Land, was ich kann und muss, so wie Sie für das Ihre.«

Sie war immer bereit, über ihre Überzeugungen im Hinblick auf den Nationalsozialismus, die Juden und den Krieg zu reden und zögerte nicht, ihre Ansichten offen zu vertreten. Aber sie war auch leicht aus der Fassung zu bringen. Sie ertrug es nicht, wenn man sie aufzog. Wann immer jemand von uns auf ihr Lob Hitlers mit dem Song reagierte »*And we heil-pfft-heil-pfft-right in der Führer's face*« [etwa »Und wir hauen dem Führer das Heil direkt in die Fresse«], lief sie rot an und schrie: »Aber Sie verstehen es nicht! Sie verstehen es einfach nicht!«

Wir wussten es anfangs nicht, aber es lebte noch jemand im Haus der Remmlers: Wolfram Schendell, Mollys Bruder und Dr. Remmlers Stiefsohn. Wolfram Schendell war, so das Gerücht, kurz zuvor aus einem amerikanischen Kriegsgefangenenlager freigelassen worden, wo er unter dem Verdacht der Mitgliedschaft in der SS inhaftiert gewesen war. Es wurde gemunkelt, dass er entweder entkommen, durch Bestechung freigekommen oder aufgrund falscher eidesstattlicher Erklärungen über seine Vergangenheit freigelassen worden war. Die Anordnung des Bürgermeisters von Gilching verlangte von der Familie Remmler auszuziehen, um Platz für Adele und Miriam zu machen. Aber die Remmlers weigerten sich. Trixie und Molly besorgten sich die Unterstützung von zwei US-Offizieren des Stützpunktes, Major Richard Scott und Lieutenant John Parks – Trixie arbeitete für Letzteren, wie vermutet wurde, nicht nur tagsüber, sondern auch nachts in ihrem Bett. Diese Offiziere versuchten Bürgermeister Simon zu bewegen, den Räumungsbeschluss zurückzuziehen, und hatten Erfolg. Simon tat es. Lieutenant Jack Manheim jedoch, der bei der Hilfe für St. Ottilien und dem Auffinden der Eltern von Miriam und Adele eine entscheidende Rolle gespielt hatte, sprach mit Simon, Major Scott und Lieutenant Parks, und die Aufhebung der Anordnung wurde wieder zurückgenommen. Familie Remmler erhielt den Räumungsbefehl und die Schwestern die Bewilligung, einzuziehen. Zu dieser Zeit gab es noch eine dritte junge Frau, die ebenfalls auf dem Stützpunkt arbeitete und eine Unterkunft benötigte. Katie war Jüdin und hatte Buchenwald überlebt. Sie stammte aus der Ukraine und war das einzige noch lebende Mitglied ihrer Familie. Miriam und Adele hatten sie in Kaufbeuren getroffen und die drei waren enge Freundinnen geworden. Zusammen kamen sie nach Oberpfaffenhofen, und Sergeant Sam Weisel von der Armeeverkaufsstelle gab ihnen trotz ihrer schlechten Englischkenntnisse eine Arbeit. Katie hatte einen ausgeprägten Sinn für Humor und schien jeden Moment zu genießen, in dem sie lachen und heiter sein konnte. Nachdem sie aus dem Konzentrationslager befreit worden war, schien ihr Hauptinteresse darin zu bestehen, den erlittenen Nahrungsmangel wieder gutzumachen: Auf den amerikanischen Stützpunkten, auf denen sie arbeitete, machte sie jede Mahlzeit zu einem Festessen. Jeden Tag schien sie mit ihren kaum 1,50 Meter Größe Gewicht zuzulegen, bis ihr Körper einer hüpfenden Kugel glich, auf der ein breites Lachen strahlte.

Hinter dem Haus der Remmlers befand sich eine große Garage oder Scheune, wo die Familie ihre persönliche Habe unterbrachte. Einige Möbel nahm sie mit, darunter die übermäßig gepolsterten Stühle, die zu üppig gepolsterte Couch und andere Lieblingsstücke. Ein Teil der Familie lebte in der Scheune, während ein anderer Teil bei Freunden in der Nähe unterkam, die Anteil nahmen und ihre Überzeugungen teilten. Die Freunds, die Schwestern Miriam und Adele sowie Katie hätten fast in einem leeren Haus leben müssen, wenn es nicht einen Erlass des Oberkommandierenden der amerikanischen Truppen in Europa, General McNarney, gegeben hätte – Militärregierungsgesetz Nr. 10 –, demzufolge das Eigentum von Kriegsverbrechern von der Militärregierung zu konfiszieren sei und Juden, Deportierten und anderen Bedürftigen gegeben werden sollte. Die Familie Remmler jedoch erwirkte die Anordnung der Kreismilitärverwaltung Starnberg, dass die Bewohner des Remmler-Hauses »alles persönliche Eigentum von Remmler und Schendell wie Möbel, Kleidung, Schreibmaschine etc. unverzüglich aushändigen« sollten. Die Anordnung wurde von Warrant Officer Donald S. Milner und dem Gefreiten Richard L. Kahn erteilt. Später erfuhren wir, dass Wolfram Schendell so gute Beziehungen zur Starnberger Militärverwaltung geknüpft hatte, dass diese übergeordnete Befehle zu seinen Gunsten überging. Trotzdem wurde die Remmler-Familie gezwungen, ein notwendiges Minimum an Möbeln für die Bewohner dazulassen.

Adele, Miriam und Katie lebten in einem großen Zimmer im ersten Stock am Ende des Korridors. Ich erinnere mich, dass darin links ein einzelnes Bett stand, das eher wie ein Feldbett wirkte. In der Mitte standen eine Frisierkommode und ein Sessel, rechts ein größeres Bett, das etwas größer war als normale Doppelbetten. Miriam und Adele schliefen im großen Bett, Katie hatte das Feldbett. Ich lernte den »Alten« kennen, als ich die Mädchen zum ersten Mal besuchte und ihnen ein paar Lebensmittel, Candy-Riegel und vor allem amerikanische Magazine mitbrachte. Die beiden Schwestern und nun auch Katie konnten es kaum erwarten, nach Amerika zu kommen. Für die Letztere bedeutete das, einen amerikanischen Soldaten zu finden, der bereit war, eine zeitlich begrenzte Zweckehe mit ihr einzugehen, damit sie als Kriegsbraut in die USA einreisen konnte. Sie hatte keine Blutsverwandten in Amerika, was die Einreise erleichtert hätte. Die drei waren immer aufgeregt, wenn sie in *Life*, *Look* und anderen Magazinen Bilder von Amerika sahen und meine Berichte über das Leben dort hörten.

Der »Alte« schien einem Roman von Dickens entsprungen. Er war Mitte 60 und hatte ein gewaltiges Doppelkinn. Er hatte einen großen, runden, fetten und kahlen Kopf, über den von einer Seite zur anderen einige getrennte Streifen schwarz-graues Haar gekämmt waren. Sein Körper wölbte sich von der Stirn abwärts bis hinunter zu den Zehen zu beiden Seiten nach außen, wie ein Ballon, der langsam Luft verlor. Sein Gesicht schien an allen Seiten herunterzuhängen; sah man ihn an, so erblickte man nur eine unförmige Fleischmasse und konnte sich nie ganz sicher sein, ob seine Augen offen waren oder wo sie eigentlich überhaupt steckten.

»Willkommen, willkommen«, sagte er auf Englisch. »Ich bin froh, die Mädchen hier zu haben, sind wie meine eignen Kinderle.« Sein Akzent war der gleiche, wie ich ihn unzählige Male bei alten Männern und Frauen in New York gehört hatte, die Jahrzehnte zuvor aus

Die Schwestern Miriam (links) und Adele (rechts) mit Katie (kniend) und einem GI, der mit ihnen in der Armeeverkaufsstelle arbeitete. Luftwaffenstützpunkt Oberpfaffenhofen, November 1945

Deutschland ausgewandert waren. Er zog mich praktisch an der Hand ins Wohnzimmer, legte dann seine Arme um die Mädchen, die mich an der Tür begrüßt hatten, und fuhr dabei verstohlen über ihr Haar, ihre Schultern, ihren Rücken, während er immer wieder seine Versicherung hervorprustete, wie glücklich er sei, sie bei sich zu haben.

»Ich bin ein alter Mann«, sagte er. »Ich bin 65. Alt. Wie schön, die jungen Mädchen im Haus zu haben.«

Seine Frau kochte Tee, und wir setzten uns ins Wohnzimmer. Seine Frau wirkte etwas jünger, vielleicht Mitte 50. Sie war untersetzt und formlos, aber ihre Gesichtszüge bewahrten etwas von dem, was einst eine sprühende, intelligente, abenteuerlustige junge Frau gewesen sein musste.

Freund gestikulierte im Zimmer herum. »Die Remmlers – diese Nazis –«, sagte er, »haben die besten Möbel mitgenommen. Nur Müll haben sie uns gelassen.«

Freunds Frau ging durch einen Durchgang in die Küche und brachte ein Tablett mit sechs Gläsern in silbernen Haltern und eine Teekanne aus Porzellan, über die ein russischer Teewärmer gestülpt war.

»Meine Teegläser«, sagte Freund. »Praktisch alles, was mir geblieben ist. Ich bin nur ein armer Jud. Ich wär in der Gaskammer gelandet, aber meine Frau ist Nichtjüdin. Alles was ich besaß, habe ich als Bestechung benutzt, um am Leben zu bleiben und nicht deportiert zu werden. Als der Krieg vorüber war, was war mir geblieben? Nichts. Mir stand das Recht auf eine Wohnung zu. Also bin ich zur Militärverwaltung gegangen und habe ihnen angezeigt, dass die Remmlers sehr hohe Nazis waren.« Er redete nur zu mir und ließ die Mädchen außer Acht, als könnten sie nichts verstehen. »Kennen Sie das Militärregierungsgesetz Nr. 52?« fragte er mich, ohne auf eine Antwort zu warten. »Ich habe es studiert. Ich bin in die Büros der Militärverwaltung gegangen und habe es studiert, weil ich Englisch lesen kann. Gesetz 52 besagt, dass alle Personen, die Kriegsverbrecher sind oder wegen nationalsozialistischer Aktivitäten im Gefängnis sitzen, ihr Eigentum verwirkt haben.« Er lehnte sich vertraulich zu mir vor. »Haben Sie gewusst, dass Dr. Remmler ein Kriegsverbrecher ist? Sie haben ihn nicht festgenommen, weil sie ihn noch nicht gefunden haben. Aber so habe ich einen Ort zum Leben bekommen, als man mich zum Verwalter dieses Anwesens gemacht hat.« Er lächelte, dann lachte er und sein Gesicht verwandelte sich in eine bebende Fleischmasse.

Er lehnte sich zurück und sprach wieder nur zu mir. »Kennen Sie das Militärregierungsgesetz Nummer 10?« fragte er mich, wieder ohne eine Antwort abzuwarten. »Es besagt, dass alles Eigentum von Kriegsverbrechern konfisziert werden kann, um an Juden, Deportierte und andere Bedürftige gegeben zu werden. Ich weiß das, weil ich es im Hauptquartier der Militärverwaltung studiert habe.« Dann beugte er sich mit noch vertraulicherer Stimme näher zu mir. »Ich hätte das ganze Haus bekommen sollen und sämtliche Möbel. Aber die Remmlers, die sind zu Ihrer Militärverwaltung gegangen und haben alle Möbel bekommen und die Nutzung der großen Scheune. Ich habe nichts, nur dass, was Sie hier sehen.« Er stöhnte und er sah aus, als müsse er gleich weinen.

»Ich werd alles mit diesen lieben Mädchen teilen«, fuhr er fort. »Natürlich ist es nicht viel, was ich teilen kann. Ich habe kein Geld. Keinen Pfennig. Nicht einmal Geld, um Lebensmittel zu kaufen. Aber ich bin glücklich, dieses Haus und alles, was ich habe, mit ihnen zu teilen.«

Ich dankte ihm für seine Fürsorge und Großzügigkeit.

»Natürlich könnte ich mehr für diese lieben Mädchen tun, wenn ich ein Einkommen hätte. Ich bitte nicht darum, Sie verstehen, ich erwähne es nur, weil es mir bei den Ausgaben helfen würde, falls die Mädchen mir etwas Miete zahlen wollen.«

»Würde die Miete an die Remmlers gehen?«, fragte ich.

»Nein, nicht an diese Nazis.«

»Das dachte ich mir. Dann würde sie direkt an Sie gehen«, folgerte ich.

»Nein, nicht an mich persönlich. Wir würden nur die Kosten teilen – sozusagen.«

Obwohl sie nicht mussten, wollten die Mädchen etwas Miete zahlen. Vielleicht war, nachdem sie ihre ganze Jugend ohne Eltern verbracht hatten und sich nie wie Kinder benehmen und fühlen durften, ohne einen Vater oder Großvater zu haben, selbst dieser Mann in gewisser Weise ein Ersatzvater für sie. Sie wollten so friedlich wie möglich leben und so viel Freundschaft und guten Willen von ihm bekommen, wie sie konnten.

Freund war erfreut. »Ich habe ein Lied für Sie«, verkündete er. Er stand auf, wobei alles an seinem Körper in Bewegung geriet und hin- und herwackelte, während er von einem auf den anderen Fuß hüpfte und sang:

If you lak-a-me lak I lak-a-you [Wenn du mich magst und ich dich mag]
And we lak-a-both the same [Und wir beide das Gleiche mögen]
I lak-a-say, this very day [Möchte ich noch heute sagen]
I lak-a-change your name. [Dass ich deinen Namen ändern möchte]
Cause I love-a-you [Weil ich dich liebe]
And love-a-you true [Und du mein wahrer Schatz bist]
And if you love-a-me [Und wenn du mich auch liebst]
One live as two, [Lebt einer wie zwei]
Two live as one, [Und zwei leben vereint]
Under the bam-boo tree. [Unter dem Bambusbaum.]

Er verbeugte sich leicht unter dem Applaus seines Publikums, setzte sich und wandte sich an mich. »Sie haben mich noch nicht gefragt, woher ich so gut Amerikanisch spreche. Wie viele Deutsche haben Sie getroffen, die so gutes Amerikanisch sprechen? Gutes Englisch, das können manche, aber kein gutes Amerikanisch.«

»Ja, das habe ich bemerkt, Herr Freund«, antwortete ich amüsiert. »Warum sprechen Sie so gut Amerikanisch?«

Er lächelte stolz. »Weil ich in Amerika gelebt habe. Zwei Jahre. In New York, von 1902 bis 1904. Ich war dort, um zu arbeiten und zu versuchen, Amerikaner zu werden. Aber es war schwer. Die Jobs, die ich bekam, waren hart, die Arbeitszeiten lang, der Lohn gering. Da wusste ich, dass ich nicht in ein paar Jahren Millionär werden würde und fuhr in die Heimat zurück. Das Lied war mein Lieblingslied in Amerika. Sie haben es überall gespielt. Kennen Sie es? Wird es heute noch gespielt?« Er begann aufs Neue und schwenkte seine Hände im Takt: »*If you lak-a-me lak I lak-a-you …*«

Das Haus der Remmlers war ein praktischer Ort für die Mädchen, nur etwa 15 Gehminuten vom Stützpunkt Oberpfaffenhofen entfernt, wo alle drei beschäftigt waren. Das Ehepaar Freund hatte einen Sohn, Richard, der 29 Jahre alt war. Ich lernte Richard gut kennen. Er war verheiratet und hatte vor dem Krieg Zahnmedizin studiert. Ich fand nie genau heraus, wie sie es geschafft hatten, in Hitler-Deutschland zu überleben. Vielleicht war der Grund gewesen, wie der alte Freund sagte, dass seine Frau Nichtjüdin war. Vielleicht hatte es daran gelegen, dass sie die richtigen Amtsträger vor Ort zum richtigen Zeitpunkt bestechen konnten, wie Freund ebenfalls erwähnt hatte. Einige andere Juden oder Halbjuden, die das Hitler-Regime überlebt hatten, waren aus diesen Gründen nicht ins Konzentrationslager geschickt worden.

Nun, da der Krieg zu Ende war, beendete Richard seine Zahnarztausbildung und hatte eine erste Praxis eingerichtet. Dee und ich gingen, abgeschreckt von den Geschichten, die man uns vom Zahnarzt des Stützpunktes erzählt hatte, zu Richard. Er war gut, arbeitete relativ schmerzlos und war froh über die Dienstmark*, die wir ihm für seine Arbeit gaben. Wir mochten ihn sofort und wurden bald gute Freunde.

Richard war es, der mir erzählte, Wolfram Schendell sei in der SS gewesen. Eine Anordnung der Militärregierung verlangte von allen Deutschen, die Kriegsgefangene der Amerikaner gewesen waren oder unter dem Verdacht standen, aktive Nazis gewesen zu sein und direkt nach dem Krieg im Gefängnis saßen, bei ihrer Entlassung einen Fragebogen auszufüllen. Diesen Fragebogen bekamen alle deutschen Zivilisten, die darauf angeben mussten, welchen nationalsozialistischen Organisationen sie gegebenenfalls angehört hatten. Wenn sie angaben, nicht Mitglied der NSDAP gewesen zu sein und sich später herausstellte, dass sie gelogen hatten, mussten sie Gefängnisstrafen absitzen, die der Dauer ihrer Parteimitgliedschaft entsprachen. Die gleiche Strafe wurde verhängt, wenn sie leugneten, in einem von Hitlers Elitekorps wie der SS gewesen zu sein und sich

---

* Eine von den alliierten Besatzungsmächten selbst herausgegebene Reichsmark, die zum ausschließlichen Gebrauch des Militärs bestimmt war.

das Gegenteil erwies. Für jene, die man erwischte, betrug die Strafe zwischen zwei und fünf Jahren.

Da sie Schendells Vergangenheit kannten, waren mehrere Leute in Gilching überrascht über seine frühe Freilassung. Sie stellten, wie mir Richard Freund erzählte, Nachforschungen an und fanden heraus, dass er auf seinem Fragebogen gelogen hatte. Sie meldeten dies dem Polizeichef von Gilching, ein Mann namens Moser. Moser galt als gewissenhaft, war nicht als Nationalsozialist bekannt und man nahm an, dass er die gebotenen Maßnahmen ergreifen würde. Doch nichts wurde gegen Schendell unternommen. Ob Moser Schendells Aufenthaltsort und die vermutete Verletzung der Fragebogenbestimmungen an die zuständigen Behörden weiterleitete, weiß ich nicht. Aber im Licht der späteren Ereignisse um Schendell und der Komplizenschaft der amerikanischen Militärbehörden, die die Vorfälle unter den Teppich kehren wollte, ist es wahrscheinlich, dass Moser Schendell tatsächlich anzeigte und die Militärverwaltung – wie im Falle vieler Nazis in Deutschland direkt nach dem Krieg – weghörte und ein Auge zudrückte. So verstärkte sie beim deutschen Volk den Eindruck, dass die USA keine ernsthaften Absichten hatten, Deutschland zu entnazifizieren und die Öffentlichkeit vom Nationalsozialismus abzubringen. Aufgrund des Vorgehens der US-Behörden glaubten viele Deutsche eher, dass auch in deren Augen ihre Taten und Überzeugungen der vorangegangenen zwölf Jahre letztendlich gar nicht so verdammenswert gewesen seien.

Wolfram Schendell holte weiterhin Möbel und Einrichtungsgegenstände aus dem Haus. Eines Tages kamen die Mädchen von der Arbeit zurück und entdeckten, dass jemand in ihr Zimmer eingebrochen war und nicht nur einige der Möbel, sondern auch persönliches Eigentum, darunter Geld, gestohlen hatte. Die beiden Schwestern erzählten mir dies eines Abends und am Morgen stellte ich Schendell in der Scheune, die nun als Wohnung eingerichtet war, zur Rede. Er leugnete, persönliche Dinge der Mädchen gestohlen zu haben. Er lasse sich nicht ins Bockshorn jagen und forderte mich auf, sein

»Heim« zu verlassen. Wir meldeten den Diebstahl Polizeichef Moser, der einige der gestohlenen Gegenstände in Schendells Quartier fand.

Moser schickte einen Bericht von Schendells Straftat an das Hauptquartier der Militärverwaltung in Starnberg. Weil es in Gilching oder einer der nahen Kleinstädte kein Gefängnis gab, war es üblich, dass die Militärverwaltung in Starnberg Militärpolizei oder deutsche Hilfspolizisten schickte, um überführte Kriminelle oder Gesetzesbrecher festzunehmen und zu inhaftieren. Schendell hatte sich des widerrechtlichen Betretens und Diebstahls schuldig gemacht, doch Wochen vergingen und nichts geschah. Moser gab den Mädchen die beschlagnahmten Gegenstände zurück, aber andere fehlten immer noch. Miriam, Adele und Katie wollten die Situation nicht verschärfen und weiteren Ärger vermeiden, aber ich war wütend. Sie besaßen nur wenig, dass umso kostbarer war, als sie alles andere verloren hatten: ihr Heim, ihre Familie und Jugend ebenso wie ihren materiellen Besitz. Ich fuhr zum Büro der Militärverwaltung in Starnberg, wo ich dem Dienst habenden Offizier mein Anliegen vortrug. Dort sagte ich nur, ich sei ein Soldat, der von der Verletzung der Anordnungen der Militärverwaltung Kenntnis erlangt habe und nun Meldung erstatte, damit die Militärverwaltung die entsprechenden Maßnahmen ergreifen könne. Der Offizier, ein Captain, stellte meine Anschuldigungen nicht in Frage. Ich hatte das Gefühl, dass er mit dem Fall bereits vertraut war. Er machte sich ein paar Notizen, dankte mir, schüttelte mir die Hand und erklärte, sich der Sache unverzüglich annehmen zu wollen.

Ich war gerade ein paar hundert Meter gefahren, als mir einfiel, dass ich vergessen hatte, ihm die vollständige Liste der gestohlenen Artikel zu geben. Ich wendete den Jeep an der nächsten Kreuzung und näherte mich dem Gebäude der Militärverwaltung, als ein Mann aus einem deutschen Sportwagen stieg – es könnte ein Mercedes gewesen sein, ich achtete nicht auf die Marke – und hineinging. Es war Wolfram Schendell. Wie war er an den teuren Wagen gekommen? fragte ich mich. Und was hatte er im Hauptquartier der Militärverwaltung zu suchen? Ich hielt es für eine gute Sache, dass ich vor ihm beim Captain der Militärverwaltung gewesen war. Ich vermutete, dass sich Schendell wahrscheinlich irgendeine Diebstahlgeschichte zusammengedichtet hatte, die ihn entlastete, und gekommen war, um seine Weste rein zu waschen. Das Büro war im zweiten Stock des Gebäudes. Ich eilte die Treppen hinauf, in der Hoffnung, ich könne Schendell in Gegenwart des Offiziers zur Rede stellen. Schendell war bereits im Büro des Offiziers verschwunden, als ich zum Treppenabsatz gelangt war. Die Tür stand offen, und noch bevor ich den Korridor zum Büro durchquert hatte, sah ich, wie der Captain hinter seinem Schreibtisch aufstand, um Schendell zu begrüßen.

Ich blieb außer Sichtweite auf dem Treppenabsatz stehen und versuchte zu lauschen. Ihre warmherzige, lebendige Unterhaltung zeigte, dass sie Freunde waren. Sie sprachen zuerst über Autos und dass Schendell an die besten Wagen der Gegend kommen könne. Er habe dieses, wie vereinbart, für die private Nutzung des Captains gekauft. Sie redeten kurz über Frauen und dann über eine bestimmte Frau. Es klang, als wäre es Schendell gelungen, dem Captain zusammen mit dem Auto auch eine Frau zu besorgen. Der Captain dankte Schendell für beides und bot an, ihn zurück nach Gilching zu fahren, aber Schendell sagte, er besuche Freunde in Starnberg, die ihn später zurückfahren würden. Vom Fragebogen und dem Diebstahl war während des ganzen Gesprächs keine Rede.

Ich eilte zurück, bevor Schendell das Büro verließ, und fuhr schnell weg. Erst mehrere Monate nach dem Diebstahl und erst nachdem Moser unzählige Berichte geschickt hatte, in denen er um Maßnahmen bat, wurde Schendell schließlich in Untersuchungshaft genommen. Er wurde zu einem Jahr Gefängnis verurteilt. Dass er etwas von Autos verstand und sie beschaffen konnte, kam ihm auch später zugute. Einige Jahre nach diesen Ereignissen erhielt er die Ford-Vertretung für das Gebiet und wurde ein wohlhabender und einflussreicher Mann. Richard Freund erzählte mir einige Zeit später bei einem meiner Besuche in Deutschland, dass er und andere über die Jahre mehrfach an die Ford Motor Company geschrieben hatten, um sich darüber zu beklagen, dass Ford seine Vertretung einem bekannten Nazi überließ, der als Mitglied der SS wahrscheinlich an Gräueltaten und Verbrechen gegen die Menschlichkeit beteiligt gewesen sei. Das Unternehmen habe die Angelegenheit jedoch nicht einmal einer Antwort für würdig befunden. Richard fragte sich, ob es vielleicht etwas damit zu tun hatte, dass Henry Ford die Nazis unterstützt hatte.

Richard Freund selbst hatte mehrere Begegnungen mit Vertretern der US-Militärverwaltung, die seinen Eindruck verstärkten, dass diese offenbar Nazis auf Kosten von Nazi-Gegnern oder Nicht-Nazis begünstigte. Einer der prominenten Nazis in Gilching war ein Dr. Andrews, der einen wichtigen Regierungsposten im Dritten Reich innegehabt hatte. Freund hatte Kopien von Briefen erhalten, die Andrews' Treffen mit Hitler und anderen Nazi-Größen beschrieben, und Freund versuchte kurz nach dem Krieg, Andrews vor Gericht zu bringen. Er brachte die Briefe zur amerikanischen Militärverwaltung in Starnberg und gab sie der Sekretärin des Chefs der Security Police, Captain Shellenberger. Da es damals noch keine Fotokopierer gab, wollte Freund eine Quittung für die Briefe. Die Sekretärin bat einen von Shellenbergers Assistenten, einen Lieutenant Peden, um seine Unterschrift, aber Peden weigerte sich. Er sagte zu Freund, dass er sich nur melden müsse, wenn und wann er die Briefe wiederhaben wolle. Etwa einen Monat später – Andrews lebte immer noch unbehelligt in Gilching – ging Freund zur Militärverwaltung in Starnberg, um sich über den Stand seiner Beschwerde zu informieren. Ihm wurde mitgeteilt, dass keine Maßnahmen ergriffen worden seien. Als Freund nach den belastenden Briefen fragte, wurde ihm mitgeteilt, dass niemand etwas von ihnen wisse, und als er daraufhin bat, sie ihm zurückzugeben, sagte man ihm, man könne sie nicht auffinden.

Ein weiterer Vorfall bei der Starnberger Militärverwaltung überzeugte Freund, dass zumindest einige der amerikanischen Offiziere Nazi-Sympathisanten waren. Freund hatte vor dem Krieg ein Auto besessen, dass konfisziert und einem Dr. Paul gegeben worden war, dem Kommandanten einer nahe gelegenen Zwangsarbeiterfabrik. Als die erste Gruppe von amerikanischen Soldaten in Gilching eintraf, ging Freund zum kommandierenden Offizier, erzählte ihm von der Geschichte und zeigte ihm den Fahrzeugschein, woraufhin man Paul das Auto wegnahm und es Freund zurückgab. Nach den Gesetzen der Militärregierung hätte eigentlich Pauls gesamter Besitz beschlagnahmt werden müssen, aber Freund war zufrieden damit, sein Auto zurückzuhaben. Die folgenden zwei Monate benutzte er das Auto, um Nazi-Gegner und Nicht-Nazis in der ganzen Gegend zahnärztlich zu behandeln, denen fast alle anderen ansässigen Ärzte und Zahnärzte die Behandlung verweigert hatten. Dann erhielt der Kreis einen neuen Militärkommandeur, und sobald der alte abgereist war, forderte Johann Simon, der Bürgermeister von Gilching, Freund auf, das Auto an Dr. Paul zurückzugeben. Freund war gezwungen, der Aufforderung nachzukommen, ging zur Starnberger Militärverwaltung, erklärte die Umstände und bat, man möge Simon befehlen, ihm sein Auto wieder auszuhändigen. Die Militärverwaltung weigerte sich rundweg, irgendetwas zu unternehmen, und untersuchte nicht einmal, ob Freunds Forderung berechtigt war.

Aber Freund ließ sich nicht einschüchtern. Er erhielt eine Stelle als Zahnarzt auf dem Luftwaffenstützpunkt Oberpfaffenhofen. Er durfte keine Amerikaner zahnärztlich versorgen, aber er erhielt den Auftrag, die deutschen Kriegsgefangenen zu behandeln, die nach dem Sieg in Europa für einige Monate dort inhaftiert waren. Freund erhielt eine Bescheinigung des Sanitätsoffiziers, dass er ein Auto brauche, um seine zahnärztlichen Pflichten angemessen erfüllen zu können, und ging erneut zur Starnberger Militärverwaltung. Im zuständigen Büro schickte man ihn zu einem deutschen Zivilisten namens Weisseger, den die Militärverwaltung mit allen Zivilfahrzeugangelegenheiten im Kreis Starnberg betraut hatte. Weisseger lehnte Freunds Ersuchen nicht sofort ab, aber bevor er eine Entscheidung traf, stellte er ihm eine Reihe von Fragen zu seiner Person und zur Geschichte des Autos. Sobald er hörte, dass Freund Halbjude war, verfluchte Weisseger die Juden und wies Freund umstandslos aus seinem Büro. Trotz seiner Beschwerden unternahm der verantwortliche Offizier der Militärverwaltung nichts gegen Weisseger. Richard bekam sein Auto nie zurück.

Auf vielen US-Militärstützpunkten und in der US-Militärverwaltung waren dem Vernehmen nach nationalsozialistische Anschauungen verbreitet. Auf dem Stützpunkt in Kaufbeuren erlebte ich nur wenige offen nazifreundliche Aktivitäten oder Unterstützung für Nazis. Ein Befehl besagte, dass nur deutsche Zivilisten, keine Deportierten eingestellt werden sollten. Doch eine Reihe von Deportierten arbeitete auf dem Stützpunkt, weil sie nicht in ausgewiesenen Displaced-Persons-Camps lebten und Papiere hatten, die sie als in Deutschland ansässig auswiesen.

Der Luftwaffenstützpunkt in Oberfpfaffenhofen war anders. Zivilisten, die dort arbeiteten und in der Nähe wohnten, nannten ihn den »Nazi-Flugplatz«. Es war allgemein bekannt, dass Deutsche, die aufgrund von Nazi-Aktivitäten oder einer Nazi-Vergangenheit bei anderen Einheiten der US-Armee oder der Militärverwaltung entlassen worden waren, von wenigen Ausnahmen abgesehen Anstellungen auf dem Stützpunkt erhielten.

Ich hörte zum ersten Mal davon durch einem jüdischen Überlebenden, den ich in Gilching traf. Er erzählte mir, dass man ihn zuerst aufgefordert hatte, einen Fragebogen über seine Vergangenheit einschließlich seiner früheren politischen Aktivitäten auszufüllen, als er sich um eine Arbeit auf dem Luftwaffenstützpunkt Oberpfaffenhofen bewarb. Man lehnte seine Einstellung ohne Angabe von Gründen ab. Was ihn beunruhigte, wie er mir sagte, war die Tatsache, dass er wenigstens ein halbes Dutzend deutscher Zivilisten ins Personalbüro kommen sah, während er den Fragebogen ausfüllte, die sich um

Jobs bewarben und sie auch erhielten, ohne eine einzige Frage über ihre Mitgliedschaft in politischen Organisationen beantworten zu müssen. Junge, hübsche Frauen hatten überhaupt keine Probleme, Arbeit auf dem Stützpunkt zu bekommen. Beatrice Lindner war aus mehreren Büros des Stützpunktes gefeuert worden, weil ihre Vorgesetzten etwas dagegen hatten, dass sie sich offen als Hitler-Anhängerin zu erkennen gab und andere zum Nationalsozialismus zu bekehren versuchte. Jedes Mal gelang es ihr jedoch, einen einsamen Offizier eines anderen Büros zu finden, der sie wieder einstellte.

In den meisten amerikanischen Militär-Einrichtungen in Deutschland war es üblich, dass ein Zivilist die anderen Zivilangestellten überwachte. In Oberpfaffenhofen war der Mann, der diese Aufgabe innehatte, in der Umgebung für seine ausgesprochene Sympathie für Nazis bekannt. Sein Name war Rademacher. Rademacher sorgte dafür, dass ein Mann namens Tanofsky sein Assistent wurde. Tanofsky war während des Nazi-Regimes auf eben jenem Luftwaffenstützpunkt Testpilot gewesen und hatte dem Sicherheitsdienst angehört, den manche für noch brutaler hielten als die SS.

In erster Linie verantwortlich für die Begünstigung von Nationalsozialisten und die Diskriminierung von Nazi-Gegnern und Deportierten war der Offizier, der das Personalbüro leitete, Major Richard Scott. Scotts wichtigster Dolmetscher war als glühender Nationalsozialist bekannt, und obwohl Scott mehrfach auf dessen nationalsozialistische Vergangenheit hingewiesen wurde, weigerte er sich, den Beschuldigungen nachzugehen. Ein anderer dort stationierter Offizier, Lieutenant Albert L. Cusick, hatte sich, so gut es sein Rang erlaubte, wiederholt gegen die Ausbreitung nationalsozialistischen Gedankenguts auf dem Stützpunkt und gegen jene Offiziere gewehrt, die damit sympathisierten. Cusick fand ein Foto aus der Nazi-Zeit, auf dem Scotts Dolmetscher eine Nazi-Parade anführte. Dieses Foto führte in Verbindung mit der Anschuldigung, Scott stelle Nazis ein, zu einem Antrag, den Fall und Scotts Führung des Personalbüros zu untersuchen. Bevor es dazu kam, wurde Scott jedoch versetzt. Sein Nachfolger wurde Captain Coit. Coits Dolmetscher, ein Mann namens Krug, stand ebenfalls im Verdacht, Nazi-Sympathisant zu sein. Als leitender Dolmetscher für den neuen Personaloffizier wurde Krug häufig beschuldigt, bei Einstellungsgesprächen falsch zu übersetzen. Viele, die keine Nazis waren, erhielten keinen Arbeitsplatz, im Gegensatz zu vielen Nazis.

Die Militärverwaltung und politische Führung Deutschlands hatten in Abstimmung mit den US-Besatzungsbehörden erklärt, dass auch gutgläubige Mitglieder der NSDAP als Nazis betrachtet werden sollten, und auch jene, die nicht der Partei beigetreten waren, das Nazi-Regime aber offen unterstützt hatten. Das Oberkommando der US-Besatzungstruppen hatte den Befehl erteilt, dass alle Nationalsozialisten, die im Dritten Reich Verwaltungsposten innegehabt hatten und nun für die Amerikaner arbeiteten, auf den Rang gewöhnlicher Arbeiter zurückgestuft werden sollten und jeder Deutsche, der sich bekanntermaßen an Gräueltaten beteiligt hatte, umstandslos entlassen werden sollte. Auf einer Reihe von Stützpunkten, darunter auch Oberpfaffenhofen, wurde dieser Befehl vor allem in der Weise befolgt, dass man nicht etwa die deutschen Zivilisten in höheren Positionen degradierte oder feuerte, sondern die Leute mit den niedrigsten Jobs entließ. Als der Kommandant des Luftwaffenstützpunktes Oberpfaffenhofen, Oberst Albert G. Hewitt, um eine Erklärung gebeten wurde, warum keine gründlicheren Maßnahmen ergriffen wurden, um den Stützpunkt von Nazi-Elementen zu säubern, erwiderte er, dass sich die Anzahl der Zivilisten um 80 oder mehr Prozent verringern würde, wenn man diesen Befehl durchführte und die Deutschen in den wichtigen Positionen entließe.

Einheiten der Gegenaufklärung der USA (Counter Intelligence Corps, CIC) wurden in einer Reihe von Gebieten im besetzten Deutschland stationiert, um den fortdauernden nationalsozialistischen Umtrieben dort zu begegnen. Es gab eine Einheit des CIC in Oberpfaffenhofen. Sie erhielt Informationen von einer Gruppe deutscher Nazi-Gegner in Gilching, dass der ehemalige Flugplatzleiter, der viele der Zwangsarbeiter, die zur Arbeit in Oberpfaffenhofen gezwungen worden waren, in die Konzentrationslager geschickt hatte, nur 15 Kilometer vom Stützpunkt entfernt völlig unbehelligt lebte. Der CIC erhielt auch vollständige Mitgliedslisten der NSDAP des Bezirks mit der Bitte, die ehemaligen Mitglieder zu überprüfen und, wo dies geboten erschien, vor Gericht zu stellen. Als ich Monate, nachdem diese Informationen an den CIC weitergegeben worden waren, Deutschland verließ, um in die USA zurückzukehren, waren immer noch keine Maßnahmen ergriffen worden. Ein weiterer deutlicher Wink, den die USA den Deutschen im Hinblick auf den Nationalsozialismus gaben, waren die ersten Amtshandlungen von General Lucius D. Clay, den das Außenministerium sechs Monate nach Kriegsende zum Militärgouverneur der amerikanischen Besatzungszone ernannte. Clay gewährte annähernd einer Million Nationalsozialisten in Bayern unter 27 Jahren – der Hitlerjugend, die das erzieherische und militärische Rückrat des Dritten Reiches gebildet hatte – eine vollständige politische Amnestie.

Betrachtet man, wie wenig die amerikanischen Besatzungsstreitkräfte gegen den fortdauernden Nationalsozialismus in Nachkriegsdeutschland unternahmen, ist man versucht, einen Kommentar von Walt Kellys berühmter Comicstrip-Figur Pogo zu zitieren: »Wir sind auf den Feind gestoßen und sind es selbst.«

Ich will hier nicht behaupten, dass alle oder sogar die meisten Büros der Militärverwaltung wie Starnberg oder dass viele Militärstützpunkte wie Oberpfaffenhofen geführt wurden, aber es war beängstigend für die Opfer des Nationalsozialismus – und befriedigend für die Nazis –, den Eindruck zu gewinnen, dass die US-Streitkräfte, die beinahe vier Jahre gegen das nationalsozialistische Deutschland gekämpft hatten, nun häufig offenbar die Prinzipien unterstützten, für deren Bekämpfung eine Viertelmillion amerikanischer Soldaten ihr Leben geopfert hatten. Den Deutschen, die bereit gewesen sein mochten, sich vom Nationalsozialismus ab- und einer Demokratie nach amerikanischem Vorbild zuzuwenden, legte das

Vorgehen allzu vieler Büros der US-Militärverwaltung nahe, dass sie ruhig an ihren nationalsozialistischen Überzeugungen festhalten konnten. Dazu gehörte der anhaltende Antisemitismus, der Hass auf die jüdischen Überlebenden der Konzentrationslager, die als Feinde weiterhin verfolgt wurden. Viele Leute, Überlebende wie Deutsche, sahen sich zu der Frage genötigt: »Wer hat denn eigentlich diesen Krieg gewonnen?«

Kapitel 12

Die Rettung

Ich war erst eine Woche in Oberpfaffenhofen, als ich einen Anruf von Ed Herman erhielt.

An jenem Morgen waren die ersten Postlastwagen vom Münchner Bahnhof eingetroffen und am Abend war die Kapelle auf dem Luftwaffenstützpunkt Kaufbeuren voller Pakete. Hunderte von Paketen von überall in den USA. Ein Damm war gebrochen. Ed übernahm mit Kaplan Bond und Captain Jacobson die Sichtung und Sortierung der Pakete. Sie wollten ein paar Tage später die erste Ladung an St. Ottilien liefern. Ich sorgte dafür, rechtzeitig da zu sein.

Ich konnte es nicht abwarten, die Reaktion der Überlebenden zu sehen. Ich wollte den Stolz und die Befriedigung aus erster Hand erfahren. Ich half dabei, in einem eigens freigeräumten Bereich im ersten Stock eines der Gebäude die Kartons zu öffnen. Kleidung, Nahrungsmittel, Medikamente, Gebetsschals, -riemen und -kappen. Ich versuchte, so gelassen wie möglich zu wirken, aber ich konnte meine Aufregung nicht verbergen. Ich war überwältigt, als ob ich lange Zeit meinen Atem angehalten hätte und endlich wieder tief durchatmen konnten. Ich versuchte, meine Tränen mit einem breiten Lächeln zu überdecken. Ich wirkte wahrscheinlich sehr lächerlich. Ed und ich standen da und sahen zu, wie Personal und Patienten von St. Ottilien einer nach dem anderen hereinkamen und sich um den wachsenden Berg von Artikeln aufstellten. Sie näherten sich vorsich-

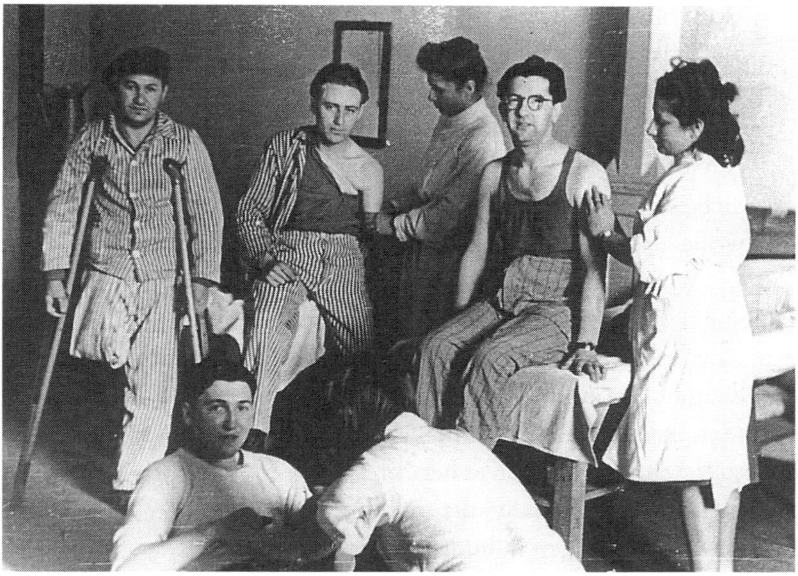

Nachdem Präsident Truman Eisenhower befohlen hatte, die US-Politik gegenüber den Überlebenden zu ändern und die ersten Pakete aus den USA im Oktober 1945 eintrafen, erhielten die Patienten in St. Ottilien angemessene Lebensmittelrationen und konnten mit geeigneten Medikamenten behandelt werden. Kurz nachdem dieses Bild aufgenommen wurde, konnten die meisten ihre KZ-Uniformen, die sie bis dahin tragen mussten, gegen neue Kleidung eintauschen (Mit Genehmigung des Yivo Institute for Jewish Research)

tig und bedächtig, als erwarteten sie eine Art Trick, der sie enttäuschen würde. In wenigen Minuten hatte, so schien es, das ganze Krankenhaus einen Halbkreis um den Stoß von Paketen gebildet. Niemand sprach. Selbst Schritte wurden gedämpft. Hälse reckten sich, Schultern beugten sich vor, Augen starrten ungläubig.

Ein paar bewegten sich langsam, Schritt für Schritt, vom Rand der Menge zu den Paketen, um besser sehen zu können. Sie nickten bestätigend, dass die Dinge, die sie sahen, wirklich existierten, zögerten einen Moment, als wollten sie ihre Arme ausstrecken und sie berühren, zogen dann die geöffneten Hände mit Mühe zu den Hüften zurück und gingen langsam in die Menge zurück. Eine lange

Zeit, so schien es – obwohl es nicht mehr als eine Minute gewesen sein mag – waren die Bewegungen absolut geräuschlos. Jeder schien gespannt zu warten, aber niemand schien genau zu wissen, worauf. Dann kam ein Mann nach vorne zu den geöffneten Paketen, stellte sich genau in ihre Mitte, warf sich dann auf einen Stapel Kleidung, griff sich ein paar Stücke, hielt sie wie eine Gabe vor die Menge und rief, wobei er sich wie bei einem großen Ereignis für jedes Wort Zeit nahm: »Worauf… warten… wir… eigentlich?«, warf die Kleider mit einem Triumphschrei in die Luft und klatschte die Hände über dem Kopf zusammen. Daraufhin stürmten die Leute mit einhelligem Freudengeschrei auf den Schatz, setzten sich auf den Boden und aufeinander, beugten sich über die Pakete, griffen sich etwas, hoben es hoch, zeigten es, wirbelten es herum, tauschten es gegen anderes und streichelten es, wie Kinder, die sich in einen Heuhaufen werfen, der sich unter ihren Augen in buntes Konfetti verwandelt.

Die Leute lachten, weinten, tanzten, umarmten und küssten sich. Es war, als würden sie nach Jahren der Dürre im ersten Regen duschen. Doch jeder behandelte jedes Stück vorsichtig und mit Zurückhaltung. Es war, das wussten sie, ihre Rettung, und nichts sollte Schaden nehmen. Sie lasen die Etiketten auf den Dosen und Lebensmittelpäckchen, probierten die Pullover, Mäntel und Hüte an, legten vorsichtig die medizinischen Instrumente beiseite, damit sie nicht aus Versehen beschädigt wurden, warfen sich Gebetsschals über die Schulter, banden sich Gebetsriemen um die Handgelenke und setzten sich Gebetskappen auf. Einzelne Ärzte aus ganz USA hatten Arzneimittel, Verbände und medizinische Instrumente geschickt. Es gab genügend Kleidung, Schuhe und Mäntel, so dass die meisten Leute in St. Ottilien eine komplette Winterausstattung bekamen. Es schien genügend Gebetskappen, Gebetsschals und Bibeln für alle 14 000 Juden zu geben, die in der amerikanischen Besatzungszone in Bayern übrig geblieben waren. Eine Synagoge in Cincinnati hatte ihre eigene Thorarolle geschickt. Niemand ging mit etwas weg, niemand versuchte, sich irgend etwas in die Tasche zu stecken, niemand versuchte, irgend etwas für sich zu behalten. Sie genossen diese Gaben des Himmels gemeinsam und würden diese lebensrettenden, lebensspendenden Dinge gemeinsam nutzen.

An jenem Abend schrieb ich über dieses bemerkenswerte Ereignis nach Hause. Seit dem Befreiungskonzert am 27. Mai 1945 hatte ich regelmäßig über St. Ottilien nach Hause berichtet. Wie sich herausstellte, sollte sich dies später als nützlich erweisen.

Als wir schließlich herausfanden, warum es so lange gedauert hatte, bis die Pakete eintrafen und warum sie plötzlich in so großer Zahl kamen, war Ed ebenfalls nach Oberpfaffenhofen verlegt worden. Wir waren glücklich, wieder zusammen zu sein, und obwohl wir wussten, dass wir unser Hauptziel, das Überleben der Leute von St. Ottilien vor dem schnell herannahenden Winter zu sichern, erreicht hatten, wussten wir auch, dass noch nicht alles Nötige getan war. Nun mussten wir sicherstellen, dass nicht nur die materielle Hilfe weiterging, sondern dass man den Überlebenden auf die nächste Stufe half, wieder ein normales, zivilisiertes Leben zu führen: Ihre Lieben, die am Leben geblieben waren, mussten ausfindig gemacht werden, die Familienmitglieder in den USA oder in anderen Ländern zusammengeführt und – für die meisten von ihnen, die völlig allein auf der Welt waren – die Auswanderung nach Palästina ermöglicht werden.

Am 21. Oktober waren über 1500 Pakete für St. Ottilien angekommen, mehr als genug, um die Bedürfnisse zu befriedigen. Viele der Pakete kamen von Organisationen und wogen bis zu den erlaubten 70 Pfund. Da Ed nicht länger in Kaufbeuren war, sortierten Kaplan Bond und Captain Jacobson die Pakete weiter und lieferten sie aus. Es gab so viele und so viel, dass sie etwas von den Lebensmitteln, der Kleidung und den Medikamenten an eine Reihe anderer Lager in der amerikanischen Besatzungszone verteilen konnten. Ironischerweise schickte das Jewish Welfare Board, eine der Organisationen, die Dr. Grinberg vergeblich um Hilfe angeschrieben hatte, einige der größeren Pakete, nachdem Eds Bruder Leonard ihnen unseren Brief zugesandt und dort angerufen hatte.

Am Ende des Monats erfuhren Ed und ich, dass unser Brief nicht nur das Verschicken von Versorgungsgütern veranlaßte, sondern auch eine wichtige Rolle bei der Änderung der Politik der USA gegenüber den verbliebenen jüdischen Überlebenden in Deutschland und Österreich gespielt hatte.

Ich erfuhr das meiste aus Briefen von meiner Mutter und Eds Bruder. Einem von ihnen lag ein Artikel der Titelseite der *New York Times* vom 30. September 1945 bei. Aus den Briefen, dem *Times*-Ausschnitt und Kopien von Briefwechseln, die Leonard mit mehreren Organisationen führte, erhielten wir ein fast vollständiges Bild der Geschichte.

Offenbar war unser Brief schließlich ins Weiße Haus gelangt. Leonard hatte sich besonders bemüht, ihn prominenten Leuten in und außerhalb der Regierung zukommen zu lassen. Er schickte ihn an einflussreiche Juden, besonders an jene mit guten politischen Beziehungen. Später hörten wir, dass es eventuell der Senator für New York, Herbert Lehman, war, der Präsident Truman auf den Brief aufmerksam machte, erhielten dafür aber nie eine Bestätigung. Wir hörten auch, dass Truman über den Brief beunruhigt war. Er hatte öffentlich sein Mitgefühl mit den Opfern der Konzentrationslager, den Überlebenden und anderen Deportierten bekundet und konnte, wie man uns erzählte, nur schwer glauben, dass es Amerikaner in der amerikanischen Besatzungszone waren, die sie hungern ließen und misshandelten.

Später hörten wir, dass Präsident Truman Dekan Earl Harrison bat, die Anschuldigungen in unserem Brief zu untersuchen und unseren Hintergrund und unsere Motive zu durchleuchten. In der Zwischenzeit befahl der Präsident, wie wir ebenfalls später erfuhren, die Sendungen an St. Ottilien im Verschiffungshafen aufzuhalten, bis unsere Anschuldigungen geklärt wären.

Der Ausschnitt aus der *New York Times* erklärte, was geschehen war. Die Schlagzeile lautete: »PRÄSIDENT BEFIEHLT EISENHOWER, NEUE MISSHANDLUNG DER JUDEN ZU BEENDEN«, und darunter: »Stützt sich auf Harrison-Bericht, der unsere Behandlung mit Vorgehen der Nazis vergleicht. Lebensbedingungen der Verschleppten im Reich als schockierend bezeichnet.«

Der Artikel, datiert vom 29. September, Washington, D.C., berichtete, dass Präsident Truman auf der Grundlage von Dekan Harrisons Bericht handelte, der die Bedingungen, auf die wir in unserem Brief hingewiesen hatten, detailliert beschreibt: wie die Überlebenden hinter Stacheldraht in von der Militärpolizei bewachten Camps gehalten wurden, wie schlecht die sanitären Bedingungen und wie dürftig und ungenügend die Lebensmittelversorgung war, wie Deportierte ohne angemessene medizinische Versorgung oder Medikamente auskommen mussten und wie viele von ihnen immer noch gezwungen waren, die Uniformen der Konzentrationslager zu tragen, weil sie keine andere Kleidung hatten. »Alle fragten sich«, so der Bericht in der *Times*, »ob sie letztendlich wirklich befreit worden seien und verzweifelten angesichts ausbleibender Hilfe (...).«

Als Ed und ich den *Times*-Bericht gelesen hatten, umarmten wir uns und riefen voller Stolz: »Wir haben es geschafft!«

In einem Brief von meiner Mutter erfuhr ich noch mehr von der Geschichte: »Dekan Earl Harrison hat mich letzten Monat besucht«, schrieb meine Mutter. »Er wollte wissen, wer du bist. Präsident Truman, so erzählte er mir, sei besorgt über die Briefe, die du und Ed Herman im ganzen Land verschickt habt. Dekan Harrison sagte, man könne unmöglich glauben, dass all die Dinge, die ihr geschrieben habt, wahr sind, und wollte herausfinden, was für ein Mensch du bist. Weißt du, was ich getan habe? Kannst du dich noch an all die Briefe über St. Ottilien erinnern, die du in den letzten Monaten nach Hause geschrieben hast? Ich bewahre sie in der obersten Schublade der kleinen Frisierkommode in meinem Schlafzimmer auf. Ich habe ihm die Briefe gegeben. Er setzte sich auf die Wohnzimmercouch und begann zu lesen. Nach etwa 20 Minuten gab

Leonard und Edward Herman trafen sich als Armeeangehörige im April 1945 in Frankreich

er sie mir zurück und sagte: ›Ich glaube es.‹ Was in eurem Brief stand, ist genau das, was du in den Briefen an mich geschrieben hast. Er schien erleichtert, dass ihr die Wahrheit sagt. Er sagte mir, dass er persönlich die Bedingungen inspizieren und Präsident Truman Bericht erstatten werde.«

Obwohl meine Mutter noch in späteren Jahren darauf bestand, dass ihr Besucher Dekan Harrison selbst gewesen sei, war ich nie ganz davon überzeugt, dass er sich persönlich die Zeit genommen hatte, einen 20-jährigen Armeesoldaten zu überprüfen. Ich war immer der Meinung, dass es ein Assistent gewesen sein musste, den Harrison geschickt hatte, und dass die ganze Aufregung meine Mutter verwirrt hatte. Aber vielleicht hatte sie ja doch Recht.

Eins der Dokumente, die uns Leonard Herman schickte, war die Kopie eines Briefes, den Murray Le Vine, Leitender Direktor der Hebrew Immigrant Aid Society (HIAS) in Philadelphia, am 1. Oktober 1945 an ihn schrieb. Darin berichtete dieser unter anderem, dass unser Brief »Herrn Earl G. Harrison übergeben wurde, der, wie

Sie wissen, Mitglied des Interministeriellen Kontrollausschusses ist… es werden Maßnahmen ergriffen… Ich wollte nichts unternehmen, bis der Bericht von Herrn Harrison an den Präsidenten publik wurde, wie Sie sicher bemerkt haben… die *Times* und fast jede Zeitung im Land… hat die Situation bekannt gemacht.«

Leonard legte auch einen Bericht des Nachrichtenmagazins *Time* vom 8. Oktober 1945 bei, in dem unter anderem stand:

»General Eisenhower [sagte in einem Report von dieser Woche, dass] ›… es nicht leicht für einen Offizier der Militärverwaltung vor Ort ist, den einzigen Ingenieur des Wasserwerks seiner Stadt zu entlassen, weil er ein aktiver Nazi war. Solche Entscheidungen müssen jedoch gefällt werden…‹. Die nackten Tatsachen waren jedoch«, so fuhr der *Time*-Artikel fort, »dass viele US-Offiziere in Deutschland sich weigerten, diese Entscheidung zu treffen. Viele hielten sie gemeinsam mit [General] George Patton für unsinnig.«

»Auch einfache Soldaten hatten ihre Schwierigkeiten. Seit sie nach Deutschland gekommen waren, hatten sie sich verbrüdert – nicht nur mit den Fräulein, sondern mit einer Weltanschauung. Viele begannen nun zu sagen, die Deutschen seien wirklich in Ordnung, der Krieg sei ihnen aufgezwungen worden und die Berichte über Gräueltaten seien Fälschungen. Die Vertrautheit mit den entgegenkommenden deutschen Frauen und der frischen deutschen Jugend ließ Belsen, Buchenwald und Auschwitz in Vergessenheit geraten.

»Weil sie mehr und mehr dazu neigten, die Deutschen zu akzeptieren, beeindruckten die Amerikaner die Deutschen nicht sehr. Die schlichte Wahrheit ist, dass Amerikaner in Deutschland, als Gruppe und als Vertreter einer Großmacht, weder sich selbst noch Amerika einen guten Dienst erwiesen haben.«

Nach diesen allgemeinen Ausführungen ging der *Time*-Artikel auf den Harrison-Bericht ein:

»[Präsident Truman] legte einen explosiven Report des ehemaligen US-Einwanderungskommissars Earl G. Harrison vor, der in seinem Auftrag das Schicksal von Deportierten, besonders Juden, untersucht hat. Harrisons Bericht nimmt kein Blatt vor den Mund. Er beklagt, dass deportierte Juden in unhygienischen, mit Stacheldraht verhauenen Lagern leben müssen, die scheußlichen Uniformen der Konzentrationslager oder deutsche SS-Uniformen tragen müssen und nichts zu ihrer Rehabilitierung geschieht. Ihre Wächter sind US-Soldaten.

»Harrison geht noch weiter: ›Jenseits der Gewissheit, dass sie nicht länger befürchten müssen, in die Gaskammern geschickt, zu Tode gefoltert oder auf andere Weise gewaltsam getötet zu werden, sehen sie – und erfahren wirklich – wenig Veränderung … So wie die Dinge heute liegen, behandeln wir die Juden offenbar so, wie die Nazis sie behandelt haben, nur dass wir sie nicht ausrotten … Man fragt sich unweigerlich, ob das deutsche Volk, wenn es dies sieht, nicht zu der Annahme gelangen muss, dass wir der Politik der Nazis folgen oder sie zumindest stillschweigend gutheißen.‹

» … An General Dwight D. Eisenhower schickte der Präsident eine Kopie dieses heiklen Dokuments, begleitet von einem ebenso heiklen Schreiben. Der Präsident schreibt, dass die Politik gegenüber Deportierten von einigen untergeordneten Offizieren nicht befolgt wird; von nun an müsse eine humane Politik in diesem Bereich zur Anwendung kommen; General Eisenhower müsse dem Präsidenten über die unternommenen Schritte sobald wie möglich Bericht erstatten.«

An dem Abend, als wir den Artikel der *Times* erhielten, trafen Ed und ich uns mit einigen Offizieren und Männern, die sich für St. Ottilien engagiert hatten, um ihnen von den guten Nachrichten zu berichten und mit ihnen unsere Erleichterung und Befriedigung zu teilen. Wir lasen den Artikel in ganzer Länge laut vor.

Nachdem die meisten gegangen waren, stellten ein paar von uns Vermutungen an, wie das Treffen zwischen Präsident Truman und Earl Harrison verlaufen sein könnte, nachdem Harrison die Wahrheit unseres Briefes bestätigt hatte. Wir malten uns aus, wie Präsident Truman an seinem Schreibtisch saß und mit Dekan Harrison sprach. Ein paar von uns dachten sich den Dialog aus. Der Besuch des Oberst vom Oberkommando der alliierten Landungstruppen hatte nicht gerade dazu beigetragen, uns General Eisenhower sympathisch zu machen.

»Der Bastard Eisenhower«, hörten wir Truman im Geiste sagen. »Er war als Kind arm und sollte ein bisschen Mitleid mit den hungernden Deportierten haben. Aber da drüben in Paris vergisst man leicht, wer man ist. Den ganzen Tag Golf spielen, die Nacht durchsaufen und wer weiß was mit dieser englischen Frau anstellen, die er als Fahrerin überallhin mitnimmt: Da bleibt ihm keine Zeit mehr für das, was er eigentlich tun sollte. Wenn er nur nicht so verdammt populär wäre, würde ich den Bastard feuern. Ich werde ihn persönlich anrufen, und wenn er den Saustall nicht ausmistet, werde ich ihm in den Hintern treten.«

»Es ist nicht nur Ikes [Eisenhowers] Schuld, Herr Präsident«, hätte Dekan Harrison darauf vielleicht entgegnet. »Seine Befehle wurden nicht ausgeführt.«

»Ist er nun der Oberkommandierende oder ist er es nicht? Er ist gut, wenn es darum geht, die Dinge glatt zu bügeln und Leute für sich arbeiten zu lassen, wenn er muss. Hat er nicht genug Pflichtgefühl im Leib, dass er nur etwas unternimmt, wenn es eine Krise gibt?«

»Sie wissen, wie General Patton war, Herr Präsident. Es war schwer für Ike, mit ihm fertig zu werden.«

»Ich weiß, dieser Bastard Patton glaubte, er spielt irgendein Spiel. Wenn er keinen Feind hatte, gegen den er kämpfen konnte, wusste er nicht, wo zum Teufel er war und was los war. Also erfindet er einen Feind: die Kommunisten und die Juden. Erinnern Sie sich, was er seinen Truppen sagte? Tötet die Männer und vögelt die Frauen. Nach dem Krieg wurden die Deutschen seine Freunde und die Deportierten seine Feinde. Klar, ich weiß wie hart es ist, mit Patton fertig zu werden. Aber Ike hätte den Mumm dafür aufbringen müssen.«

»General Marshall hat volles Vertrauen in Eisenhower, Herr Präsident.«

»Marshall hat ihn zu dem gemacht, was er ist. Aber es sollte mich nicht wundern, wenn Eisenhower ihm eines Tages den Rücken kehrt, wenn es hart auf hart kommt. Na jedenfalls löst das jetzt nicht unser Problem, was wir mit den Juden und den anderen Deportierten tun sollen, Earl. Es muss sofort etwas geschehen. Das wird politisch eine heiße Kartoffel, und ich halte sie in der Hand.«

»Sie haben meinen Bericht, Herr Präsident. Ich werde ausführen, was Sie mir auftragen.«

»Erstens werde ich ihren Bericht veröffentlichen. Und es kümmert mich einen Dreck, ob das Eisenhower gefällt oder nicht. Und dann will ich, dass sie rüber nach Paris fliegen und persönlich Ike von mir ausrichten, sich aufzuraffen und seine Generäle dazu zu bringen, seine – und meine – Befehle auszuführen.«

In späteren Jahren erfuhren wir, dass unsere Vorstellung des Treffens zwischen Truman und Harrison vielleicht am Ende gar nicht so unrealistisch war. In seinem Buch über Truman schrieb David McCullough, dass Eisenhower und Patton nach Franklin D. Roosevelts Tod verbittert über Trumans Aufstieg zum Präsidenten waren: »Es ist«, wie Patton schrieb, »sehr unglücklich, Leute zu Vizepräsidenten zu machen, die weder von der Partei noch vom Herrgott zum Präsidenten bestimmt sind, nur um politische Weichen zu stellen.«

Trumans Unterstützung der Juden und eines jüdischen Heimatstaates war wohl bekannt, als er Präsident wurde. In einer Rede von 1943 griff er die Absicht der »Nazi-Bestien« scharf an, die Juden Europas und andere unschuldige Völker abzuschlachten. »Das ist kein jüdisches Problem«, sagte er, »es ist ein amerikanisches Problem.«

Sein Befehl von 1945 an Eisenhower, die US-Politik gegenüber den Überlebenden zu ändern, sollte nicht das letzte Mal sein, dass er Eisenhower zurechtwies. Bert Cochran weist in seinem Buch *Harry Truman and the Crisis Presidency* darauf hin, dass Eisenhowers Ansichten nach Meinung Trumans zuweilen allzu sehr in die Nähe von »militärischem Unsinn« gerieten und Truman Probleme praktischer angehen konnte. Roy Jenkins bemerkt in seinem Buch *Truman*, dass Truman Eisenhower niemals verzieh, wie er General George Marshall während seiner Wahlkampagne von 1952 behandelte, als Eisenhower dem Druck der McCarthy-Hetze nachgab. Jenkins schreibt, dass »für Truman fast alles, was [Eisenhower] tat… unerträglich war«. Unter anderem beschuldigte Truman Eisenhower schriftlich, dass dessen Ansichten über eine Beschränkung der Einwanderung die »Praktiken der ›Herrenrasse‹ [gutheiße] und Juden und Katholiken diskriminiere«.

Selbst wenn sich das Gespräch zwischen Truman und Harrison nicht so abgespielt hatte, wie wir es uns ausmalten, genossen wir die Vorstellung, dass zwei einfache Soldaten, Edward Herman und ich, zumindest zum Teil dafür verantwortlich waren, dass ein Präsident öffentlich einen General kritisierte.

Kapitel 13

Nachwirkungen

Die Weihnachtszeit von 1945 in Deutschland war für mich eine gute Zeit. Nur wenige Leute, die ich in St. Ottilien kennen gelernt hatte, waren noch dort. Die meisten hatten sich entweder erholt und waren fortgegangen, um von ihrem Leben so viel wie möglich zu retten, oder sie warteten auf die Genehmigung, um in einem Einwanderungslager Aufnahme zu finden und zu Angehörigen zu fahren, die sie in irgendeinem entfernten Land entdeckt hatten. Man wanderte überallhin aus, wo man Aufnahme fand, fort von der Asche Europas: nach Australien, China, England, Brasilien, Kanada, Südafrika, in die USA – obwohl einige dieser Länder eine restriktive, weitgehend gegen Juden gerichtete Einwanderungspolitik betrieben – und ganz besonders nach Palästina, wenn man konnte.

Ich war sicher, dass niemand in St. Ottilien in jenem Winter verhungern würde, und selbst als das kalte Wetter aus dem Norden hereinbrach, hatten alle genug anzuziehen. Ich glaube, es war Dee, dem es gelang, ein paar Gänse von einem nahen Bauernhof zu kaufen, und am Weihnachtstag besorgten wir uns einen Jeep und spielten bei einigen der Deportierten, die auf dem Stützpunkt arbeiteten, den Weihnachtsmann. Mehrere von uns zwängten sich in den Jeep, die Gänse wurden auf dem Boden verstaut und so fuhren wir hupend durch bayrisches Hügelland, während wir Weihnachtslieder sangen und die Räder in den hart gefrorenen Kurven quietschten. Ich spielte

»Stille Nacht« auf einer der Mundharmonikas, die mir Ed aus der Lieferung gegeben hatte, die er im Schwarzwald gekauft und in Paris weiter verkauft hatte. Eine unserer Stationen war das Remmler-Haus, wo wir eine Gans für die Freunds abluden, die sie braten und mit Miriam, Adele und Katie teilen sollten. Ich sah die Mädchen häufig und machte ihnen im Hinblick auf ihre nahende Auswanderung in die USA Mut. Sie waren immer noch nicht aufgefordert worden, sich in einem der Einwanderungszentren zu melden.

Lebensmittel waren immer noch das Kostbarste in Deutschland, aber für die Deutschen war die Versorgung in den vorangegangenen zwei Monaten erheblich besser geworden. Obwohl das Kriegsende mehr als ein halbes Jahr zurücklag, funktionierte die deutsche Wirtschaft noch nicht unabhängig von den amerikanischen Besatzungstruppen, und das war ironischerweise der Grund, warum es mehr Lebensmittel gab. Weil immer mehr amerikanische Soldaten in die Heimat zurückkehrten, benötigte die Armee weniger Lebensmittel, und weil die Anpassung der Versorgung immer hinter der sich verändernden Situation hinterherhinkte, gab es auf den meisten Stützpunkten einen kleinen, aber beständigen Überschuss. Obwohl große Mengen Nahrungsmittel und andere Güter, die für die in Deutschland und anderswo stationierten Truppen bestimmt waren, weiterhin für immer effizientere und blühendere Schwarzmarktgeschäfte in Paris und anderen Umschlagplätzen abgezweigt wurden, gelangte proportional die gleiche Menge zu ihren Bestimmungsorten, wo sie für die örtlichen Schwarzmärkte zur Verfügung stand. Substantielle Mengen erreichten dennoch die offiziellen Empfänger.

Außerdem führte Präsident Trumans Befehl an General Eisenhower, die Deportierten angemessen zu versorgen, dazu, dass diese und mitfühlende amerikanische Soldaten die Lebensmittel nicht mehr erbetteln oder durch Einschüchterung von deutschen Zivilstellen »organisieren« mussten. Obwohl die Bürgermeister fast aller kleinen und größeren Städte weiterhin die Lebensmittelverteilung manipulierten, um jene Deutschen zu begünstigen, die sie als loyale und

Im Frühling 1946 hatten die Kinder in St. Ottilien ordentliche Kleidung und bereiteten sich auf ihre Auswanderung nach Palästina vor (Mit Genehmigung des Yivo Institute for Jewish Research)

aktive Nazis kannten, hatten sie nun mehr Lebensmittel für die allgemeine Bevölkerung. Die Deutschen hatten Kartoffeln, Mehl, etwas Fleisch von neuen Viehherden und, durch die Reaktivierung von Brauereien und Brennereien, mit denen die US-Armee ihren eigenen Bedarf deckte, reichlich Bier und Schnaps.

Natürlich war es mit der Gemütlichkeit der Hitler-Jahre vorbei. In den Städten lebten noch viele Menschen in ausgebombten Häusern, skelettartigen Gebäuden mit Behelfswänden und -decken. Auf dem Land lebten viele Leute in Scheunen und in eilig errichteten Baracken. Aber nur wenigen schien in jener Weihnachtszeit 1945 der Hungertod zu drohen.

Die meisten Deportierten in der US-Besatzungszone erhielten nach dem Harrison-Bericht und Trumans Befehl wenigstens 1200 Kalorien am Tag und hatten genügend Kleidung und Medikamente, um den Winter zu überstehen. Außerdem wurde in allen Displaced-Persons-Lagern der Stacheldraht entfernt.

Aber nicht alles lief zum Besten. Juden und »Ausländer«, wie sie genannt wurden, sahen sich einer neuen Bedrohung gegenüber. Die Weigerung der amerikanischen Militärverwaltung, auf lokaler Ebene Nazis abzulehnen und zu bestrafen, und die Tatsache, dass Nazis, vom Bürgermeister abwärts, in der Verwaltung und in politischen Ämtern gehalten wurden, gab den Hitler-Anhängern nach den ersten paar Monaten der Verzweiflung unmittelbar nach Kriegsende neue Hoffnung. Es blieben Kontingente der Militärpolizei in den Deportiertencamps. Sie waren allerdings nicht länger dazu da, die Deportierten zu inhaftieren, sondern um sie vor antisemitischer und ausländerfeindlicher Gewalt der wieder auflebenden zivilen Nazi-Gruppen zu schützen, besonders vor Gruppen junger Männer Anfang zwanzig, den »Wehrwölfen«, die Gegner des Nationalsozialismus in ganz Deutschland terrorisierten. Die Überlebenden, auch die Leute von St. Ottilien, wussten, dass es an der Zeit war, Deutschland ein für alle Mal zu verlassen, und sie unternahmen frische Anstrengungen, um einen Weg zur Auswanderung zu finden.

Ich verließ Deutschland im Februar 1946, um in den USA ausgemustert zu werden. Bevor ich ging, vereinbarte ich mit einem Kameraden, Bob Kingsbury, und meinem Zimmergenossen Dee DiBiase, der noch etwas länger bleiben würde, dass sie zusammen mit Ed Herman den beiden Schwestern Miriam und Adele durch die Bürokratie halfen. Sie hielten ihr Versprechen und zwei Monate später kamen beide in den USA an.

Ed Herman wurde im Mai ausgemustert und entschied sich in Europa zu bleiben, wo er bereits ein blühendes Import-Export-Geschäft zwischen Frankreich, Deutschland und anderen Ländern aufgebaut hatte, das dazu beitrug, den Handel wieder zu beleben, der seit dem Krieg, abgesehen von der deutschen Nutzung der Güter besetzter Länder, brach gelegen hatte. Ed ließ sich in Paris nieder und arbeitete hart, um seine erste Million zu machen, was ihm in noch kürzerer Zeit gelang, als er vorausgesagt hatte.

Wir hatten oft über das Schicksal der Überlebenden gesprochen, die keine Verwandten in den USA oder anderen Ländern hatten, zu denen sie fahren konnten, um ein neues, friedliches Leben zu beginnen, und deren einzige Alternative die Auswanderung nach Eretz Israel war, das bald ein Staat werden würde. Ed und ich waren beide der Meinung, dass die überlebenden Juden einen Heimatstaat haben sollten, wo sie sich sicher vor einem weiteren Holocaust fühlen konnten. Wir überlegten uns, welche Alternativen zu der Zeit in Europa bestanden. In England, so stimmten wir überein, gaben die Versuche von Premierminister Clement Attlee, die Einwanderung aus Ländern unter britischer Herrschaft mit Slogans wie »Indien den Indern« zu begrenzen, der bereits wachsenden antijüdischen Bewegung zusätzlichen Rückenwind. Ironischerweise taten die Briten alles in ihrer Macht stehende, um die jüdischen Überlebenden daran zu hindern, in das Land zu gehen, das sie als ihr eigenes ansahen. Die Kollaboration Frankreichs und der meisten Franzosen mit den Nazis war eine klare Fortsetzung des Dreyfus-Syndroms und machte es den Juden schwer, dort zu leben. Die osteuropäischen Länder wie Polen, die die größten jüdischen Gemeinden gehabt hatten, applaudierten weiterhin Hitler dafür, ihre Länder von der jüdischen Bevölkerung befreit zu haben, die sie gleichzeitig als internationale Bankiers und revolutionäre Bolschewisten beschimpften.

Jeder Überlebende, der in ein osteuropäisches Land zurückkehrte, hatte eine gute Chance, ermordet zu werden. Von den wenigen Überlebenden der einst dreieinhalb Millionen Juden Polens wurden etwa 1000 bei Überfällen polnischer Zivilisten nach dem Krieg getötet. Ein Beispiel war das Massaker an 42 Juden in Kielce vom 4. Juli 1946 durch einen Mob aus Zivilisten, dem das Militär Vorschub leistete. Die Polen belagerten ein Haus, in dem jüdische Gruppen Zuflucht gesucht hatten, darunter 35 Waisen, die sich darauf vorbereiteten, nach Palästina auszuwandern. Polnische Soldaten zwangen die Bewohner, das Gebäude zu verlassen und auf die Straße zu gehen, wo die Menge sie mit Eisenstangen und Steinen attackierte. Die Polizei stand dabei und sah tatenlos zu, wie Frauen, Kinder und Männer erschlagen wurden. 50 Jahre später entschuldigte sich der polnische Ministerpräsident Wlodzimierz Cimoszewicz öffentlich für sein Land und sagte, die Morde in Kielce hätten stattgefunden, »als der Rauch der Krematorien noch über dem Land hing … als alles, was von Polens jüdischer Minorität noch übrig war, eine Hand voll kriegsmüder Flüchtlinge und Überlebender war«.

Es war daher gar nicht so überraschend, dass Ed, der noch mehrere Jahre nach dem Krieg in Europa blieb, sich an der Fluchthilfe für Juden nach Palästina beteiligte.

Einige der Überlebenden in St. Ottilien schafften es nach Palästina. Sie versteckten sich in Lastwagen und Autos und sogar in Eisenbahnwaggons und gelangten so über die deutsche Grenze nach Frankreich, vorbei an der amerikanischen Militärpolizei und den französischen Soldaten der Grenzkontrollposten. Einmal in Frankreich, schlugen sie sich nach Marseilles durch und nahmen dort Kontakt zu einer der drei jüdischen Gruppen auf, die in Palästina für einen jüdischen Staat kämpften und versuchten, an der britischen Blockade vorbei Juden aus aller Welt – einschließlich der Überlebenden aus Europa – nach Palästina einzuschleusen. Diese drei Gruppen waren die Haganah, die stärkste militärische Organisation, die Irgun Zwai Leumi (Militärisch-Nationale Organisation), die im Untergrund arbeitete, sowie die Terrorgruppe Stern. Jede dieser Gruppen suchte Kämpfer.

Der nächste Schritt war, an Bord eines »Geisterschiffes« zu gehen, das versuchte, das Mittelmehr zu durchqueren, die Blockade zu umgehen und die Küste von Eretz Israel zu erreichen. Manchmal hatten sie Erfolg, manchmal wurden sie zurückgeschickt und manchmal geschah eine Tragödie, wenn die Briten das Feuer eröffneten, um sie zu stoppen.

Viele schafften es und fanden eine neue Heimat.

Viele andere schafften es nicht.

Im März 1946 wurde ich wieder Zivilist. Ich dachte gern daran zurück, einen wichtigen Beitrag geleistet zu haben, die Lebensbedingungen der Überlebenden der Konzentrationslager in der amerikanischen Besatzungszone in Deutschland zu verbessern, und vielleicht habe ich sogar einige vor dem anhaltenden Völkermord durch Vernachlässigung bewahrt. Ich wollte nun mein eigenes Erwachsenenleben beginnen und die Last der Sorge und Verantwortung für die Überlebenden hinter mir lassen. Ich wünschte mir, dass es nun einfacher für sie wäre und – mit dem neuen Leben und der neuen Hoffnung des Frühlings 1946 – dass die Jahre des fortgesetzten Leidens, der Erniedrigung und der Angst endlich überstanden wären.

Die Lage verbesserte sich auch wirklich in den meisten Deportiertencamps, auch in St. Ottilien. Die Überlebenden gewannen langsam wieder etwas Kontrolle über ihr eigenes Leben. In einigen Lagern gab es trotz Trumans Befehl an Eisenhower auch weiterhin Gefühllosigkeit, Vorurteile und Zudringlichkeiten. Am 27. März 1946, kurz nach meiner Rückkehr in die USA, las ich in einem Zeitungsbericht, dass General Lucien K. Truscott von der 3. US-Armee den Befehl gegeben hatte, das Deportiertencamp Ore Chadesch in Fürth zu schließen. In diesem Lager lebten einige der Juden wieder vereint mit ihren überlebenden Familienmitgliedern in kleinen Häusern. Obwohl kaum möbliert, ermöglichten die Häuser den Überlebenden zum ersten Mal seit Jahren wieder so etwas wie ein Familienleben. Truscotts Befehl zwang diese Familien in die Baracken zurück, wo sie mit 50 anderen in einem Raum schlafen mussten. Als ich davon hörte, erinnerte ich mich an Dr. Grinbergs Rede beim Befreiungskonzert und seine Darstellung der anfänglichen Proteste der Juden gegen die Nazi-Gesetze, bei denen sie ihre Häuser zurückgefordert und das Recht eingeklagt hatten, als Familien zusammenzuleben. Nun, beinahe ein Jahr nach Kriegsende und dem Sieg über die Nationalsozialisten, marschierten und skandierten 1800 der jüdischen Überlebenden in Fürth aufs Neue und forderten diesmal von den Amerikanern: »Gebt uns unsere Häuser zurück, die die Nazis von uns gestohlen haben … wir fordern unser Recht auf ein Familienleben.« Fünf Jahre«, so die Überlebenden, »waren wir in Konzentrationslagern. Wir haben genug gelitten. Lasst uns hier in Ruhe leben.« Die Antort war die Verhaftung und Verurteilung jener, die nicht umziehen wollten.

Der Kreis schien sich zu schließen. Selbst unter den Amerikanern war scheinbar kein Entrinnen möglich.

50 Jahre später scheint sich der Kreis aufs Neue zu schließen. Die Hinterlassenschaft der USA erlaubte nicht nur das Fortbestehen nationalsozialistischer Anschauungen in Deutschland, sondern ermutigte sie noch, wenn sie auch zu verschiedenen Zeiten unter der Oberfläche blieben. Obwohl es in Deutschland nach dem Zweiten Weltkrieg eilfertige öffentliche Bemühungen um Wiedergutmachung gab und in Amerika eine eilfertige öffentliche Selbstgerechtigkeit Platz griff, entsprachen die Taten dieser Länder nicht ihren Worten. Der stärkste Protest gegen die Neonazis kam von den jüngeren Menschen, die in den sechziger Jahren erwachsen wurden. Sie fügten dem weltweiten Kampf ihrer Generation um Frieden, die Bewahrung der Umwelt und individueller Rechte ihr eigenes Grauen vor der Schuld der Elterngeneration hinzu. Sie schworen sich, so etwas nie wieder geschehen zu lassen.

Doch in den neunziger Jahren scheint es in Deutschland wieder zu geschehen. Zum Teil förderte der Kalte Krieg die Gewaltbereitschaft gegen jene, die nicht unsere politische Philosophie teilten. Der Kalte Krieg stärkte die Behauptung der Nazis, der wahre Weltfeind sei der Kommunismus, und dass sich die USA hinter diese Auffassung stellten, gab dem Anwachsen von Neonazi-Gruppen eine zusätzliche Rechtfertigung. In Deutschland brach das Zeitalter der Skinheads nicht in einem politischen Vakuum an.

Der amerikanische Kongressabgeordnete Joseph Kennedy rückte dies in die richtige Perspektive, als er bei einem Besuch in Deutschland im Dezember 1992 sagte, dass »das Problem nicht unter den Teppich gekehrt werden darf. Hier geht es nicht um 4000 Neonazis, [sondern] um die versteckte, stillschweigende Unterstützung der Menschen und den fehlenden Impuls bei der deutschen Regierung und den Bürgern, dem ein Ende zu bereiten.« Und er fügte hinzu, dass »ein beachtlicher Teil des [deutschen] Kabinetts sich durch eine Mentalität der Verleugnung auszeichnet«.

Im April 1994 stellte Douglas H. Jones, hoher Beamter der amerikanischen Botschaft in Berlin, fest: »Wenn ich ein Skinhead wäre, würde ich mit einer gewissen Befriedigung zur Kenntnis nehmen, [von Kanzler Helmut Kohl] zu hören, dass Deutschland kein Einwanderungsland ist.« Er verurteilte die deutsche Fremdenangst in Worten, die an die Kritik einiger weniger Diplomaten in den dreißiger Jahren erinnern, die mutig genug waren, sich offen gegen die verlogene Politik der Zeit auszusprechen.

Die Regierungen eines Großteils der übrigen Welt einschließlich der USA, scheinen gewillt, die Geschichte zu wiederholen. Indem sie wie in den dreißiger Jahren schweigen und auf den heutigen Neonazismus höchstens mit höflichem Tadel reagieren, bereiten sie den Boden für eine Wiederholung des Hasses, der den Zweiten Weltkrieg und den ihn begleitenden Völkermord charakterisierte.

Dass so genannte demokratische und humanitäre Länder nicht gegen Völkermord in anderen Teilen der Welt einschreiten, verstärkt den Eindruck, dass wir uns bei unserer Jagd nach materiellem Wohlstand lieber nicht an die Vergangenheit erinnern oder von ihr lernen. Auf diese Weise können wir die Verantwortung für die Tragödien, die wir verhindern könnten, abwälzen, so wie die Welt nichts gegen die schreckliche Situation der Juden während des Holocausts tat und ihren fortdauernden Überlebenskampf unter den Amerikanern nach ihrer Befreiung übersah. Wie viele Jahre haben wir dem Völkermord in Bosnien zugesehen, bevor wir einschritten, um ihn zu beenden? Wie viele Jahre dauerte es, bis die amerikanische Öffentlichkeit schließlich der Bombardierung und Verbrennung von zehntausenden unschuldiger Opfer, häufig Kinder, in Vietnam ein Ende setzte? Was haben wir getan, als Idi Amin in Uganda Hunderttausende abschlachtete? Welche Maßnahmen haben wir ergriffen, um den Massenmord an Hunderttausenden, vielleicht an einer Million Men-

Der Autor in St. Ottilien 1985: Das Eingangstor vor dem ehemaligen Krankenhausgelände war entfernt und die Gebäude waren renoviert worden

schen in Ruanda, Burundi und Liberia zu stoppen? Wie viel Anstrengung sind wir bereit zu investieren, um die Abschaffung oder Beschneidung der Menschenrechte zu verhindern, wann immer wir davon erfahren, wo immer dies geschieht und um wen immer es sich dabei handeln mag, ob es Juden, Palästinenser, Chinesen, Kurden, oder, in vielen Ländern der Welt, Frauen trifft? Vielleicht so viel, wie für die Juden in Deutschland während der Hitler-Jahre?

Die USA sind nicht immun. Unsere eigene Geschichte des Völkermords gegen die Ureinwohner Amerikas, die verbreitete Brutalität gegen Afroamerikaner und die Diskriminierung anderer ethnischer und religiöser Gruppen gab in den neunziger Jahren unserer eigenen »Skinhead-«Bewegung organisierter Neonazis und bewaffneter Milizen, die nicht nur bestimmte Bevölkerungsgruppen, sondern alle von uns bedrohen, großen Aufwind.

Die Welt vergisst. Jene von uns, die sich erinnern oder sich darum sorgen, was wir aus dem Holocaust gelernt haben, müssen ihr Möglichstes tun, um sicherzustellen, dass der Rest der Welt nicht vergisst, und dass Völkermord – ob vorsätzlich oder durch Vernachlässigung – nie wieder geschieht: an niemandem, zu keiner Zeit, nirgendwo.

Anhang

Dokument 1

Ein weiteres Beispiel für den Völkermord durch Vernachlässigung der US-Militärverwaltung liefert die New Yorker Zeitung *PM* vom 5. Juli 1945, die berichtet, dass die Militärverwaltung keine Maßnahmen ergriff, um den fortgesetzten Mord an Kindern im »Kinderkrankenhaus« in Kaufbeuren zu stoppen, nachdem die US-Streitkräfte bereits einen vollen Monat die Stadt besetzt hielten.

PM, 5. Juli 1945

Euthanasie nach Besetzung durch die Amerikaner

Von Victor H. Bernstein

(MÜNCHEN, 5. Juli) – Deutsches Personal der Heilanstalt für geistig Behinderte in Kaufbeuren etwa 45 Kilometer südlich von München tötete, wie heute bekannt wurde, einen vollen Monat, nachdem die Amerikaner diese Stadt besetzt hatten, immer noch Kinder durch Injektionen.

Die Institution liegt einen Steinwurf vom Hauptquartier der Militärverwaltung des Kreises und den Büros der Gegenaufklärung CIC – Counter Intelligence Corps – entfernt, doch es wurden keine Schritte unternommen, die Morde zu verhindern.

Noch gravierender wird der Tatbestand, weil es unstrittige Beweise gibt, dass amerikanische Militärbehörden bereits am 19. Juni darüber in Kenntnis gesetzt wurden, was in der Heilanstalt geschah, und trotzdem nichts weiter unternahmen als bestimmte Mitarbeiter der Anstalt aus rein politischen Gründen festzunehmen, weil sie höhere Parteiämter in der NSDAP bekleideten, die automatisch zur Festnahme führen.

Ein Grund, warum keine Maßnahmen ergriffen wurden, war das Fehlen eines Arztes in der örtlichen Militärverwaltung.

Erst als Major Marvin Linick aus New York, leitender Sanitätsoffizier der Münchner Militärregierung, und sein Assistent Captain Loyal W. Murphy, Memphis (Tennessee), vor einigen Tagen auf den Plan traten, wurde das volle Ausmaß der Geschehnisse in der Heilanstalt bekannt. Es wurden Schritte unternommen, die Schuldigen – ob Parteimitglieder oder nicht – zu verhaften.

Major Linicks Ermittler fanden heraus, dass das letzte Kind in Kaufbeuren am 29. Mai durch Injektionen getötet wurde – 21 Tage nach dem Sieg in Europa und 31 Tage, nachdem die Amerikaner die Stadt besetzt hatten. Außerdem fanden die Ermittler in der ungekühlten Leichenhalle des Krankenhauses die Leichen von neun erwachsenen Insassen, die nicht mehr als zwei oder drei Tage zuvor verhungert waren. Der Leichteste dieser Körper wog 27, der Schwerste 33 Kilo.

(Nach einer von NBC übernommenen Radionachricht der BBC beharrten Mitarbeiter der Mordfabrik darauf, dass sie ihre »Experimente« nach dem Waffenstillstand und der amerikanischen Besatzung auf Anordnung »bestimmter deutscher Zivilbehörden« fortführten, deren Namen sie nicht nannten. Sie beteuerten, dass sie ihre Experimente zur »Verbesserung der Rasse« durchführten. Unter den ermordeten Anstaltsinsassen waren viele Krüppel und missgebildete Kinder.)

Akten gleich mit eingeäschert

Die Heilanstalt in Kaufbeuren gehört zu demselben Netz von Institutionen, die »Gnadentötungen« vornahmen, wie die Heilanstalt in Haar-Egelfing, von der ich in diesen Spalten am 30. Juni berichtet habe. Wie Haar-Egelfing unterstand die Anstalt in Kaufbeuren dem Reichsausschuss zur wissenschaftlichen Erfassung erb- und anlagebedingter schwerer Leiden in Berlin.

Und genau wie in Haar-Egelfing wurden die Kinder und Erwachsenen sowohl durch Giftinjektionen wie durch Hunger getötet.

Krankenschwester Wörle, die in

der Anstalt von Kaufbeuren beschäftigt war, gestand gegenüber Captain Murphy, dass sie in den letzten beiden Jahren wenigstens »211 Minderjährige« tötete und einen Bonus von 35 Reichsmark pro Monat (etwa 14 Dollar bei normalem Umtauschkurs) für ihre Arbeit erhielt.

Krankenschwester Wörle schloss ihre mündliche Zeugenaussage, indem sie mit trauriger Stimme fragte: »Wird mir jemand etwas tun?«

Es ist unmöglich zu schätzen, wie viele Menschen in Kaufbeuren durch Gift oder Hunger getötet wurden, weil die Mordroutine 1940 begann. Viele Akten wurden vernichtet, aber auf der Grundlage von teilweise erhaltenen Aufzeichnungen, die sichergestellt wurden, gibt es genaue Angaben, dass 26 Insassen in diesem Jahr bis zum 29. Mai, 75 im Jahr 1944 und 1943 mehr als 60 durch Giftinjektionen getötet wurden.

Es gibt keine genauen Aufzeichnungen darüber, wie viele Insassen man verhungern ließ. Die Körper wurden, offenbar zusammen mit den verräterischen Unterlagen, auf dem Gelände eingeäschert.

Vorliegende Unterlagen belegen, dass die Sterbeziffer in der Anstalt, die maximal 300 Insassen aufnehmen konnte, von 4,6 Prozent im Jahr 1939 auf 25,6 Prozent 1944 anstieg.

Darüber hinaus waren die Tötungen im Hospital offenbar der Bevölkerung der zirka 13000 Einwohner zählenden Stadt Kaufbeuren im Bezirk Schwaben [Bayern] wohl bekannt.

Nach der Heilanstalt befragt, antwortete ein auf den Straßen der Stadt zufällig ausgewählter Junge: »Oh, das ist da, wo man die umbringt.« Und eine Krankenschwester der Anstalt, der die Aufzeichnungen vorgelegt wurden, die belegen, dass viele Insassen von Kaufbeuren nach Haar-Egelfing, Linz, Günzburg und anderen Städten verlegt wurden, wo sich ähnliche Institutionen befanden, sagte den amerikanischen Ermittlern:

»Einige Leute in der Stadt hatten etwas gegen den Geruch von verbrannten Körpern aus unserem Krematorium. Da haben wir einige unserer Insassen zur Vernichtung woanders hingeschickt.«

Seit ich den Bericht über Haar-Egelfing schrieb und von Kaufbeuren erfuhr, fragte ich Deutsche in München, ob sie gewusst hätten, dass Insassen in deutschen Heilanstalten routinemäßig getötet wurden. Die meisten gaben an, dass sie es gewusst hätten. Aber sie bestanden darauf, nicht gewußt zu haben, dass viele von ihnen getötet wurden, indem man sie langsam und qualvoll verhungern ließ.

Briefe belegen Brutalität

Alle, mit denen ich sprach, bestanden darauf, dass sie geglaubt hatten, nur »hoffnungslose Fälle« seien getötet worden und dann nur durch schnell wirkende, humane Mittel.

Aber Briefe, die in Kaufbeuren gefunden wurden und offizielle Briefköpfe tragen, wischen eine solch groteske Vorstellung ein für alle Mal beiseite. Ein Beispiel dafür ist ein Brief aus einem Büro des schwäbischen Wohlfahrtsamtes an den Direktor der Anstalt in Kaufbeuren, in dem es unter anderem heißt:

»Ich habe die Ehre Ihnen mitzuteilen, dass alle Patienten, die am 11. August 1940 aus Ihrer Anstalt verlegt wurden, im Monat Januar in den Anstalten von Grafeneck, Bernberg, Sonnestein und Hartheim gestorben sind.«

Ein weiterer aufschlussreicher Brief, dieses Mal vom bayrischen Gesundheitsministerium an den Anstaltsleiter von Günzburg, ist der Folgende:

»In Ihrem Brief vom 13. November 1942 baten Sie um die Entsendung geeigneter Epileptiker zur Fortführung ihrer Forschungsarbeit. Ich hatte Gelegenheit, die Sache mit Dr. Faltehauer zu besprechen, Leiter der Anstalt in Kaufbeuren, und mit Dr. Pfannmüller, dem Leiter von Haar-Egelfing.

Beide sind höchst einverstanden, Ihnen geeignetes Material zu schicken. Aus verschiedenen Gründen werden vor allem Patienten aus Kaufbeuren ausgesucht. Sollte diese Anstalt kein geeignetes Material haben, ist es mir Recht, wenn Patienten aus Haar-Egelfing für Ihre Forschungszwecke nach Günzburg verlegt werden.«

Dieser Brief ist mit Dr. Gaum unterzeichnet, stellvertretender Gesundheitsminister von Bayern.

Der finstere Dr. Conti

Die Akten aus Kaufbeuren offenbarten mir auch erstmals in offizieller Form die Rolle eines Mannes, von dem ich schon mehrere Monate lang gehört hatte, dessen Identität ich aber nicht genau einordnen konnte.

Es handelt sich um Dr. Leonardo Conti, zu dessen langer Liste von Titeln SS-Obergruppenführer, Preußischer Staatsrat, Reichsgesundheitsführer, Leiter des Hauptamtes für Volksgesundheit der NSDAP und Staatssekretär für das Gesundheitswesen im Reichsministerium des Inneren gehörten.

Die Akten aus Kaufbeuren belegen jetzt, dass Dr. Conti der finstere Urheber des Programms der »Gnadentötungen« im gesamten Dritten Reich war, und der Reichsausschuss (RA), dessen Stempel auf allen Tötungsbefehlen von Kindern erscheint, war sein wichtigstes Instrument.

Es versteht sich von selbst, dass das gesamte Personal von Kaufbeuren, das direkt oder indirekt an den Tötungen beteiligt war, nun inhaftiert ist, und es werden Schritte unternommen, um zu klären, warum die amerikanischen Behörden vor Ort nicht gegen jene Mörder unter dem Personal vorgingen, die zufällig keine Mitgliedsausweise der NSDAP hatten.

Dokument 2

Bericht des Jewish Central Information Office
vom 25. August 1945.

JEWISH CENTRAL INFORMATION OFFICE
19, Manchester Square
LONDON, W.1

25. August 1945

Die Juden Berlins

Die folgenden Angaben basieren auf einem Gespräch
mit dem Vorsitzenden der jüdischen Gemeinde von Berlin,
Herrn Erich Nehlhans

1. Die Zahl der Juden am 15. August 1945

a) »Volljuden« 3000
»Sternträger« 2000

Zu dieser Gruppe gehören Juden, die mit Nichtjuden verheiratet sind, sowie »Mischlinge« jüdischen Glaubens.

Von diesen 5000 kehrten 960 aus Konzentrationslagern zurück oder aus dem Untergrund, das heißt entweder ohne Papiere, mit gefälschten Papieren oder offiziell als »Arier« eingestuft.

b) Zusätzlich zu den unter a) aufgeführten Juden gibt es 2000 bis 3000 »Volljuden« nichtjüdischen Glaubens, die jedoch von den Nazis 1933 oder danach zu Juden erklärt wurden. Sie sind nicht Mitglieder der neugebildeten jüdischen Gemeinde und betrachten sich selbst nicht als Juden.

c) »Mischlinge« nichtjüdischen Glaubens: Ihre Zahl ist nicht bekannt.

2. Nationalität

Die meisten Juden unter 1a und alle unter 1b sind in Deutschland geboren und deutscher Nationalität. Einige waren vor 1933 staatenlos, einige sind in Polen geboren.

3. Organisation der jüdischen Gemeinde

a) Es gibt eine organisierte Körperschaft. Sie ist verantwortlich für
   1. Synagogen und Gottesdienste
   2. Finanzierung der Hilfe für Notleidende
   3. religiöse Unterweisung und berufliche Ausbildung (die noch kaum begonnen hat)
   4. die Verwaltung von Krankenhäusern, Heimen und eines Übergangslagers.

b) Die jüdische Gemeinde besitzt immer noch ein beträchtliches Vermögen. Es belief sich im April 1945 auf 3 500 000 Reichsmark. Das Vermögen wurde wie alle deutschen Bankguthaben auf Anordnung der alliierten Behörden im Mai gesperrt und ist seither noch nicht wieder freigegeben.

c) Bedürfnisse der jüdischen Gemeinde
   1. Die Freigabe gesperrter Bankguthaben, um arbeitslose Juden und 6000 bis 7000 Flüchtlinge aus den Gebieten östlich der Oder zu unterstützen. Die Zuwendungen belaufen sich auf 35 Reichsmark für Alleinstehende und 65 Reichsmark für Verheiratete. Dies wird gegenwärtig durch private Schuldenaufnahme finanziert.
   2. Alle Mitglieder der Gemeinde, besonders jene, die aus Konzentrationslagern zurückgekehrt sind, benötigen Lebensmittel, Kleidung und Bettzeug.

3. Verbindungen zu den Militärbehörden, das heißt der Militärregierung: Bislang bestehen keine. Es gibt keine Wohlfahrtsabteilung der Militärverwaltung. Kein Offizier der Militärverwaltung hat bislang Kontakt zur jüdischen Gemeinde aufgenommen. Ein amerikanischer Rabbi und Dr. Levy von der britischen Armee besuchten den Vorsitzenden vor 14 Tagen und versprachen zu helfen.

4. Synagogen, Krankenhäuser, Heime

Da alle Synagogen zerstört wurden, gibt es nur provisorische Synagogen. Von diesen gibt es fünf. Gottesdienste finden statt. Es gibt ein großes jüdisches Krankenhaus in der Iranischen Straße, das unter den Nazis erlaubt war. Es ist in einem recht guten Zustand, aber wie alle Berliner Krankenhäuser fehlt es an medizinischen Versorgungsgütern und Lebensmitteln. Ein Übergangslager ist eingerichtet worden. Aufgenommen werden Invalide, Wohnungslose und Juden aus Konzentrationslagern, die auf ihre Abreise in andere Teile Deutschlands warten.

5. Erfahrungen einzelner Juden

Obwohl diese nur allzu bekannt sind und nicht genauer ausgeführt werden müssen, sind vielleicht einige Punkte erwähnenswert. »Volljuden« und »Sternträger«, die der Verhaftung entgingen, verdanken ihr Überleben in Berlin dem Irrtum der Behörden, ihrer wichtigen Arbeit im Krankenhaus oder weil sie untertauchten. Anderen gelang es, die Gestapo-Leute zu bestechen, die sie deportieren sollten. Herrn Nehlhans gelang es, sich und 36 andere zu retten, indem er 5000 Reichsmark pro Kopf bezahlte, unter der Auflage, dass alle verschwänden. Wer im Untergrund lebte, hatte keine Lebensmittelkarten und musste sich auf die Wohltätigkeit der »Arier« verlassen. Herr Nehlhans wurde zwei Jahre lang von einer »arischen« Familie in Magdeburg versteckt.

6. Wie ist die Stimmung unter diesen Juden?

Sie sind tief enttäuscht, dass die Befreiung nicht die Hoffnungen erfüllt hat, die sie geweckt hatte. Am meisten kränkt sie die Gleichgültigkeit der britischen und amerikanischen Behörden. Nachdem sie heimlich jahrelang BBC gehört hatten, wo die Nazi-Gräueltaten verurteilt, Mitgefühl mit ihrer Lage bezeugt und Versprechungen gemacht wurden zu helfen, waren sie zu der Überzeugung gelangt, dass dem Ende des Nationalsozialismus sofortige Hilfe und Rehabilitierung folgen würde. Für die Überlebenden hat sich wenig geändert, seit die Russen in Berlin eingerückt sind, außer dass die Lebensmittelversorgung noch schlechter ist. Sie sind immer noch eine gebeutelte Minderheit, um die sich niemand kümmert, der niemand hilft und die sich rasch den Grenzen dessen nähert, was Menschen ertragen können. Herrn Nehlhans zufolge wird sich, wenn nicht schnell Hilfe eintrifft, das Problem der Juden von Berlin weitgehend durch Selbstmord und Tod lösen.

7. Bedürfnisse der Juden

a) LEBENSMITTEL. Falls sie nicht aus politischen Gründen inhaftiert sind, haben die Juden kein Anrecht auf volle Lebensmittelrationen. Angesichts der ungenügenden Nahrungsmittelversorgung während der letzten sechs Jahre aufgrund der Diskriminierung oder Unmöglichkeit, Lebensmittelkarten zu erhalten, sind die Juden der Meinung, dass sie sofort Zuteilungen erhalten sollten.

b) KLEIDUNG und DECKEN. Die Juden haben aufgrund der Konfiszierung (sowohl der materiellen Habe wie der Kleidungsberechtigungsscheine) und Deportierung nicht einmal das Nötigste. Kleidung und Decken sind heute in Deutschland nicht zu bekommen.

c) ARBEITSPLÄTZE. Einige Arbeitgeber haben immer noch Angst vor den Nazis und stellen Juden nur widerwillig ein. Juden erhalten in den Kommunalverwaltungen keine verantwortungsvollen Positionen. Der Leiter des Sozialamtes für ganz Berlin, Dr. Geschke, Mitglied der Kommunistischen Partei, der zwölf Jahre in einem Konzentrationslager saß, erklärte, dass die Zugehörigkeit zum jüdischen Volk oder Glauben keinen Anspruch auf eine gute Position in der Kommunalverwaltung begründe. Mitglieder der Kommunistischen und Sozialdemokratischen Partei gehen vor, und es gibt offenkundig unter ihnen kein Gefühl der Verbundenheit zwischen ihnen als Opfern des Faschismus auf der einen und den Juden auf der anderen Seite.

d) Eine Vertretung jüdischer Interessen durch eine besondere Abteilung der deutschen Kommunalbehörden besteht nicht.

e) Kontakte zu Angehörigen im Ausland: Es gibt keinerlei Einrichtungen dafür, außer durch die Hilfe von Soldaten, die Briefe weiterleiten.

8. Juden in anderen Teilen Ostdeutschlands

Breslau: 2000 sollen überlebt haben oder zurückgekehrt sein. Die Russen helfen ihnen nicht. Ein Appell an die jüdischen Brüder in Berlin musste zurückgewiesen werden, weil die Gemeinde nicht helfen kann.

In den annektierten Gebieten ist die Zugehörigkeit zur jüdischen Gemeinde gewöhnlich kein Schutz vor Ausweisung und Enteignung.

Dokument 3

Titelgeschichte der *New York Times* über den Harrison-Bericht und Trumans Befehl an Eisenhower vom 30. September 1945.

"All the News That's Fit to Print"

The New York Times

VOL. XCV..No. 32,026. NEW YORK, SUNDAY, SEPTEMBER 30, 1945.

PRÄSIDENT BEFIEHLT EISENHOWER, NEUE MISSHANDLUNG DER JUDEN ZU BEEENDEN

Stützt sich auf Harrison-Bericht, der unsere Behandlung mit Vorgehen der Nazis vergleicht

RICHTET BITTE AN ATTLEE

Dringt auf Öffnung Palästinas – Lebensbedingungen der Deportierten im Reich als schockierend bezeichnet

Der Bericht über Displaced Persons auf S. 38

Von Bertram D. Hulen

Exklusiv für die New York Times

(Washington, 29. September) – Präsident Truman hat General Eisenhower angewiesen, schockierende Bedingungen, die es bei der Behandlung deportierter Juden in Deutschland außerhalb der russischen Zone und in Österreich geben soll, zu beseitigen. Er stützt seine Weisung auf einen Bericht, den Earl G. Harrison, amerikanischer Repräsentant beim Zwischenstaatlichen Flüchtlingsausschuss, nach einer Inspektion vorlegte.

Der Bericht erklärt, dass deportierte Juden in Lagern hinter Stacheldraht leben müssen und von unseren Männern bewacht werden. Die Lebensbedingungen in den Lagern seien häufig unhygienisch und die Lebensmittelversorgung schlecht und ungenügend, wobei sich unser Militär mehr um andere Dinge kümmere.

Einige der deportierten Juden seien krank und erhielten keine angemessenen Medikamente, erklärt der Bericht, und viele müssten die Gefängnisuniformen oder, zu ihrem Leid, deutsche SS-Uniformen tragen. Alle fragen sich, so fügt der Bericht hinzu, ob sie letztendlich wirklich befreit worden seien und verzweifeln angesichts ausbleibender Hilfe, während sie sich um das Schicksal ihrer Angehörigen sorgen.

Formeller Appell an Attlee

Der Präsident appellierte formell an den britischen Premierminister Attlee, die Tore Palästinas für die 100000 deportierten Juden Deutschlands und Österreichs zu öffnen, die dorthin evakuiert werden wollen.

Mr. Harrison, Dekan der Juristischen Fakultät der Universität von Pennsylvania und ehemaliger Einwanderungskommissar, legte seinen Bericht in einem persönlichen Treffen mit Präsident Truman im August vor. Der Präsident schrieb am 31. August an General Eisenhower. In dem Schreiben zitierte er den folgenden Absatz aus dem Bericht von Dekan Harrison:

»So wie die Dinge heute liegen, behandeln wir die Juden offenbar so, wie die Nazis sie behandelt haben, nur dass wir sie nicht ausrotten. Sehr viele befinden sich in Konzentrationslagern unter unserer militärischen Aufsicht statt unter der Bewachung der SS-Truppen. Man fragt sich unweigerlich, ob das deutsche Volk nicht, wenn es dies sieht, zu der Annahme gelangen muss, dass wir der Politik der Nazis folgen oder sie zumindest stillschweigend gutheißen.«

Der Bericht lobt zwar »einige« Armeeoffiziere in Deutschland für ihren Umgang mit den Juden, klagt aber zum Großteil die Art, wie das Problem behandelt wird, rigoros an.

Präsident Truman erklärte in seinem Brief an General Eisenhower, dass die vom Oberkommando der alliierten Landungstruppen erklärte Politik »von einigen Ihrer untergebenen Offiziere nicht ausgeführt wird«.

Politik nicht befolgt

Die verkündete Politik, die »befreiten« KZ-Häftlinge gegenüber der deutschen Zivilbevölkerung bevorzugt unterzubringen, sei »in großem Umfang« nicht befolgt worden, bekräftigte er.

»Wir müssen unsere Anstrengungen verstärken«, so Präsident Truman, »um diese Leute aus den Lagern zu bekommen und in ordentlichen Häusern unterzubringen, bis sie repatriiert oder evakuiert werden können.«

Er bat General Eisenhower außerdem, eine Anregung von Harrison umzusetzen und in größerem Umfang Inspektionen vor Ort vorzunehmen, so dass die Bedingungen unverzüglich und effizient verbessert werden könnten.

»Wir müssen dem deutschen Volk

klar machen, dass wir die Nazi-Politik des Hasses und der Verfolgung zutiefst verabscheuen«, schrieb er. »Wir haben keine bessere Gelegenheit, dies unter Beweis zu stellen, als durch die Art, wie wir selbst die Überlebenden behandeln, die noch in Deutschland verblieben sind.«

General Eisenhower erwiderte, so gab das Weiße Haus bekannt, dass er die Bedingungen untersuchen und dem Präsidenten Bericht erstatten werde.

Der Präsident habe von Herrn Attlee noch nichts über die Palästina-Frage gehört, so fügte das Weiße Haus hinzu, und der Brief des Präsidenten wurde angesichts der ausstehenden Antwort nicht herausgegeben.

Harrison berichtete, es bestünde die Gefahr, dass die Bedingungen, unter denen die deportierten Juden nach seiner Beobachtung litten, zu ernsthaften Schwierigkeiten führen könnten, falls nicht Abhilfe geschaffen würde.

In vielen Fällen würden sie hinter Stacheldraht gehalten, wie er zuvor von den Deutschen für ihre Häftlinge benutzt wurde, darunter im berüchtigten Lager Bergen-Belsen. Beinahe alle hätten die Hoffnung aufgegeben, so Harrison.

Die Deutschen in ländlichen Gegenden, die die Juden aus ihren Lagern sehen könnten, seien besser ernährt, besser gekleidet und besser untergebracht als die »befreiten« Juden, erklärt der Bericht.

Falls nicht sofort angemessene Abhilfe geschaffen würde, warnte Harrison, »ist mit beträchtlichen illegalen und nicht genehmigten Menschenbewegungen zu rechnen, die nur unter erheblichem Einsatz von Gewalt zu verhindern wären«. Es könne nicht stark genug betont werden, dass »viele dieser Leute jetzt verzweifelt sind«.

Harrison drängte auf die Öffnung Palästinas für die deportierten Juden, von denen die meisten aus Polen, dem Baltikum und Ungarn sowie aus Deutschland und Österreich kommen. Er erklärte, dass die Palästina-Frage »angegangen« werden müsse und äußerte die Hoffnung, dass wir Großbritannien überzeugen können, sein Weißbuch von 1939, das jüdische Einwanderung nach Palästina in begrenztem Umfang erlaubt, in »vernünftiger Weise zu erweitern oder zu modifizieren«.

Es gebe keine akzeptable oder auch nur erträglich Lösung für die Zukunft vieler europäischer Juden, außer in Palästina, meinte Harrison und fügte hinzu, dass seine Position »rein humanitär« und »frei von ideologischen oder politischen Erwägungen« sei.

Er drängte außerdem die USA dazu, eine »vernünftige« Zahl dieser Juden unter unserem bestehenden Einwanderungsgesetz einreisen zu lassen. Einige würden gerne herkommen, andere lieber nach England, in die Kolonien oder nach Südafrika gehen, fügte er hinzu und erklärte, die Zahl derjenigen, die in die USA einreisen wollten, sei nicht groß.

Harrison drängte darauf, dass man nun, da die massenhafte Repatriierung weitgehend abgeschlossen sei, »zuerst und nicht zuletzt« jenen Aufmerksamkeit schenken müsse, »die am meisten und am längsten leiden mussten«. Die Evakuierung aus Deutschland solle »im Vordergrund« stehen und den Juden, die dies wünschten, sollte erlaubt werden, ohne weitere Verzögerung in ihre Heimatländer zurückzukehren.

Im Hinblick auf das Erlöschen der Gültigkeit von Auswanderungszertifikaten nach Palästina im August sagte er: »Man kann es nur als höchst unglücklich bezeichnen, wenn man daran denkt, dass sich die Tore Palästinas bald schließen könnten.«

Er zitierte Hugh Dalton, um zu zeigen, dass die britische Labour Partei in dieser Frage einmal für eine freizügige Politik stand.

Jene deportierten Juden, die nicht in der Lage seien, dass Land zu verlassen, so erklärte Harrison, sollten aus den Lagern herausgeholt werden und in Tuberkulosesanatorien oder in Altersheimen untergebracht werden. Andere sollten bei Deutschen einquartiert werden, während jene, die in Lagern bleiben wollten, in getrennten Camps untergebracht werden sollten.

»Es erscheint kaum gerechtfertigt«, bekräftigte er, »weiterhin Stacheldraht und bewaffnete Wachen einzusetzen und Ausgang nur mit Passierscheinen zu gewähren.«

Er empfahl, die Aufsicht über die noch verbliebenen Lager so schnell wie möglich der UNRRA zu übergeben.

Da die Militärbehörden notwendig an dem Programm beteiligt sein müssen, drängte er darauf, dass eine Überprüfung des militärischen Personals vorgenommen werde, das für das Kommando von Lagern ausgesucht worden sei, mit dem Ziel, wohlwollende Offiziere zu bekommen.

Bis zur Umsetzung dieser Maßnahmen empfahl er, die Inspektionen zu verstärken.

Der für Displaced Persons zuständige Offizier, so sagte Harrison, hätte sich allgemein an der Nationalität der Deportierten orientiert, in der Meinung, die Juden gesondert zu behandeln würde dazu führen, dass die Übrigen intolerant würden und Schwierigkeiten bereiteten. Harrison nannte dies einen »unrealistischen Ansatz«.

Ihre frühere barbarische Verfolgung, so betonte er, habe die Juden zu einer getrennten Gruppe mit größeren Bedürfnissen gemacht.

Weil die Militärbehörden über massenhafte Repatriierung und verschiedene Schwierigkeiten besorgt gewesen seien, so berichtete Harrison, hätten sie sich gegen die Beteiligung freiwilliger Hilfsorganisationen gesträubt. An einigen wenigen Orten hätten »furcht- und kompromisslose« Militäroffiziere ganze Dörfer für die Juden beschlagnahmt oder von den Deutschen verlangt, sie einzuquartieren, aber »an vielen Orten« hätten unsere Offiziere »den höchsten Widerwillen und die größte Abneigung, wenn nicht Ängstlichkeit« gezeigt, »die deutsche Bevölkerung zu belästigen«.

Diese Offiziere behaupteten, so der Bericht, dass es ihre Aufgabe sei, die Gemeinden wieder funktionsfähig zu machen, wobei die Deportierten ein temporäres Problem darstellten. Dies habe dazu geführt, so fügt der Bericht hinzu, dass etwa ein Bürgermeister einen Stadtkommandanten leicht überzeugen konnte, den Juden armselige Einrichtungen zur Verfügung zu stellen, während die besseren Wohnungen und Häuser zurückkehrende deutsche Zivilisten erhielten.

»Diese Tendenz«, so Harrison weiter, »zeigt sich auch andernorts, besonders bei der Beschäftigung deutscher Zivilisten in den Büros der Militärverwaltung, obwohl ebenso qualifiziertes Personal leicht unter den Deportierten gefunden werden könnte, die nicht kurz vor ihrer Repatriierung stehen.

Tatsächlich gab es Situationen, in denen es für deportierte Personen, namentlich Juden, schwierig war, zu den Behörden der Militärverwaltung vorzudringen, weil der Weg ironischerweise über deutsche Angestellte führte, die die Angelegenheit nicht erleichterten.«

Es gebe in mancher Hinsicht eine allgemeine Verbesserung der Bedingungen, so berichtet Harrison, doch sei erst relativ wenig schon über die Planungsphase hinausgelangt.

Viele der Juden, so der Bericht, hätten keine Gelegenheit, mit der Außenwelt in Kontakt zu treten, es sei denn, sie täten es heimlich.

Die Nahrung bestünde in erster Linie aus Brot und Kaffee, stellt der Bericht fest, und es gebe viele Mitleid erregende Fälle von Unterernährung.

Harrison schätzt, dass es in diesem Winter mehr als 1000000 Deportierte in Deutschland und Österreich geben werde, von denen viele in Gebäuden untergebracht seien, die nicht wintertauglich sind.

Dokument 4

Der Text von Präsident Trumans Brief an General Eisenhower.

"All the News That's Fit to Print"

The New York Times

NEWS INDEX, PAGE 47, THIS SECTION

NEW YORK, SUNDAY, SEPTEMBER 30, 1945.

BERICHT AN EISENHOWER GESCHICKT

Präsident betont Verantwortung für Flüchtlinge und verweist auf die in Potsdam und vom alliierten Oberkommando beschlossene Politik

Exklusiv für die New York Times

(Washington, 29. September [1945]) – Der Text von Präsident Trumans Brief an General Eisenhower zum Bericht von Earl G. Harrison über Deportierte in Deutschland und Österreich lautet wie folgt:

31. August 1945

»Verehrter General Eisenhower,

Ich habe den Bericht, den Earl G. Harrison, unser Repräsentant beim Zwischenstaatlichen Flüchtlingsausschuss, über seine Inspektion der Bedingungen und Bedürfnisse der Deportierten in Deutschland, ob staatenlos oder nicht repatriierbar, erhalten und zur Kenntnis genommen. Ich schicke Ihnen eine Kopie dieses Berichtes. Ich hatte außerdem eine lange Unterredung mit ihm über dieses Thema.

Herr Harrison räumt ein, dass sich in den ersten Tagen nach der Befreiung das Hauptaugenmerk notwendig auf die gewaltige Aufgabe der Repatriierung richten musste, berichtet aber über Bedingungen, die gegenwärtig herrschen und die nach sofortiger Abhilfe rufen. Diese Bedingungen stehen, wie ich weiß, nicht in Übereinstimmung mit der vom alliierten Oberkommando und nun vom zuständigen Kommissar für Displaced Persons verkündeten Politik. Und dennoch existieren diese Bedingungen. Mit anderen Worten, einige Ihrer untergebenen Offiziere führen diese Politik nicht aus.

So wurden beispielsweise Offiziere der Militärverwaltung autorisiert und sogar angewiesen, Unterkünfte von der deutschen Bevölkerung zugunsten von Deportierten zu beschlagnahmen. Doch nach diesem Bericht ist das nicht in breitem Umfang geschehen. Offenbar wird es für selbstverständlich gehalten, dass Deportierte, ungeachtet ihrer früheren Verfolgung und der Wahrscheinlichkeit, dass sich ihre Repatriierung verzögert, in Lagern bleiben müssen, von denen viele überfüllt und massiv bewacht sind. Einige dieser Lager sind sogar die alten Lager, in denen die

Menschen eingepfercht wurden, wo sie verhungern mussten, gefoltert wurden und den Tod ihrer Mitinsassen, Freunde und Verwandten mitansehen mussten. Beschlossene Politik war es, diesen Leuten bei der Wohnungsvergabe den Vorzug gegenüber der deutschen Zivilbevölkerung zu geben. Aber die Praxis sieht offenbar ganz anderes aus.

Wir müssen unsere Anstrengungen verstärken, um diese Leute aus den Lagern zu bekommen und in ordentlichen Häusern unterzubringen, bis sie repatriiert oder evakuiert werden können. Diese Häuser sollten von der deutschen Zivilbevölkerung beschlagnahmt werden. Das ist ein Weg, um die in Potsdam beschlossene Politik umzusetzen, wonach das deutsche Volk nicht der Verantwortung für das entgehen kann, was es begangen hat.

Wir zitieren den folgenden Satz besonders im Hinblick auf die Juden unter den Deportierten:

›So wie die Dinge heute liegen, behandeln wir die Juden offenbar so, wie die Nazis sie behandelt haben, nur dass wir sie nicht ausrotten. Sehr viele befinden sich in Konzentrationslagern unter unserer militärischen Aufsicht statt unter der Bewachung der SS-Truppen. Man fragt sich unweigerlich, ob das deutsche Volk nicht, wenn es dies sieht, zu der Annahme gelangen muss, dass wir der Politik der Nazis folgen oder sie zumindest stillschweigend gutheißen.‹

Sie werden in dem Bericht weitere Erläuterungen dessen finden, was ich meine.

Ich hoffe, dass Sie sich den Vorschlag zu Eigen machen, eine ausgedehntere Inspektion durch geeignete Kommandostellen von Heeresgruppen einzuleiten, um zu verhindern, dass die humane Politik, die wir beschlossen haben, auf diesem Gebiet außer Acht gelassen wird. Die meisten der gegenwärtig herrschenden Bedingungen könnten schnell beseitigt werden, wenn die Aufsicht führenden Offiziere durch Inspektionsfahrten auf sie aufmerksam würden.

Ich weiß, dass Sie mit mir übereinstimmen werden, dass wir eine besondere Verantwortung gegenüber den Opfern von Verfolgung und Tyrannei in unserer Zone haben. Wir müssen dem deutschen Volk klar machen, dass wir die Nazi-Politik des Hasses und der Verfolgung zutiefst verabscheuen. Wir haben keine bessere Gelegenheit, dies unter Beweis zu stellen, als durch die Art, wie wir selbst die Überlebenden behandeln, die noch in Deutschland verblieben sind.

Ich hoffe, dass Sie mir sobald wie möglich über die Schritte, die Sie unternehmen konnten, um die im Report erwähnten Bedingungen zu beseitigen, Bericht erstatten werden.

Ich habe mich direkt an die britische Regierung gewandt, damit diese die Tore Palästinas für jene Deportierten öffne, die dorthin zu gehen wünschen.

Mit freundlichen Grüßen
Harry S. Truman«

Danksagung

Ich danke Dan Simon, dem Verleger, Moyra Davey und Jon Gilbert von Seven Stories Press, dass sie mir ermöglichten, diese Geschichte in Buchform zu schreiben. Die Anregungen meiner Lektorin Elinor Nauen waren mir hochwillkommen. Ich bin vielen zu Dank verpflichtet, die mich ermutigten, zu Papier zu bringen, was ich ihnen viele Jahre lang mündlich erzählt hatte, besonders meinem Sohn Mark Verheyden-Hilliard, meiner Tochter Mara Verheyden-Hilliard und Mary Ellen Verheyden-Hilliard. Freunde machten mir ebenfalls Mut und halfen mir, darunter Regine Barshak und Mike Keith. Ich möchte mich auch bei Miriam Schiff, Adele Green, Arnold Berman, Leonard Herman, Miriam Greenberg und Anthony DiBiase bedanken, die mich bei der Beschaffung von Fotos und Dokumenten und mit ihren eigenen Erinnerungen unterstützt haben, sowie bei Carol Herman für ihre Anregungen beim Korrekturlesen. Danken möchte ich ferner Eric Nooter, Bonnie Gurewitsch und Krysia Fisher für ihre Hilfe beim Aufspüren von Fotos; den Kollegen Burt Peretsky, Bill Daly und Skip Sesling für ihre Unterstützung und Ursula Stone für ihre Korrektur der deutschsprachigen Teile. Ganz besonders danke ich Edward Herman, der mit mir zusammen den Brief schrieb, für Material, Dokumente und seine Erinnerungen, für seinen Enthusiasmus und seine Unterstützung, ebenso wie Carla Brooks Johnston für ihre Ideen und ihre Ermutigung. Ich möchte

Miriam, Adele und Edward, die in diesem Bericht von den Holocaust-Überlebenden im Nachkriegsdeutschland eine zentrale Rolle spielen, für ihre Zeit und Geduld bei der Prüfung der Genauigkeit des Manuskripts danken.

Mein Dank gilt auch den Überlebenden und GIs, die 1945 und 1946 ihre Erfahrungen und Gefühle mit mir teilten, die zusammen mit meinen Notizen, Dokumenten, Briefen, Fotos und meinen Erinnerungen beitrugen, die Ereignisse und Menschen jener Zeit wieder lebendig werden zu lassen. Einige, die dieses Buch lesen und in St. Ottilien waren, entweder als Patienten oder als GIs, die mir halfen, mögen meinen Namen nicht wieder erkennen, da ich ihn kurz nach dem Krieg, als ich meine berufliche Karriere in den Medien begann, von Robert Hilliard Levine in Robert L. Hilliard änderte. Ein wichtiger Zweck dieses Buches war, die Lehren aus dem Holocaust und seinen Nachwirkungen lebendig zu halten, so dass junge Menschen wie mein Neffe Zeke Martin etwas Ähnliches hoffentlich nie wieder geschehen lassen.